상호문화적 지평에서 읽은

# 한국불교와 서양철학

내일을여는지식 철학 15

상호문화적 지평에서 읽은

# 한국불교와 서양철학

| 김영필 지음 |

한국학술정보㈜

## 머리말

한국은 외국인 체류자가 이미 120만 명에 가까운 다민족·다문화 국가이다. 우리 민족은 단일민족과 순수혈통이라는 오랜 신화(?)를 가지고 살아왔다. 따라서 갑작스러운 다문화적 상황에 대처하기에는 다소 당황스럽지 않을 수 없다.

세계는 이제 nationalism을 넘어 post‒nationalism 혹은 trans‒nationalism을 지향하지 않으면 안 될 정도로 이미 문화적으로 상호의존적이다. nationalism과 globalism의 '사이'를 불일치나 모순적 관계로 읽기보다 상호문화적 관계로 읽는 것이 다문화시대의 문화적 코드가 되고 있다. 보편주의와 다원주의를 가로지르는 상호융합적 다문화주의를 우리 시대의 패러다임으로 읽어내지 않을 수 없을 만큼 세계는 이미 상호문화적 공동체로 형성되어 왔다.

특히 globalism과 localism을 넘어 glocalism을 인문학적 성찰의 실마리로 삼아야 할 이유도 바로 사유의 상호문화성에 토대를 두고 있기 때문이다. 인문학적 사유는 그 본질상 상호문화적이다.

서구는 오랜 기간 근대성을 무대로 사유실험을 해 왔다. 서양 철학자들이 오랜 기간 사유실험의 장으로서 경험한 '근대성'은 모든 존재의 절대적 상호의존성을 이분법적으로 재단하고 난 이후에나 가능했던 것이라는 것을 깨달았다. '탈근대'라는 이름으로 등장한 현대 서양 철학자들은 바로 근대성에 의해 재단된 '절대적 상호의존성'을 새롭게 읽어내려고 한다.

필자는 바로 이 문화 '사이'의 '절대적 상호의존성' 혹은 '아프리오리한 상관관계'를 한국적 사유 원형인 한국불교 속에서 확인하려고 한다. 최근 한국을 방문한 프랑스 사회학자 마페졸리가 "유럽이 근대성의 실험실이었다면 한국은 탈근대성의 실험실"(동아일보, 10. 22)이라고 묘사한 것도 바로 한국불교가 가지는 상호문화적 역동성을 염두에 둔 말이라고도 할 수 있을 것이다. 그는 한국의 역동성을 유럽이 오랫동안 경험한 근대성의 이원적 경계를 넘어설 수 있는 대안으로 규정하고 있다. 왜냐하면 한국불교는 가장 로컬하면서도 글로벌한 '글로컬리즘'의 장이기 때문이다.

필자는 한국불교가 함의하고 있는 상호문화적 역동성을 확인하고, 그 지평에서 서양철학과의 만남을 시도한다. 한국불교의 원융회통적 소통의 메커니즘을 통해, 근대성을 오랫동안 경험한 서양철학이 망각한 '상호문화적 지평'을 새롭게 읽어내려고 한다. 이를 통해 한국불교야말로 다문화적 가치의 보고(寶庫)이며, 다문화적 의식(multicultural consciousness)의 원형임을 강조하고자 한다.

이 책은 필자의 학술연구재단의 인문학 육성과제(KRF − 2000 − 045 − B24005)의 연구성과물과 필자의 저서 『현상학의 이해』(울산대학교 출판부, 1998)에 수록된 글 일부를 합친 것을 토대로 약간의 수정을 거치고 일부를 보완하여 만든 책임을 밝혀 둔다.

아직 성숙한 모양으로 다듬어지기에는 많은 시간과 사유가 보태져야 하지만 출판의 관용을 부려 본다. 기꺼이 출판을 허락해 준 한국학술정보에 감사드린다. 모든 것에, 모두에게 그저 감사할 뿐이다.

2010년 2월
김영필

# 목차

# I.
# 들어가는 말

## 상호문화적 실천의 장으로서 한국불교

한국은 이미 2007년 7월 유엔 인종차별철폐위원회(CERD)로부터 다민족사회라는 것을 정부 차원에서 받아들이고 이에 대한 적절한 조치를 취할 것을 권고받았다. 외국인 체류자가 이미 120만 명에 가깝고, 한국 인구의 2%를 이미 넘어서고 있다.

이러한 상황에서 한국 사회에서도 다문화에 관련한 논의들이 많이 제기되고 있다. 다문화주의와 관련된 담론들이 여러 분야에서 다양하게 쏟아지고 있는 상황이다. 이러한 다양한 논의들은 주로 미국이나 캐나다 혹은 유럽의 다문화 모형을 토대로 이루어지고 있다. 그런데 일종의 다문화 선진국이라고 불리는 서양의 몇몇 나라들에서 빌려 온 다문화주의나 정책을 우리의 현실에 그대로 적용하는 것은 많은 문제점들을 노출하지 않을 수 없다. 왜냐하면 미국이나 캐나다는 이미 이민국가로 형성되어 온 긴 역사를 가지고 있다. 이에 반해 우리나라는 갑작스럽게 다민족 사회로 접어들게 됨으로써, 다문화적 상황에 대처할 수 있는 다문화적 감수성이나 자질이 아직 갖추어지지 않은 것은 사실이다.

이런 맥락에서 한국은 일종의 다문화맹 국가이다.[1] 한국인들은 외국인 혐오증(xenophobia)에 걸려 있다는 등의 시각이 존재하는 것도 사실이다. 그러나 필자는 이와는 정반대로 한국불교야말로 다문화적 가치의 산실이고, 보고라는 점을 강조한다.

현대는 근대 nationalism이 남겨 놓은 자민족중심주의의 폐단을 극복하기 위한 post‒nationalism 혹은 trans‒nationalism의 모형을 새롭게 구축하려고 한다. 예컨대 근대적 보편주의에 의해 질식된 다원주의를 'post‒modernism'이란 휘호 하에 복원하려고 한다. 그러나 보편주의와 다원주의를 불일치나 모순적 관계로 읽고 양립 불가능한 것으로 섣불리 규정함으로써 진정한 다문화주의를 실현하는 데 한계에 부딪치게 되었다. 근대성에 대한 극단적 불신을 표출한 탈근대는 극단적 상대주의를 양산하고 말았다. 타자성에 대한 배려를 넘어 차이 자체를 절대화하는 리오타르식의 포스트모던적 기획은 문화분리주의와 문화적 근본주의로 이르게 되었다. 일종의 문화다원주의나 문화복수주의는 주류문화라는 거대한 실체 안에 소수문화라는 다수의 실체가 병존하는 형태로서, 소수문화와 다수문화 사이의 관계성을 단절하는 형태로 굳어지고 말았다. 이러한 문화적 게토와 발칸화는 근대 자민족 중심주의에 대한 극단적 불신이 주조해 낸 결과물이다. 근대 자민족 중심의 문화적 동화주의(cultural Assimilation)에 대한 탈근대의 성급한 저항은 결국 문화분리주의를 가속화하는 결과를 초래하고 말았다. 한편으로 보편주의에 대한 열망이 문화적 분리주의는 차단할 수 있지만 동화주의

---

[1] 유네스코 아시아·태평양국제이해교육원 엮음, 『다문화사회의 이해』, 동녘, 2008, p.271.

에로 이르지 않을 수 없고, 다른 한편 다원주의에 대한 맹목적 집착은 문화분리주의로 이르게 된다. 탈근대의 다양성 자체가 근대의 동일성과 유사하게 하나의 이념적 척도로 작동할 경우, 문화분리주의가 가능하게 된다.

그러므로 진정한 다문화주의는 동화주의와 군화복수주의를 넘어 소수문화와 다수문화의 상호문화적 소통을 통해서만 가능하다. 미국이 문화복수주의의 형태를 벗어나 진정한 다문화주의를 실현하기 위해서는 Banks가 말하듯이, 문화적 정체성과 국가적 정체성 그리고 글로벌 정체성이 상호작용을 하는 변증법적 관계를 유지해야 한다.[2] 거대한 섬 안에 다수의 섬이 하나의 실체로서 병존하는 형태가 아니라, 각 문화들 사이의 의사소통을 지향하는 상호문화주의로서의 다문화 사회를 형성하는 것이 바람직하다.

필자는 바로 이러한 상호문화적 소통의 메커니즘을 한국불교의 공존과 화해의 정신에서 확인하고자 한다. 한국불교는 서양이 경험한 근대성과 탈근대의 이분적 분화에 앞서 만나는 절대적 상호의존성을 함의하고 있는 다문화적 가치들의 장(場)이다. 특히 一心, 眞心, 一卽多, 多卽一 상즉상입(相卽相入), 변등어이(辨同於異) 등등의 말마디들은 다문화적 함의를 가진 역동적 메타포들이다. 이것은 한국불교가 가지는 다문화적 역동성을 은유하는 말들이다. 민족주의와 탈민족주의, 민족공동체주의와 다문화주의 그리고 민족주의와 글로벌리즘 등의 담론들이 이분법적 접근으로 출발하면서 발생하는 딜레마를 가장 역동적으로 수렴할 수 있는 다문화적 의식(意識)의 보고(寶庫)가 바로 한국불교 속에 함의되어 있다는 것을 말

---

2) J. A. Banks 지음, 김용신・김형기 옮김, 『다문화 시민교육론』, 교육과학사, 2008, p.51.

한다. 특히 근대성에 대한 서구적 대안이 주조해 낸 탈근대의 논의들이 그 출발에서부터 근대성에 대한 극단적 알레르기를 표출함으로써, 근대/탈근대의 이분법적 지평을 넘어서지 못하는 것에 대한 역동적 대안이 함의되어 있다. 예컨대 원효의 원융회통의 다문화적 가치는 가장 글로벌하면서도 지역적이라는 점에서 역동적인 대안이다. 주체와 타자의 섞임과 소통을 열어가는 역동적 채널을 함의하고 있는 지눌의 진심과 원효의 일심은 서양의 자아론에 비해 훨씬 더 다문화적인 관점을 함의하는 것으로 여겨진다. 일즉다의 화엄과 원효의 화쟁의 논리는 다문화주의의 이념적 원형이라고 볼 수 있을 것이다. 왜냐하면 차이의 철학이 이타성(異他性)을 동일성에 선행하는 것으로 밝혀 놓는데 그치고 있다면, 원효의 철학은 진속불이를 통하여 異他性이 利他性으로 전환할 수 있는 근거를 제시하기 때문이다.3)

타자에 대한 책임으로서 타자에 대한 무조건적 환대를 강조한 레비나스(E.Levinas, 1906~1995)의 윤리적 주체 역시 진심과 일심과 궤를 같이한다. 하지만 타자에 대한 무조건적 환대는 극단적인 타자중심의 존재론으로 기울 가능성이 있다. 이러한 대안 역시 근대적 주체에 대한 지나친 불신에서 비롯된 것이다. 근대적 주체에 대한 극단적 불신은 타자에 대한 맹목적(?) 위탁으로 보인다. 고아와 과부로 상징되는 사회적 약자에 대한 배려가 다문화 사회에서는 어쩌면 필연적으로 요구되는 것이긴 하지만, 사회적 약자인 소수자에 대한 무조건적인 배려는 자칫 시혜적 다문화주의가 될 가

---

3) 이도흠, 「기호와 이미지, 아날로그와 디지털의 소통문제」, 『문학과 경계』, 통권 19호, 2005, p. 30

능성이 있다. 주체와 타자 사이의 상호교환의 원리를 간과하고 양자 사이를 지나치게 타자중심의 비대칭적 관계로 설정하여 주체와 타자 사이의 화해조차 차단하는 레비나스적 대안은 다수와 소수 사이의 상호문화적 채널을 폐색시킨다. 물론 레비나스의 대안은 근대의 집요한 주체중심주의와 이기주의에 대한 저항을 담고 있어 타자에 대한 절대적 환대를 강조한다. 물론 레비나스는 유태인으로서 겪었던 쓰라린 경험을 독일민족주의에 되돌려 주려고 한다. 하지만 타자성과 차이 자체의 절대화는 포스트모던적 기획이 초래할 수밖에 없는 극단적인 문화다원주의와 문화상대주의의 성격을 띤다. 이것은 결국 다수와 소수의 소통을 간과하고 소수문화의 분리를 가능하게 하는 것이다. 물론 레비나스적 대안이 리오타르와 같은 포스트모더니스트들처럼 주체성 자체를 전적으로 폐기하는 것이 아니라 타자성 앞에서 새롭게 정위되어야 할 주체로 남겨두긴 하지만, 이 역시 주체와 타자 사이의 소통을 열어놓지 않는다. 주체는 이미 타자의 종(sub-ject)이고 인질이기에[4] 주체와 타자의 의사소통적 실천이 차단될 수밖에 없다. 유태인으로서 느낀 문화적 저항감이 다소 극단적 타자성에로 무게중심을 옮겨갈 수밖에 없다는 점을 인정하면서도, 이것은 결국 주체와 타자 사이의 상호교환의 원리를 단절하고 문화적 분리를 가속화하는 데로 나아가지 않을 수 없다. 물론 레비나스가 주체성 자체를 폐색시키지는 않지만, 그것은 어디까지나 타자로부터 세례를 받아야만 비로소 그 정체성을 담보받을 수 있는 타자의 종이라는 점은 명백한 사실이다.

---

4) 레비나스에 대한 논의는 다음을 참조: 윤병렬 지음, 『감동철학: 으리 이야기 속에 숨다』, 이담, 2009, pp.70 - 89.

이러한 맥락에서 동화주의와 다문화주의 사이의 균열을 치유할 수 있는 가장 역동적인 대안이 바로 상호문화주의라는 점을 강조하지 않을 수 없다. 우리는 이미 서구 다문화주의의 모형인 동화주의도 문화복수주의의 형태로서 진정한 상호문화주의에로 이르지 못했음을 알 수 있다. 보편주의와 다원주의를 상호 모순 혹은 불일치의 관계로 설정하고 보편주의에 무게중심을 둔 동화주의 그리고 다원주의에 무게를 둔 문화다원주의 역시 상호소통이 차단된 문화분리주의로 문제를 가지고 있다. 바로 이런 맥락에서 다문화주의가 사회적 통합을 저해하고 인권탄압이나 여성차별을 유지하는 데 악용될 소지를 가지고 있는 것이다.[5]

이런 점에서 Banks는 '강요된 하나'(imposed unum)가 아닌 '진정한 하나'(authentic unum)[6]를 위해, 문화적 정체성과 국가 정체성 그리고 글로벌 정체성이 상호작용적인 변증법적 관계로 유지되어야 한다고 말한다. 피터 우드는 다양성이 분리주의를 부추기는 토대가 된다는 사실을 지적하였다. 그는 킹 목사의 '운명의 한 벌의 옷'이라는 개념이 상징하는 상호문화성을 저해하는 다양성 예찬론자들을 분리주의자들로 고발한다. 다양성은 원칙을 허무는 이데올로기이고, 비인간적이며 불공평하고 신앙의 원칙을 허무는 이데올로기로 작동하였음을 지적한다.[7] 다양성에 대한 집착과 예찬이 오히려 상호문화주의를 분화분리주의로 전환하는 계기가 되었다고 강조한다.

---

5) 유네스코 아시아 · 태평양국제이해교육원 엮음, 같은 책, p.115.
6) J. A. Banks 지음, 김용신 · 김형기 옮김, 같은 책, p.4.
7) P. Wood 지음, 김진석 옮김, 『다양성: 오해와 편견의 역사』, 해바라기, 2005, pp.97 - 98.

바로 이러한 맥락에서 보편주의와 다원주의의 양립 가능성을 고려하지 않을 수 없다. 이 양립 가능성이 바로 양자 사이의 소통 가능성이다. 서로에게 흡수되거나 동화됨이 없이 서로의 소통을 통해 융합해 가는 문화적 정체성을 고려하는 것이 매우 중요하다. 왜냐하면 절대적 차이에 근거한 다문화주의는 다양한 문화 사이의 소통보다는 분리를 주조할 가능성이 있기 때문이다. 즉 약화된 의미로든 제약된 의미로든 보편성과 동일성을 전제하지 않는 차이의 절대화는 오히려 차별이 될 가능성을 배제할 수 없다. 따라서 "'다르다'는 사실이 차별과 억압이 되지 않기 위해서는 '차이'에 대한 인정뿐만 아니라, '동일성'에 대한 인정도 중요하다."[8]는 말의 의미도 바로 이 점에서 이해되어야 한다.

우리가 진정한 다문화주의의 토대를 상호문화주의로 이해하는 것은 소수와 다수가 단지 상호교환의 원리에 의해 일치적 관계를 이룬다는 소극적 의미만은 아니다. 다수는 소수를 통해 소수는 다수를 통해 스스로 다문화적 정체성을 새롭게 형성해 나가야 한다는 적극적 의미를 담고 있다. 타자의 특수성이 나의 정체성에 의해 훼손됨이 없이 서로가 소통을 통한 융합에로 나아가야 한다. 이를 위해 '주체'라는 어휘, 특히 '선험적' 주체라는 갈마디에 지나친 불신을 가질 필요는 없다. 제약된 동일성 혹은 열린 보편성의 장으로써 스스로 정위된 주체로서 후기 현상학과 해석학적 지평에서 만난 주체는 바로 상호문화적 실천의 장임을 강조하지 않을 수 없다. '주체'란 기호에 대한 지나친 알레르기반응은 역동적인 상호문화적 채널을 차단한다. 이런 점에서 우리는 현상학, 특히 후기 현상학과

---

8) 정미라, 「여성주의와 다문화주의」, 『철학연구』, 제107집, 2008. 8, p.64.

해석학적 주체를 상호문화적 소통의 주체로 인식한다. 특히 하버마스의 의사소통이론과 담론윤리는 상호문화주의 역동적 대안이 될 수 있다.[9] 이는 근대/탈근대의 중간에 위치한 중간자가 아닌 근대/탈근대의 이원적 균열을 경험하고 난 이후 열린 '의사소통적 실천'(communicative practice) 혹은 '수행'(performance)의 주체이다. 주체와 타자 사이의 의사소통은 일종의 수행적 실천이다. 주체와 타자가 완전하게 일치할 수 없고 동시에 전적으로 괴리되어 있는 것도 불가능하다면, 타자를 이해하고 타자를 통해 나 자신을 새롭게 정위하려는 수행적 실천이 요구된다. 상호문화성 역시 다수문화와 소수문화 사이의 동화나 분리가 아닌 뒤얽힘(Verflechtung)의 산물이다.[10]

우리는 바로 이 상호문화적 지평에서 한국불교와 서양철학의 만남을 경험할 것이다. 동·서양의 지역적 특수성을 유지하면서 상호문화적 정체성이 융합되어 있는 다문화적 지평을 확인할 것이다. 한국불교의 그 정수에 이미 '낯선' 타자성이 융합되어 있는 지평을

---

9) 이에 대한 상세한 논의는 다음을 참조;
  박구용, 「윤리적 다원주의와 도덕적 보편주의」, 『사회와 철학』제8·4집, 2004. 1
  _____, 「다원주의와 담론윤리학」, 『철학』제76집, 2003. 8

10) 박종홍은 서양 현상학을 선과 비교하려는 입장이 양자 사이의 형식적 일치성보다는 근본적인 이질성이 있음을 지적하면서 신중을 기할 것을 강조한다. 특히 서양현상학이나 해석학은 근본적으로 주체와 타자를 분리하는 근대적 이분법을 넘어서지 못하고 있기에 능소를 초월한 해탈의 실천이 결여되어 있음을 지적한다(『박종홍전집 – 한국사상사Ⅰ』, 민음사, 1982, pp.190 – 192). 필자가 보기에, 박종홍은 지눌의 회광반조를 서양의 주 – 객분리의 지평을 넘어선 진정한 상호문화적 실천을 함의하고 있는 것으로 규정한다. 그는 서양이 흉내 낼 수 없는 상호문화적 수행의 장을 바로 한국불교 속에서 확인하기 위해 강조하는 말인 것으로 보인다. 그러나 필자는 한국불교를 모든 문화를 흡수 내지 동화시킬 수 있는 용광로와 같은 것으로 규정하는 것은 문제가 있다고 생각한다. 특히 오늘날과 같은 다문화 사회에서는 더욱 그렇다. 동화주의적 문화모델은 문화제국주의와 분리주의를 가능하게 하는 이데올로기라는 사실을 이미 역사적으로 경험한 바 있다. 따라서 필자는 한국불교 역시 타자의 문화 속에서 비로소 그 정체성을 담보받을 수 있다는 전제하에서 한국불교와 서양철학, 특히 현상학–해석학 사이의 상호문화적 지평을 확인하는 것에 무게 중심을 둔다.

확인할 것이다.

　필자가 한국불교를 상호문화적 정체성을 함의하고 있는 다문화적 의사소통적 실천의 장으로 이해하는 것은 바로 서구식 다문화주의로 인해 상실되거나 약화될 수 있는 전통적 관념이나 가치를 역동적으로 포용한다는 사실 때문이다. 비판적 다문화주의가 가장 우려스러워하는 것은 바로 소수문화를 지나치게 배려하는 것이 결국 주류문화와의 통합을 방해하는 것이 아닌가 하는 것이다. 그리고 문화집단을 하나의 실체로 규정하여 다수문화집단 속에 소수문화집단이 소통 없이 여러 개의 실체를 이루고 있는 문화복수주의는 결국 문화분리와 차별을 가능하게 하는 것이 아닌가 하는 것이다. 이것은 결국 국가 정체성을 혼란스럽게 하는 결과를 초래한다. 이와 같은 비판적 다문화주의는 문화와 문화 사이의 의사소통적 실천을 강조하는 상호문화주의를 지향하고 있다.[11] 말하자면 차이를 낭만화하거나 절대화하는 것이 아니라 차이를 존중함으로써 소통과 공유를 넓혀 나가는 것이 중요하다.[12] 한건수는 바로 이런 맥락에서 오랜 기간 동안 문화적 동질성과 혈통의 공유를 강조해 온 한국 사회에서의 다문화주의는 실천지향적이어야 한다고 말한다. 획일적인 다문화주의의 원칙과 모델을 일방적으로 구축해서 한국 사회에 적용하는 것은 바람직하지 않다.[13] 한국문화의 특성을 고려한 맞춤형 다문화주의 모델을 구축해야 할 필요성이 여기에 있다.

　우리 문화의 다문화적 가치들을 확인하려는 연구는 유교연구에

---

11) 유네스코 아시아 · 태평양국제이해교육원 엮음, 같은 책, p.154.

12) 위의 책, p.162.

13) 위의 책, pp.164 - 165.

서도 나타나고 있다. 유교를 정치적 이데올로기로 보기에 앞서 유교의 기본 원리가 함의하고 있는 다문화적 요소를 확인하려는 연구들이다. 유교적 삶의 방식이 폐쇄적이지 않고 개방적이며 회통적이라는 사실을 강조한다. 특히 영남 유교의 다문화적 특징을 퇴계와 남명 간의 회통성과 개방성에서 찾는다. 정우락은 낙동강을 중심으로 형성된 영남문화의 회통성과 개방성을 '강'이라는 메타포를 통해 드러내고 있다. 낙동강 물길을 따라 영남유학은 이질적인 문화를 개방적으로 받아들였다. 그는 기호학파와 영남학파의 융합과 퇴계와 조식의 융합인 퇴남학(退南學)이 형성되었다고 말한다. 낙동강을 중심으로 남북으로는 기호와 영남의 융합, 동서로는 퇴계와 조식학파의 융합이 자연스럽게 형성된 것을 강조한다.[14] 장윤수는 양 학파의 계보학적 질서 속에 함의되어 있는 문화교류적 요소를 문헌적으로 설명하고 있다.[15] 권상우 역시 이와 같은 상호문화적 회통성과 개방성 그리고 두 문화의 단순한 화합을 넘어 독창적인 정체성을 형성하는 영남유교의 다문화적 감수성을 강조하고 있다.[16] 홍승표는 유교의 인간관과 관계관을 중심으로 다문화적 논의를 전개한다.[17]

필자는 바로 이러한 맞춤형 다문화주의의 원형이 한국 불교에 녹아 있음을 강조한다. 한국불교의 다문화적 가치가 객관적으로 표출되어 있는 신라 '경주'에 관한 문화교류사적 접근은 이런 맥락에

---

14) 정우락, "강안학(江岸學)을 통해 본 고령 유학과 그 특징", 고령군 대가야박물관 · 경북대학교 퇴계연구소 편, 『고령문화사대계2 - 사상편』, pp.224 - 225.

15) 장윤수, "조선시대 고령의 유학 사상", 같은 책, pp.53 - 124.

16) 권상우, "조선 이전의 고령유학 - 다문화의 융합과 개방적 사회", 같은 책, pp.19 - 51.

17) 홍승표, "유교사상을 통해 본 다문화사회", 대한철학회, 『철학연구』, 107집, 2008, pp.69 - 89.

서 중요하다. 특히 전영준은 신라와 서역문화의 교류를 다문화적 관점에서 논의하고 있다. 그 스스로 말하듯이 신라불교의 다문화성에 관한 논의를 미루어 두는 게 아쉽지만, 우리의 논의를 위한 소중한 자료적 가치를 제공하고 있다.[18] 필자는 바로 이러한 사실에서 한국적 다문화주의의 원형을 한국불교 속에서 확인하는 것이 의미 있는 작업이라 생각한다. 이 책은 바로 이러한 다문화적 지평을 열어가는 데 조금이라도 도움이 되기를 원하는 마음에서 한국불교와 서양철학을 상호문화적 지평에서 읽은 것이다.

---

18) 전영준, "신라사회에 유입된 서역 문물과 다문화적 요소의 검토", 문화콘텐츠기술연구원 다문화콘텐츠연구사업단 엮음. 『다문화의 이해』, 경진, 2009, pp.52 - 75.

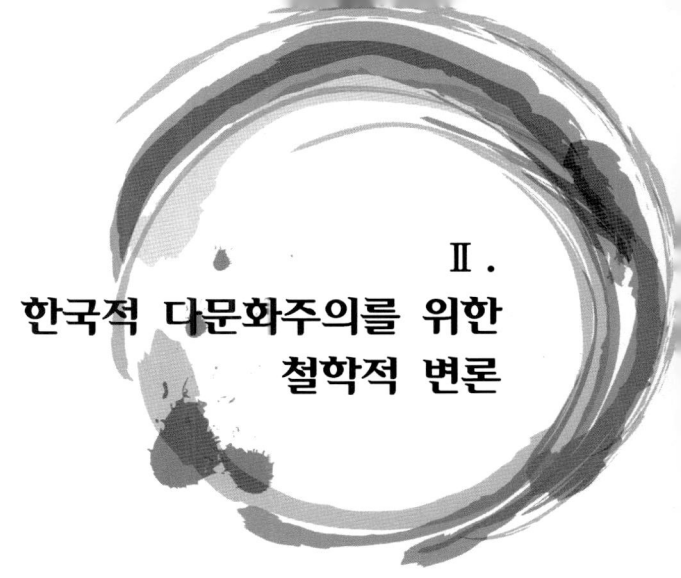

## Ⅱ.
## 한국적 다문화주의를 위한
## 철학적 변론

### 1. 한국인의 다문화적 감수성

한국인은 문화적 관용성이라는 관점에서 볼 때, 다문화적 감수성
이 결여되어 있는 '다문화맹(盲)'[1]이다. 그 이유는 오랫동안 단일민
족의 전통을 유지해왔고, 문화적 이질성이나 이방적인 것에 대해
지극히 냉담한 태도를 취해왔기 때문이다. 한국인은 외국인 혐오증
(xenophobia)에 가까울 정도로 다문화적 자질이 부족하다(윤인진,「한
국적 다문화주의의 전개와 특징」, 2008). 한국은 순혈주의에 근거한
동화주의적 원칙을 고수한다(김희정,「한국의 관주도형 다문화주의」,
2007).

이처럼 한국인의 다문화적 감수성의 결여를 순혈주의와 단일민
족성에서 확인한다. 하지만 다문화사회로 진입한 한국 사회는 단일
민족과 순혈주의라는 낡은 이념에서 벗어나야 한다. 한국은 역사적
으로 이미 다문화국가이다.[2] 어느 민족 못지않은 다문화적 감수성

---

1) 한준상,「다문화교육에 대한 호모노마드식 접근」,『다문화사회의 기해』, 유네스코아시아·태
평양국제이해교육원 엮음, 동녘, 2008, p.271.

이 풍족한 민족이다. 역사적으로 단일민족이라는 신화는 전략적으로 만들어진 개념일 뿐이다.[3]

한국을 단일민족으로 전략적으로 개념화한 것은 일제로부터 해방 이후 민족적 동질성을 강조할 필요성에 의한 것이었을 뿐이다. 말하자면 단일민족이란 개념은 주어진 것이 아니라 만들어진 것일 뿐이다. 이런 점에서 한국의 다문화적 감수성을 지나치게 동화주의 혹은 단문화적 태도로 재단하는 것은 성급한 판단이다. 오히려 한국인의 정신이 함의하고 있는 소통성과 개방성을 다문화적 의식의 원형으로 회복하는 것이 필요하다.

최근 한국을 방문한 프랑스 사회학자 마페졸리는 "유럽이 근대성의 실험실이었다면 한국은 탈근대성의 실험실이다."(동아일보, 2009, 10,22)고 말했다. 이는 문화적 다양성을 이분법의 희생양으로 삼아온 근대 유럽의 오랜 스캔들을 지적하는 말이다. 이에 반해 그는 한국 문화가 함의하는 역동성, 즉 문화 간의 근원적 뒤섞임과 넘나듦의 관계를 '상호의존성'으로 지칭한다.

물론 한국은 다른 이민족국가들처럼 다문화적 경험이 많지 않다. 미국은 처음부터 다민족, 다인종이었기 때문에 어느 나라보다도 다문화정책이 성공했다고 말할 수 있다. 문제에 많이 노출된 만큼 문제를 극복하는 힘도 강하다고 볼 수 있다. 물론 인종차별이라는 태

---

2) 서로 다른 생활양식을 공유하는 문화 집단이 하나의 공동체 안에 함께 존재할 때, 우리는 그 상태를 다문화사회 혹은 다문화국가라 말한다(김남국, 「한국에서 다문화주의 논의의 전개와 수용」, 오경석 외 『한국에서의 다문화주의』, 한울, 2007, p.343).

3) 이와 관련된 대표적 연구는 다음을 참조: 김기봉, 「다문화사회의 한국인 정체성과 한국사 다시 쓰기」, 『다문화사회와 국제이해교육』, 동녘, 2008; 전영준, 「신라사회에 유입된 서역문물과 다문화적 요소의 검토」, 『다문화의 이해』, 경진, 2009; 이희근, 『우리 안의 그들! 역사의 이방인들』, 너머북스, 2008.

생적 한계를 극복하기는 힘들지만, 다른 어느 나라보다 상대적으로 다문화-지향국가이다. 한국은 이에 비해 너무 성급하게 다문화논의를 장밋빛 일변도로 치중하는 것은 아닌지 성찰할 필요가 있다.[4] 성찰적 다문화주의가 요구된다.

그러나 다른 한편으로 한국이 다른 나라들처럼 다문화적 경험은 많지 않지만, 서구의 다문화주의가 지닌 한계점을 인식할 수 있는 기회를 많이 가질 수 있다. 그리고 한국은 서구 여러 나라보다 근대민족주의나 모더니즘을 오래 경험하지 못했다. 근대성을 오래 경험하지 못한 것이 오히려 한국 다문화주의의 장점이 될 수 있다. 서구는 근대성을 식상할 정도로 경험하고 근대성에 대한 극단적 알레르기를 표출한 것이 탈근대이고, 이 배경 하에서 다문화주의는 논의되어 왔다. 따라서 모더니즘에 대한 극단적 저항은 극단적 상대주의 혹은 문화분리주의를 가능하게 하고 이는 동시에 인종차별의 계기를 만들어주게 되었다. 한국은 이러한 근대-탈근대의 이분법적 논쟁이 빚어내는 문화적 게토나 발칸화 '이전/넘어' 다문화적 원형을 단적으로 회복할 가능성을 가진다. 현재 미국의 다문화교육론이 지향하는 '차이를 넘어 소통'을 이루는 다문화적 장을 한국인의 고유한 전통 속에서 찾을 수 있다는 희망적 다문화주의를 기대하는 것도 바로 이러한 점에서이다. 그 희망을 한국인의 고유한 **'다문화적 영성(靈性)'**이라고까지 부를 수 있는 의사소통적 **실천적 수행(修行)**에서 읽을 수 있다. 이를 통해, '한국형 다문화주의' 혹은 '지역맞춤형 다문화주의'를 구축할 수 있는 계기를 마련할 수 있을 것이다.

---

4) 한건수, 「비판적 다문화주의」, p.137.

우리들이 시급히 다문화주의적 감수성을 갖지 않으면, 미래 우리의 생활세계가 폭력과 재앙의 희생물이 될 수 있다는 위기의식에서 출발해야 한다. 다른 나라에서 빈번히 일어나는 소수민족의 폭동과 테러를 예방하자는 소극적 차원에서뿐만 아니라, 우리 민족의 미래지향적 행보를 위한 적극적 실천이란 관점에서 출발하지 않으면 안 된다. 다문화주의는 어쩌면 이상적 가치일지도 모른다. 왜냐하면 다문화주의가 이론적으로 논의되어지는 현실에서도 다수와 소수5) 사이의 투쟁과 폭력이 진행되고 있기 때문이다. 그러나 다문화주의의 이상적 완성을 향해 나아가지 않으면 안 된다. 다문화주의는 진행형인 실천운동이다. 이론으로 캡슐화되어 있는 이데올로기가 아니다. 지금도 우리 모두를 위한 이상적 실천으로 끊임없이 논의되어야 할 것이다.

## 2. 한국의 다문화주의 연구의 현황과 전망

한국사회에서 논의되고 있는 다문화주의는 어떤 것인가? 김남국은 다문화주의를 서술적 의미와 규범적 의미로 구분한다. 서술적 의미는 자본과 노동의 세계화에 따른 새로운 인종·종교·문화의 유입에 의해 동질적이었던 국민국가가 다양한 기준에 의해 분화되는 것이고, 규범적 의미는 경제적 차원을 넘어 인종·문화·종교

---

5) 물론 다문화담론에서 다수와 소수는 수적 다수에 의한 구분은 아니다. "다수 그룹이란 사회학적으로 볼 때 사회 안에서 우월한 지위에 있는 그룹을 의미한다… 소수 그룹은 사회 안에서 열등한 지위를 지니는 모든 그룹이라고 정의될 수 있다."(권용혁, 「다수와 소수의 관계 탐구」, 『사회와 철학』, 제13호, 2007.4, p.4). 수적으로는 다수이면서 소수그룹의 경우는 대다수 나라에서의 여성과 남아프리카공화국에서의 흑인이 그 사례이다.

를 중심으로 한 문화적 인정과 생존 요구를 주장함으로서 생기는 균열이다. 우리나라의 경우는 아직 서술적 의미의 단계에 머물고 있다.[6] 말하자면 아직은 문화적 요구를 주장하기보다 인권과 복지가 더 절박하다.[7]

그러므로 미국이나 유럽과 같은 다문화국가의 경우와는 달리, 한국의 다문화교육은 시민교육으로 확장되기에는 아직은 시기상조라 할 수 있다. 아직 소수자중심의 다문화교육의 한계를 못 벗어나고 있다. 다수자와 시민일반으로 다문화적 감수성 고양을 위한 교육이 가능하기 위한 제반 여건들이 시급히 마련되어야 한다. 다문화국가로서 초기에는 주로 이주노동자나 이주여성의 인권이나 복지적 접근에 제한될 수밖에 없다. 그것도 다문화정책이 국가나 관주도로 많이 쏟아져 나오지만, 이주민을 위한 다문화이기는 해도 이주민에 의한 다문화가 아니고 이주민은 항상 주변적 존재로 머물고 있다는 입장들이 제기된다. 다문화사회의 핵심주체인 이주자가 소외된 다문화주의는 이론적 담론에 머물고 만다. 반면 다문화정책이 이주자에게만 초점이 맞추어지는 것도 효율적이지 않다는 견해도 제시된다. 그리고 다문화정책은 국가정책적 차원에서 실시되어야 한다는 입장이다. 물론 다문화주의가 모든 것을 해결하는 해결사는 아니다. 그러나 한국 다문화주의논의가 짧은 시간에 보편적으로 수렴될 수 있는 것은 미국이나 유럽의 다문화주의의 과정을 거울삼아 한국 다문화주의를 정립해야 한다는 학문적 합의 때문일 것이다.

---

6) 김남국, 위의논문, p.344.

7) 말하자면 서술적 의미는 한국 역시 노동과 자본의 탈경계화로 인허 어쩔 수 없이 다문화사회로 접어들었다는 사실적 상황을 묘사하는 사실판단이다. 반면 규범적 의미는 어떤 다문화주의가 바람직한 것인가에 대한 본격적인 다문화논의구조 속에 들어서 있는 단계이다.

한국은 이미 다문화적 상황에 노출되어 있다. 다시 말해 다문화주의가 서양에서처럼 적극적으로 논의될 수 있는 계기는 충분하다. 이주자가 급속히 증가한다는 것 말고도, 최근 출산율 저하에 따른 '한국인 늘이기 프로젝트'와 같은 다문화가정 지원정책의 변수들이 증가한다. 그리고 민주주의의 발전으로 사회적 소수자들이 자신들의 문화적 권리를 당당하게 주장한다. 그리고 무엇보다도 서양에서 일어나는 소수자의 폭동에 의한 생활세계의 붕괴에 대한 불안감이 한국 사회에도 증가하는 추세이다.

그러나 이러한 다문화적 변수에도 불구하고, 아직 한국의 다문화주의가 전면화되고 있지 않는 이유를 김남국은 다음과 같이 들고 있다.[8]

첫째, 한국의 소수자들은 아직 자신들의 문화적 권리와 생존을 요구하기보다는 사회경제적 평등과 보편적 인권의 문제에 더 초점을 맞추고 있다. 즉 문화적 요구를 하기에는 아직 인권과 복지의 요구가 더 절박하기 때문에, 다문화논의가 성숙하지 않고 있다.

둘째 한국이 민주화를 이룬 이후 사회적 소수에 대한 정치적 올바름(political correctness)에 대한 압력에서 아직은 자유롭지 못하다. 즉 소수자의 인권적 평등을 보장하기 위해 소수자에게 너그러울 수밖에 없다. 따라서 다수와 소수의 문화적 갈등은, 개별적인 특수한 상황으로는 나타나지만, 아직 잠재화되어 있다.

마지막으로 한국은 아직 사회적 소수의 목소리가 인권적 요구 뒤에 숨어 있다. 즉 한국은 정치-경제적 차원의 단계에 머물러 있어서 실질적인 종교·문화·인종적 요구로 확장되고 있지 않다.

8) 김남국, 위의논문, pp.354-356.

아직 다문화주의를 규범적 차원에서 논의할 정도로 전개되지 않고 있다. 이 점이 미국과는 다른 다문화적 상황이다.

따라서 아직은 잠재화되어 있는 문화적 생존과 요구가 표출되어 사회적 균열을 수반하기 이전에 우리 민족만이 가지는 문화적 역동성을 통해 여과하는 논의구조 혹은 공론의 장을 충분히 마련하는 것이 중요한 과제이다. 한국은 '심의다문화주의'를[9] 통해 다수와 소수 간의 합의를 이끌어낼 수 있는 공론의 장을 마련해야 한다. 그 하나의 대안으로 역동적인 다문화적 장(場)을 한국 전통 속에서 찾는 것이다.


## 3. 다문화사회에서 타자이해하기

다문화주의담론 속에서 동화주의는 절대악이고 다문화주의는 절대선인 것처럼 접근해서는 안 된다. 각 국의 문화적 전통과 역사적 특수성을 고려한다면, 각 국의 현실에 맞는 맞춤형 다문화주의를 마련하는 것이 중요한 것이다. 우린 서구의 다문화정책이 동화주의와 다문화주의 사이에 서 있음을 알 수 있다. 프랑스나 호주는 다시 동화주의로 미국은 완전한 다문화주의를 이루지 못한 문화다원주의(문화복수주의)의 형태로 진행되고 있다. 그리고 독일은 미국

---

9) 심의다문화주의(deliberative multiculturalism): 다문화주의는 이념으로 작동하지만 현실적으로 온전하게 실현되기는 힘들다. 그럼에도 다수와 소수 사이의 상호존중과 합의를 통해 마련해야 한다는 규범적 요구를 충족시켜야 한다. 이런 점에서 다문화주의는 구성원들 간의 대화와 타협을 통해 이루어내야 할 이념적 목표이다. 신중한 논의를 통해 지속적으로 마련되어야 할 심의다문화주의는 아직 진행형이다(이에 대한 논의는 김남국, 「심의 다문화주의: 문화적 권리와 문화적 생존」, 『한국정치학보』, 제39집 제1호, 2005. 3 참조).

문화다원주의를 실패한 것으로 규정하면서 상호문화주의의 형태를 띠고 있다. 다문화주의는 결국 주체가 타자를 어떻게 이해하는가의 문제이다. 주체와 타자 사이의 관계에 관한 철학적 논의는 바로 다문화주의의 이론적 배경을 형성하고 있다.[10]

## (1) 차별배제형

근대는 주체와 타자를 분리한다. 그러면서 타자는 주체에 의해 그 의미가 주어지고 그 영혼이 살아나아 할 하나의 사물처럼 취급한다. 타자의 물상화(物象化)이다. 타자를 정교한 교설로 사물화하는 근대철학자는 데카르트이다. 그는 사유하는 주체에 의해 구성되고 조작되어야 할 대상으로 타자를 취급한다. 사유하는 나 이외의 모든 것은 불확실한 진리의 단초가 될 수 없다. 그는 '나는 생각한다 고로 존재한다'고 자위하면서 자신의 존재의 알리바이를 자신 안에서 끌어댄다. 그는 타자와의 단절을 통해 주체의 정체성을 확인한다. 그는 주체와 타자의 교섭을 차단하고 오로지 주체의 동일성만을 정당화하는 데 몰두한다. 다문화적 관점에서 보면 데카르트는 다문화맹(盲)이다. 이와 같이 주체와 타자를 분리하고 주체에 의한 타자의 구성이라는 오래된 근대적 교설은 타자와 이방인을 배제하고 차별한다. 차별 배제형 모형이다. 그에게는 자신의 존재의

---

10) 물론 여기에서 도식화되는 문화모형의 철학적 배경은 통상적 담론의 차원에서 논의되는 것이다. 데카르트에게서조차도 다문화적 패러다임이 함의되어 있다는 또 다른 논의는 다른 차원에서 가능하겠지만, 여기서는 다만 논의구조를 거대담론의 지평에 제한하여 간략하게 살핀다.(특히 데카르트를 '유아론'으로 우둔하게 읽는 독서를 비판하면서 데카르트적 주체의 외교 교섭능력을 강조하려 한 김상환의 다음 논문이 대표적인 경우일 것이다: 김상환, 「현명한 관념론과 우둔한 관념론」, 『철학과 현상학 연구』, 제6집, 1992. 11).

정체성이 자신 안에 있지 않고 타자로부터 온다는 탈근대적 사유를 만나리라는 어떤 기대도 하지 못했다.

## (2) 동화주의(assimilation)

칸트는 데카르트에 의해 사물화되어 버린 타자를 윤리적으로 구원하려고 한다. 그는 타자의 인격을 나를 위한 수단으로 삼지 말고 목적으로 대하라는 지상명령을 선언한다. 타자는 나와 동일한 인격적 주체로서 나에 의해 수단화되어서는 안 된다는 윤리적 요청을 끌어 온다. 그러나 칸트 역시 그 무게중심은 주체에 있다. 주체중심주의라는 근대적 사유로부터 자유롭지 못하다. 그의 '선험적 통각'이라는 주체 역시 타자를 지배하는 주인이다. 근대철학의 완성자인 헤겔은 칸트적 유산을 청산하기 위해 변증법이라는 상호문화적인 역동적 채널을 끌어 댄다. 그의 주인과 노예의 변증법은 주체와 타자 사이의 중재적 채널을 담보하는 것이다. 하지만 그 역시 정신의 변증법이라는 동일화와 보편화의 논리의 궤적을 추종하고 만다. 우리는 칸트와 헤겔로 이어지는 근대성의 전략을 타자성을 주체의 용광로(melting pot)[11] 속에 동화시키려는 용광로모형으로 읽을 수 있다. 이는 바로 독일 민족주의를 이념적으로 정초하는 '용광로 형이상학'을 제공하였다. 방향은 다르지만 마르크스의 유물변증법 역시 동일한 논리 위에 서 있다.

---

11) 미국 극작가 Israel Zangwill의 작품 The Melting Pot가 1908–1909년 미국에서 공연된 이후, 미국이민정책의 기조를 상징하는 어휘가 되었다. 당시 루즈벨트 대통령이 극찬했던 이 작품의 이름이 이후 미국 이민정책의 동화주의적 특성을 상징하는 은유로 사용되어 왔다.

Theatre Programme for The Melting Pot (1916)

## (3) 문화다원주의(cultural pluralism)

'탈근대'의 이름으로 주체 죽이기는 시작된다. post-modern은 탈중심, 탈경계로 질주한다. 주체의 정체성은 타자와의 관계 속에서 비로소 담보받을 수 있다. 동일성이나 보편성이라는 낡은 이념들은 포스트 모던적 기획에 의해 해체된다. 거대서사(Meta-narrative)의 해체로 인해 다양성과 이질성이 층위를 이룬다. 하나의 보편적 기준에 모든 것을 질서지웠던 근대의 이데올로기는 다문화주의의 적이다. 다양성이 보편성을 대신하고 차이성이 동일성보다 앞선다. 이런 맥락에서 소위 '포스트 모더니스트들'이라 불리는 라깡이나 데리다, 푸코 등은 주체를 결정짓는 절대적 타자를 이끌어댄다. 즉 주체의 알리바이를 자신 속에서 끌어내었던 근대철학과는 달리, 그들은 주체의 알리바이를 타자에서 확인한다. 데리다는 '나는 생각되어진다. 고로 나는 존재한다'는 말로 주체를 해체한다. 주체로 환원될 수 없으면서 주체를 결정짓는 절대적 타자를 '구조'란 이름으로 인용한다. 독일과 역사적 불협화음을 나타냈던 프랑스와 유태인들은 이제 더 이상 이성적 합리성이란 이름으르 포장된 주체중심의 동일화 전략과 타협하지 않는다.

리오타르는 그 누구보다 차이성을 앞세우며, 문화적 동일성이란 이름으로 문화제국주의를 양산한 근대를 철저히 고발한다. 우리는 이런 점에서 포스트모더니즘은 다문화주의와 그 정신을 공유하고 있다고 말해야 한다. 하지만 타자성을 지나치게 절대화함으로써 상호문화성을 단절하고 오히려 문화 분리주의, 나아가서는 인종차별주의를 초래하는 한계를 가진다. 차이를 넘어 소통에로 이르지 못한 문화다원주의로 남아 있다. 어떤 형태의 합의도 하나의 가설이라고 말하는 리오타르의 극단적 상대주의는 결국 문화 발칸화를 초래하고 결국은 여러 개의 문화들이 병존하는 형태의 문화다원주의 혹은 문화복수주의로 남는다. 미국은 바로 이 민족중심 다문화주의의 지점에 서 있다. 미국이 지향하는 문화다원주의를 위협하는 것은 민족중심의 다문화주의이다. 미국 보수주의자들이 비판하는 것은 바로 이 민족중심 다문화주의이다. 극단적 분리주의자들이 신봉하는 것은 다문화주의가 아니라 자기네 민족 집단의 우월성을 신봉하는 민족중심주의이다. 이 민족중심의 다문화주의는 동화를 통한 국가형성의 과정에 아직 완전히 편입되지 못한 흑인들의 고립감의 소산이라고 보수주의자들은 비판한다. 그러나 민족중심의 다문화주의와 같은 극단적 다문화주의는 비판하면서도 다문화주의 자체에 대해서는 옹호하는 입장이 있다. 이른바 온건한 다문화주의이다. 다문화주의가 인종주의의 오만을 바로 잡은 기능을 한다는 것을 인정하고 동시에 소수문화까지 포용하는 다문화주의를 지향한다.

## (4) 시혜(施惠) 다문화주의(mercy culturalism)

근대의 주체중심주의 대척점에 서 있는 타자중심주의, 특히 타자 쪽으로 무게중심을 성큼 옮겨간 철학자는 레비나스이다. 타자는 주체의 상전이고 주체는 타자의 부름에 응답하는 종이다. 주체는 타자 앞에서 세례를 받아야 비로소 그 정체성을 담보 받을 수 있다. 주체는 타자의 인질이다. 종으로서의 주체이다(sub-ject). 고아와 과부로 상징되는 타자에 대한 절대적 환대를 윤리적 책임으로 말하

는 레비나스는 유태인으로서 겪었던 쓰라린 역사적 경험을 독일민
족주의에 되돌려주려고 한다.

　하지만 타자에 대한 무조건적 환대는 극단적인 타자중심의 존재
론으로 기울 가능성이 있다. 이러한 대안 역시 근대적 주체에 대한
지나친 불신에서 비롯된 것이다. 근대적 주체에 대한 극단적 불신
은 타자에 대한 맹목적(?) 위탁으로 보여 진다. 고아와 과부로 상징
되는 사회적 약자에 대한 배려가 다문화사회에서는 어쩌면 필연적
으로 요구되는 것이긴 하지만, 사회적 약자인 소수자에 대한 무조
건적인 환대는 자칫 시혜적 다문화주의가 될 가능성이 있다. 주체
와 타자 사이의 상호교환의 원리를 간과하고 양자 사이를 지나치
게 타자중심의 비대칭적 관계로 설정하고 주체와 타자 사이의 화
해조차 차단하는 레비나스적 대안은 다수와 소수 사이의 소통구조
를 폐색시킨다. 물론 레비나스적 대안이 리오타르와 같은 포스트모
더니스트들처럼 주체 자체를 전적으로 폐기하는 것이 아니라 타자
앞에서 새롭게 정위되어야 할 주체로 남겨두긴 하지만, 이 역시 주
체와 타자 사이의 소통을 열어놓지 않는다.

## (5) 초문화주의(transculturalism)

　문화에 대한 개체론적 접근은 문화 간의 균형과 조화를 차단한
다. 마치 개별유기체적 접근이 생태계의 균형을 차단하듯이 그렇
다. 따라서 초유기체적 체계중심의 전체론적(holistic) 접근은 개체론
적 접근이 차단한 생태계의 균형과 조화인 상호의존성을 회복할
수 있다. 우리는 이러한 생태학적 전략을 문화에 적용할 수 있다.

즉 특정 문화적 정체성중심의 개체론적 접근을 초월하여 초문화적 접근을 통해 문화 간의 균형과 조화를 읽어내려는 문화생태학을 이해할 수 있다. 하지만 이 문화생태학은, 레건이 환경생태학을 '환경파시즘'으로 고발하듯이, 문화가 가지는 개별적 정체성에 대해 '전체'란 이름으로 폭력을 가하는 '문화파시즘'(cultural fascism)의 형태를 띤다. 물론 문화에 대한 개체론적 접근이 상호문화성을 차단할 위험성이 있지만, 문화생태학적 접근 역시 문화와 문화 사이의 차이를 넘어 소통을 이루려는 상호문화적 채널을 차단한다. 문화 개체 간의 소통을 전제로 하지 않은 채, 문화 간의 상호의존성을 초문화적으로 −선험적으로− 요청하는 것은 문화간의 불균형 혹은 혼돈(chaos)의 이질성을 간과하는 낙관론을 피할 수 없다. 차이를 넘어 소통에로 이르려는 성찰이 없이도 문화 간의 균형이 유지될 것이라는 문화생태론적 낙관은 문화초월주의라는 애매한 선험적 가설을 요청하지 않을 수 없다.[12]

## 4. 차이를 넘어 소통으로

우리나라 역시 다문화 사회로 진입하면서, '다문화주의담론'이 뜨

---

12) 이 '초문화주의'(transculturalism)는 마틴 루터 킹이 미국인이 하나가 되어야 할 운명을 '옷감'에 비유하는 것에서 찾을 수 있을 것이다. 옷감이 마치 씨줄과 날줄이 엉켜 짜여있듯이, 미국이 인종차별을 초월하여 하나가 되어야 한다는 데서 출발한다. 그러나 이 초문화주의가 세계화의 구호는 될 수 있더라도 인종차별을 극복할 수 있는 실질적 대안은 되지 못한다. 여전히 인종차별은 미국의 불편한 현실로 남아 있다. 형식적 구호보다 중요한 것은 문화 간의 소통을 향한 상호문화적 합의이다. 전 지구적인 문화생태공동체를 형성하기 위한 전제조건들이 많다. 특히 초문화주의가 가능하기 위해서는 세계시민적(Apel과 Habermas가 제안한) 담론윤리의 절차와 방법이 요구된다(허영식 · 정창화, 「다문화사회에서 간문화교육의 현장착근 방안」, 『한 · 독사회과학논총』, 제19권 제3호, 2009. 9, pp.36−38).

겁다. 다문화축제가 열리고, 다른 나라 음식도 먹어보고 옷도 입어
보는 등 다문화체험 열풍이 대단하다. 하지만 그 열풍 뒤에는 지속
적으로 성찰해야 할 과제들이 많다. 음식을 먹어보고 옷을 입어보
는 다문화 체험도 중요하지만, 그러한 낭만적 다문화주의나 부띠끄
다문화주의로는 진정한 다문화적 의식을 갖추기에는 부족하다. 우
리의 의식이 다문화적 감수성을 갖지 않는 이상, 형식적 다문화주
의는 허상에 가깝다.

오랫동안 하나의 거대문화(메타-네러티브, meta-narrative) 혹은
지배문화에 종속당해 왔던 근대인들에게 '다문화주의'란 말마디만
으로도 해방감을 준다. 그러나 그 해방감을 즐기기엔 아직 이르다.
이 지구상 어디에서도 다문화주의의 이념이 온전하게 실현된 곳은
없다. 다문화주의는 동화주의만큼이나 한계와 문제점을 갖고 있다.
우리보다 앞서 다문화적 상황을 경험한 미국이나 유럽의 다문화주
의에 대한 시선이 그리 곱지 않다. 미국이 비교적 다문화주의를 성
공적으로 수행했다고 하지만, 여전히 극단적 다문화주의자들의 인
종주의는 불편한 현실로 남겨 두고 있다. 프랑스나 독일 역시 문화
분리주의자들의 시선에서 자유롭지 못하다. 특히 호주와 같은 나라
는 동화주의, 즉 백호주의로 다시 돌아가고 있다. 동화주의 모형인
용광로주의로 돌아간다. 이것은 성급한 다문화주의가 오히려 문화
분리주의를 가속화시켜 사회통합에 방해가 된다고 판단하기 때문
이다.

다문화주의가 해결해야 할 가장 중요한 문제는 다양성과 단일성
의 균형을 이루는 것이다. 다양성과 차이 혹은 이질성에 대한 지나
친 예찬은 문화적 공존이 아닌 병존 그리고 분리로 나아간다. 동시

에 단일성, 동일성에 대한 집착 역시 문화적 흡수와 동화로 나아간다. Banks는 이런 맥락에서 문화적 정체성과 국가적 정체성 그리고 글로벌 정체성을 상호작용적인 변증법적 관계가 되어야 한다고 주장한다.13) 1963년 Nathan Glazer와 Daniel P. Moynihan이 *Beyond the Melting Pot*에서 문화적 용광로를 넘어 다문화주의에로 나아갈 것을 주장한다. 이후 미국의 다문화주의 논쟁이 지속되어 왔다. 하지만 아직도 토론과 심의 중이다.

차이를 넘어 소통에로 이르지 못하는 다문화주의는 문화적 병존과 분리만 가속화시킨다. 니체가 '관계가 실재를 규정한다'고 말한 것처럼, 문화라는 실재는 자율적으로 존재하지 않는다. 다른 문화들과의 관계 속에서 형성된다. 문화적 정체성은 서로 다른 문화 간의 대화에서 생성되고 다른 문화의 '관계' 속에서 존재한다는 게이츠(Henry Louis Gates)의 정의 역시 이런 맥락에서이다.14)

이러한 의미를 기초로 하고 있는 건강한 다문화주의는 실제로 잘 정착되지 못하고 있다. 차이를 존중하고 인정하는 것을 넘어 진정한 대화로 나아가는 길이 아직 멀어 보인다. 차이 자체를 절대화하는 것은 극단적 상대주의를 잉태하고 이것은 바로 문화 분리주의와 인종차별로 나아간다. 주류문화 속에 다수의 구(球)들이 병존하면서 다른 문화를 거부함으로써 각각의 문화에서 행복할 수 있다는 생각을 낳는다. 서로의 차이를 인정해주지만 각 문화 간의 소통은 부재하다. 미국은 주류문화라고 하는 것도 없이 그저 다수의 문화들이 병존하는 식이다. 문화 다원주의 혹은 문화 복수주의의

---

13) J. A. Banks 지음, 김용신·김형기 옮김, 『다문화 시민교육론』, 교육과학사, 2008, p.51.
14) 유네스코 아시아·태평양국제이해교육원 엮음, 『다문화사회의 이해』, p.18.

형태이다. 미국 정부 문장(紋章)에 있는 "E PLURIBUS UNUM"(다수에서 하나로)이라는 구호는 여전히 실험 중에 있다. 진정한 다문화주의로 나가는 길은 아직 진행 중에 있고, 실험 중에 있다. 차이를 넘어 소통에 이르는 융합적 다문화주의는 동화주의의 늪과 문화다원주의의 암초를 피해가야 한다.

근대에 의해 가속화된 주체와 타자 사이의 경계는 현대로 오면서 희미해진다. 주체와 타자를 상호 분리할 수 없는 애매한 관계로 규정하는 것은 현상학-해석학이다. 주체는 이미 상호주체성, 즉 타주체와의 관계 속에 서 있는 주체이다. 주체와 주체 사이의 관계인 상호주체성(intersubjectivity)은 주체와 타자 사이의 경계를 허물고 상호이해의 지평을 확장한다. 주체와 타자는 감정이입의 방법으로 서로를 이해한다. 대화를 통해 나와 너의 경계너머 우리의 지평으로 나아간다. 현상학은 주체에 의해 타자가 사물화 되기 이전의 타자의 생생한 경험으로 돌아가는 질적 연구의 길을 열어 놓는다. 현상학의 구호인 '사태 자체로!'는 타자의 생생한 경험 자체로 돌아가서 거기서 출발하려는 방법을 취한다. 가다머의 해석학 역시 주체와 타자의 관계를 순환적으로 해석한다. 하지만 현상학-해석학의 타자 이해하기는 결국 타자를 나의 관점 하에(under) 세우는(stand) 주체중심에 묶여 있다. 포스트모던적 시각에서 보면 이들은 모두 '색바랜 동화주의자'들이다[15]. 즉 이방인의 문화를 이해한다는 것

---

15) 다문화적 관점에서 볼 때, 현상학의 원죄는 '자기 것을 중심으로 하는 구(求)모델'이나 자기 것을 기초로 한 기초층모델(Grundschichtsmodell)'(최재식, 「상호문화서의 현상학」, 『철학과 현상학』, 제30집, 2006, p.4)이라는 사실이다. 즉 현상학은 어차피 주체에 의한 타자성의 구성이라는 낡은 근대적 모델을 떠날 수 없다. 층모델은 다양한 층들을 인정하면서도 결국 주체의 기본 층 위의 성층화를 의미하는 것에 지나지 않는다. 이렇게 본다면 동화주의적 모델의 변형으로 읽어야 한다. 후설 이후 현상학적 모델은 바로 이 주체성의 지위를 어디에다 설

은 결국 주류문화의 큰 틀 속에서 이해하는 것 이상이 아니다. 그러나 이 '색바랜 동화주의'는 보편성을 이데올로기로 선험적으로 요청하는 근대의 무제약적 동화주의와는 다른 절차적 동화주의이다. 즉 합의와 대화를 통해 구성된 절차적 보편성에 토대한 동화주의로서, 이는 무제약적 다양성에 토대를 둔 급진적 다문화주의를 상호문화주의로 유도할 수 있는 이념적 실마리가 될 수 있다. 절차적 보편성과 제약적 다문화주의의 균형추를 하버마스의 의사소통 이론에서 확인하려는 시도는 매우 의미있는 작업이다. '타자성의 유폐나 동화를 요구하지 않는 약한 보편주의'[16]와 타자성의 절대화를 요구하지 않는 제약적 다문화주의의 양립가능성을 하버마스에게서 확인하는 것은 상호문화주의의 가능성을 열어준다.

---

정하는가 하는 문제에 초점이 맞추어진다. 아방성(我方性)과 타방성(他方性)의 관계에 대한 후설의 딜레마를 어떻게 극복할 것인가에 초점이 두어진다. 그러나 그럼에도 불구하고 후설은 상호문화주의의 이념적 토대를 마련한 것은 틀림없다. 아방 문화와 타방 문화 사이를 전적인 일치나 전적인 괴리의 관계로 볼 수 없는 딜레마에 천착한 실질적인 상호문화주의자가 바로 후설이다(다음을 참조: 윤병렬, 「문화의 위기 및 상호문화성과 반–상호문화성」, 『철학과 현상학 연구』, 제13집, 1999. 10, p.78). 우리가 다문화사회에서 '차이를 넘어 소통'으로 이르는 통로를 이 상호문화주의에서 찾는 이유도 바로 이 후설의 유산에 덕을 입고 있다. 두 문화 사이의 근원적 차이를 인정하면서 어떻게 화해를 이룰 수 있는가의 문제는 동화주의와 문화다원주의의 경계를 넘어 진정한 다문화주의로 가는 통로이다. 따라서 동화주의도 초문화주의도 소통을 등한시하는 게으른 이데올로기이다. '초문화성'(Transkultutalität)은 국가를 초월한 문화적 동일성을 의미하는데, 이것은 타자성과 아방성 사이의 생생한 긴장을 간과한 것이다(최재식, 위의논문, p.20 이하 참조). 이처럼 초문화주의 역시 실행의 한계가 있고, 초문화주의가 제대로 실현되지 않을 경우, 중심과 주변이라는 이분화는 여전히 작동할 것이다. 성실한 상호문화주의가 요구되는 것도 바로 이 지점에 있다(초문화주의의 위험성을 지적하면서 간(상호)문화적 접근의 필요성을 제시한 다음 논문 참조: 허영식·정창화, 「다문화사회에서 간문화교육의 현장착근방안–유럽과 독일의 동향을 중심으로–」, 『한·독사회과학논총』, 제19권 제3호, 2009. 9).

16) 박구용, 「윤리적 다원주의와 도덕적 보편주의」, 『사회와 철학』, 2004. 10, pp.235–236.

## 5. 한국적 다문화주의: 상호문화적 메타포

다양성과 보편성을 상호 모순되거나 불일치하는 것으로 보는 것
은 다문화적 상황을 인식하는 데 방해가 된다. 다원주의와 보편주
의를 양립가능한 것으로 보는 대표적인 철학자는 바로 하버마스이
다. 이런 점에서 현대다문화주의 논의에 있어 하버마스의 지위는
매우 중요하다. 대화를 통하지 않은 채, 하나의 보편적 원리에 흡
수하려는 동화주의는 단일문화적 이데올로기로 전락한다. 반면 보
편성 자체를 부정하고 다양성과 차이성만을 절대화하는 극단적인
상대주의는 결국 문화분리주의로 그리고 인종차별주의로 진행된다.
이런 점에서 박구용은 "이론으로서의 다원주의는 오히려 반다원주
의적 근본주의로 변질 될 수 있다."고 말한다.[17] 말하자면 소통을
전제로 하지 않는 동화주의는 차이를 무시하고, 차이를 지나치게
절대화하는 문화상대주의는 결국 문화적 분리에로 이른다. 무제약
적 다원주의는 근본적 혹은 급진적 다원주의에 이른다.[18] 따라서
차이의 제약으로서 최소한의 보편성인 인권이 전제될 때 차이에
대한 인정은 차별을 극복하는 중요한 기제가 될 수 있다. 차이에
대한 섣부른 강조는 오히려 사회적 약자를 억압하는 기제로 작용
할 가능성을 함축한다.[19]

---

17) 박구용, 「윤리적 다원주의와 도덕적 보편주의」, 『사회와 철학』, 제85집, 2004. 10, p.237.
18) 우리는 제약적 다원주의를 하버마스를 통해, 그리고 무제약적 다원주의를 리오타르를 통해
   확인할 수 있다(박구용, 「다원주의와 담론윤리학」, 『철학』, 제73집, 2003..8, p.210.
19) 정미라, 「여성주의와 다문화주의」, 『철학연구』, 제107집, 2008. 8, pp.66-67.

따라서 진정한 다문화주의는 차이를 넘어 소통에로 이르는 상호문화적 다문화주의의 형태를 띠지 않으면 안 된다. 상호문화주의는 다수와 소수 주류와 주변의 문화적 정체성을 각각 상호인정하면서도 대화를 통해 글로벌한 정체성을 구성하는 일련의 합의와 소통의 절차를 필연적으로 전제한다.[20] 이런 과정을 통해 구성된 보편성은 주체와 타자의 입장을 충분히 고려한 상호주관적 보편성으로서 다양성을 포용한 보편성이다. 말하자면 대화를 통해 합의된 보편성은 '다원적 보편성'이며, '절차적 보편성'이다.

왜냐하면 타자성과 이질성을 동일성으로 포섭 혹은 동화 내지는 흡수되기를 강요하기보다 다름을 다름으로 인정하고 포용함으로써 다원성과 차이에 대해 열려 있기 때문이다.[21] 이 절차적 보편성은 바로 차이성과 다양성을 포용한 '열린 보편성'이다. 따라서 타자를 배려하지 않은 채 주체에 의해 일방적으로 구성된 근대적 보편성 (동화주의)이나 보편성 자체를 다양성을 위한 희생물로 삼는 극단적 문화상대주의와도 전적으로 다르다. 이런 점에서 상호문화주의로서 다문화주의를 한국적 다문화주의의 대안으로 규정하는 것이 가능할 것이다.[22]

---

20) 이런 맥락에서, 미국다문화주의를 곱지 않은 시선으로 보는 유럽, 특히 독일의 상호문화주의의 이념적 토대는 하버마스의 담론이론에 있음을 알 수 있다. 독일이 지극히 상호문화성을 강조하는 것도 이 점에서 추리될 수 있는 것이다. 하버마스는 차이와 이질성을 리오타르처럼 단숨에 뛰어 넘지 않는다. 즉 보편성을 제약하는 건강한 바리케이드로 생각한다. 동시에 다원주의에 대해서도 혐오증을 드러내지 않으며 오히려 보편성에서 다원주의를 제약하는 원리를 끌어온다. 그의 의사소통적 합의는 바로 다원주의와 보편주의를 가장 절묘하게 화해하는 다문화주의의 적자로 볼 수 있다(박구용, 「다원주의와 담론윤리학」, p.220 참조). 필자는 **이 화해의 절묘한 메타포를 한국 전통 속에서 확인하기를 소망한다. 다수와 소수 사이의 충돌을 和解의 장으로 유도한 하버마스는 이미 원효의 一心論에 함의되어 있기 때문이다.**

21) 박구용, 「다원주의와 담론윤리학」, p.228.

22) 우리는 하버마스적 대안이 상호문화주의에 어느 정도 가까운가에 대한 대표적 논의를 박구용과 정호근의 논의 속에서 찾을 수 있다(이에 대한 상세한 논의는 박구용의 논문, 「다원주의

이 상호문화주의의 원형이 동양적 사유 속에,[23] 특히 한국의 고유한 전통 속에 함의되어 있다. 특히 서양적 사유가 담아 내지 못하는 다문화적 역동성을 우리 민족의 고유한 사유 틀 속에서 확인하는 것은 매우 중요한 일이다. 한국적 사유는 타자와 소통하면서 다문화적 정체성을 형성하는 특이한 에토스가 있다.[24]

이것은 바로 한국불교와 유교가 함의하는 의사소통적 수행이라는 실천지향성이다. 단순히 이론에 묶여 있는 다문화주의가 아니라 실천 운동으로서의 다문화적 역동성이 우리 민족 고유의 특성이다. 이런 점에서 한국적 사유는 서양보다 훨씬 앞서 노마드적 지향성을 담고 있다. Homo nomad, 즉 한 곳에 정착하지 않으려는 유목민적 근성이 우리 민족의 정신에 각인되어 있다.[25] 우리 민족은 세

---

와 담론윤리학」, 『철학』, 제76집, 2003. 8, p.220과 각주20)에서 찾을 수 있다). 여기에서 박구용은 "하버마스의 의사소통 개념은 다름, 이질성, 차이를 경쾌하게 뛰어 넘는다."는 정호근의 평가에 대해, 하버마스를 이질성에 대한 신화적 공포를 가진 동일성이론으로 확대해석하는 것은 문제가 있음을 지적한다. 필자가 보기에, 이 문제는 하버마스와 리오타르의 논쟁 속에서 표출된 것으로서 그 접근이 해석학과 후기구조주의의 경계 선상에서 비롯된 논리적 전략의 차이에서 오는 것이다. 필자는 이 오래된 서양적 접근이 가지는 근원적 이원론적 분화를 이전/넘어 한국의 고유한 전통 속에 함의되어 있는 상호문화적 메타포를 통해 논쟁의 실마리를 찾고자 한다.

23) 동양적 사유가 함의하고 있는 다문화적 역동성을 상징하는 메타프로 공자 「자로편」의 '君子和而不同 小人同而不和' 즉 '군자는 벗과 사귈 때 조화를 이루지만 같지 않고, 소인은 같지만 조화를 이루지 못한다.'가 많이 인용된다. 和而不同은 다양성과 차이성을 인정하는 기초 위에서 화해를 지향한다. 유교의 핵심개념인 화이부동은 '同'을 벗으로 삼고 '不同'을 적으로 대하는 주체중심주의에 대해 관용, 포용, 평화, 공생을 지향하는 다문화적 태도이다(郭杰, 「글로벌 시대와 다문화 공존: 중국고등교육 국제화 추진에 관한 몇 가지 문제」, 『글로벌 시대의 다문화교육』, 대구교육대학교·경상북도, 2009. 10. 30, p.74).

24) 미국정부 문장(紋章)에 쓰여 있는 'E Pluribus unum', 즉 '다수로부터 하나'로는 결국 소통을 뒤로 한 문화다원주의, 극단적으로는 문화분리주의와 인종차별주의를 가속화하고 말았다. 하지만 일즉다=다즉일의 메타포는 다수로부터 하나 혹은 '하나로부터 다수'라는 이분법적 흥정 이전의 근원적인 상호의존성을 지칭한다. 미국다문화주의가 결여할 수밖에 없는 상호문화적 역동성이 우리 민족의 고유한 의식 속에 함의되어 있다.

25) 들뢰즈와 아탈리에 의해 사용되는 nomad는 근대의 라이프니츠의 monad(單子)와 대조적이다. 전자는 한곳에 정착하기를 거부하면서 자기정체성을 타자로부터 확인하려는 탈근대의 유목민으로서의 주체인데 반해 후자는 자기창을 닫고 자신의 정체성을 타자와의 관계를 단절하

계 제1일 디아스포라 국가이다. 원로철학자 故 박종홍은 한국철학만이 가질 수 있는 개방성과 소통성을 강조하면서, 한국적인 것이 함의하는 다문화적 역동성을 암시하고 있다.[26] 한국사상은 그 깊이와 폭에 있어서 독창성을 갖는다. 깊이나 폭에 있어서 창조적 종합이 돋보인다.

특히 한국 전통 화엄불교의 역동성에 함의되어 있는 상호문화적 에토스를 발견하는 것은 중요한 일이다. 지눌(1158-1210)의 돈오점수(頓悟漸修)와 정혜쌍수(定慧雙修)는 중국화엄불교를 창조적으로 종합한 다문화의 원형이다. 의상(625-702)의 「화엄일승법계도(華嚴一乘法界圖)」역시 一卽多 多卽一의 상호문화적 메타포가 함의되어 있다. 화엄의 진수는 사사무애(事事無碍)와 이사무애(理事無碍)이다. 즉 개별과 개별 사이에 그리고 보편과 개별(다수) 사이에 걸림이 없이 융통한다. 하나가 전체 속에 있고 다수(전체)가 하나 속에 있으며, 하나가 전체와 같고 다수가 하나와 같다. 모든 것이 하나의 가림도 없이 조화를 이룬다. 상즉상입(相卽相入), 즉 모든 것은 스스로 존재하지 않으며 서로에게 빚을 지고 있다. 마치 거대한 샹들리에에 수많은 불들이 각자의 빛을 발하면서도 전체와 조화를 이루고 있듯이![27] 이처럼 한국불교의 정수인 조화와 화쟁의 정신은 지눌(頓悟漸修)과 의상 그리고 원효(617-686)를 통해 원융회통(圓融

---

면서 정립하려는 근대의 정착민으로서의 주체를 상징한다.

26) 다음을 참조: 『박종홍전집; 한국사상사 I 』. 민음사. 1982.

27) 화엄의 가르침 중 많이 이용되는 은유는 법장의 "금사자장"(金獅子章)이다. 법장(法藏. 643-712)은 선명한 거울로 둘러싸인 어두운 방 한가운데 빛나는 금불상을 하나 놓고 그 옆에 횃불을 함께 두었다. 모아 놓은 거울들이 모두 불상을 바라보게 되니 그 상은 무한히 증가하고 서로가 서로를 무한히 반영한다. 여기에서 一中多 多中一의 사례를 볼 수 있다고 비유를 든다.

會通)의 정신으로 이어진다. 우리는 서양사유가 흉내 낼 수 없는 한국불교의 사유 속에서 다문화적 의식의 원형을 읽어낼 수 있다.[28]

---

28) 유교가 함의하는 다문화주의적 역동성에 대한 논의는 다음을 참조: 정우락, 「강안학(江岸學)을 통해 본 고령 유학과 그 특징」, 고령군 대가야박물관·경북대학교 퇴계연구소 편, 『고령문화사대계2—사상편』, pp.224-225; 장윤수는 양 학파의 계보학적 질서 속에 함의되어 있는 문화교류적 요소를 문헌적으로 설명하고 있다(「조선시다 고령의 유학사상」, 같은책, pp.53-124; 권상우 역시 이와 같은 상호 문화적 회통성과 개방성 그리고 두 문화의 단순한 화합을 넘어 독창적인 정체성을 형성하는 영남유교의 다문화적 감수성을 강조하고 있다(「조선 이전의 고령유학—다문화의 융합과 개방적 사회」, 같은책, pp.19-51; 홍승표는 유교의 인간관과 관계관을 중심으로 다문화적 논의를 전개한다(홍승표,「유교사상을 통해 본 다문화사회」, 대한철학회, 『철학연구』, 107집, 2008, pp.69-89).

# Ⅲ.
# 지눌과 E. 후설

　시간과 공간을 가로질러 후설과 지눌이 만날 수 있는 의사소통
적 지평이 있을 수 있는가? 서양의 현대철학자인 후설과 동양, 그
것도 한국의 수도승인 지눌을 대화의 지평으로 끌어올 수 있는 의
사소통적 채널은 어디에서 찾을 수 있는가? 서구의 합리주의의 적
자인 후설의 현상학적 방법과 선수행을 교학적 이론에 앞세우는
지눌을 가로지르는 상호맥락적 채널을 성급하게 주조하는 것은 단
순 비교철학이 가지는 위험성에서 자유롭지 못할지도 모른다. 특히
선적 수행방법과 후설의 현상학적 환원의 근본적인 차이점을 간과
하고 일치점을 찾아내려는 성급함에 대한 일반적 지적이 많다. 그
러나 고형곤은 현상학, 특히 후설의 현상학적 방법을 통해 선을 해
석하기 위한 실마리를 제시해 보이고 있다.[1] 물론 현상학적 환원의
방법과 선적 수행방편을 같은 선상에 위치시키려는 시도는 박종홍
의 말대로 현상학의 술어를 불교용어로 번역한 데서 비롯되는 것
일지도 모른다.[2] 그러나 현상학적 사유가 가지는 불가적 함의는 곳

---

1) 高亨坤, ≪선의 세계Ⅰ－서양철학과 禪≫, 운주사, 1995.
2) 朴種鴻, ≪韓國思想史≫, 서문당, 1972, 230쪽 이하 참조.

곳에서 발견된다. "모든 것을 버리는 것은 모든 것을 얻는 것을 의미한다."(alles preisgeben heißt, alles gewinnen)[3]는 후설의 말을 선사(禪師)의 공안(公案)으로 읽는 것은 단순한 언어번역상의 혼돈 때문만은 아닐 것이다.

이 글은 후설의 현상학적 방법론과 지눌의 수행방편 사이의 유사성을 읽어내는 작업에 초점을 맞춘다. "모든 것을 버리는 것은 바로 모든 것을 얻는 것이다."는 후설의 말을 화두로 삼아 후설의 자아론과 지눌의 진심론(眞心論)을 아우르는 의사소통적 채널을 "진심의 현상학"[4]으로 읽어낼 것이다. 이런 작업이 가능할 것이라는 확신이 후설이 생전에 불경번역서를 매우 경탄하면서(admiringly) 관심을 보였다는 단순한 기록에[5] 호소해서만은 아니다. 이 글은 후설과 지눌이 살았던 공시적 구조는 상이하지만, 그들의 학문하는 태도나 수행의 방법 면에서 매우 유사한 통시적 구조를 발견할 수 있다는 확신에서 출발한다. 이 글은 후설과 지눌에 대한 종전의 독서에 의해 덜 읽혀지거나 잘못 읽힌 검은 페이지를 새롭게 읽으려고 한다. 특히 후설의 현상학적 사유를 단순히 인식정초라는 틀에 묶어 두지 않고, 인식의 존재론적 지반인 생활세계를 복권하려는 실존적 자각으로 읽고, 지눌의 선적 수행에 함의되어 있는 이론적 성찰과 지적 체계를 읽어냄으로써 이 양자가 만날 수 있는 가능성

---

3) 후설, ≪제일철학Ⅱ≫, 166쪽.

4) 필자는 이미 "識의 현상학"이란 제목으로 후설의 현상학적 자아론을 유식을 비교한 적이 있다(≪철학논총≫, 11집, 영남철학회, 1995). 이와 연장선상에서 지눌의 진심론을 후설의 현상학과 비교하려는 이 글의 제목을 '진심의 현상학'으로 붙인 것이다. 이 '진심의 현상학'이란 표현은 다음 책에서 발견하였음을 밝혀둔다(강건기, ≪목우자 지눌연구≫, 부처님세상 2001, 194쪽 참조).

5) H. Spiegelberg, *The phenomenological movement*, 1982, 80쪽 참조.

을 이론과 실천의 융회적 지평에서 탐색하려고 한다.6) 이러한 가능성을 토대로 후설의 사상적 전개국면을 지눌의 돈오점수로 읽을 수 있는 가능성을 모색하고 후설의 자아론을 지눌의 진심론(眞心論)과 그리고 자아에 관한 후설의 현상학적 '기술'(Deskription)과 지눌의 진심에 관한 '직설'(直說)의 유사성을 확인할 수 있는 가능성을 발견하는 데 초점을 맞춘다. 특히 진심에 관한 지눌의 체용론적 분석을 자아에 관한 후설의 지향적 분석으로 읽음으로써 이 양자가 만날 수 있는 지평을 **진심의 현상학**으로 다시 읽는다.7)

---

6) 물론 필자는 이 글에서 후설의 현상학적 사유를 인식론으로 읽느냐 존재론으로 읽느냐는 오래된 이분법적 논쟁에 다시 불을 붙일 생각은 없다. 왜냐하면 어쩌면 후설은 자신의 사유를 인식론 – 존재론이라는 낡은 도식으로 재단하는 것 차제를 원치 않았을지도 모르기 때문이다. 그러므로 필자는 다만 후설의 현상학적 사유를 실존적 깨달음을 위한 방편으로 읽고, 이 깨달음을 위한 수행적 방편이 지눌과 평행한 구조를 가지고 있다는 사실을 확인하는 데 초점을 맞춘다.

7) 후설의 선험철학과 지눌의 사상 사이의 유대성을 확인하려는 우리의 주제에 그 가능성의 지평을 열어 주는 좋은 연구성과물이 있다. 쿠르트 라이더(Kurt Reider)는 그의 학위논문 BUDDHA – Leben · Lehre · Jüngerschar in transzendentalphilosophischer Beleuchtung, (Verlag Friedrich Matthies · Hamburg, 1968)에서 석가와 칸트의 선험철학 사이에서 '눈에 띄는 유사성'(33쪽)(frappant Änlichkeit)과 '놀랄 만한 동질성'(35쪽)(eine wundersame Kongenialität)을 발견한다. 그러면서 그는 석가를 모든 시대를 통틀어 가장 위대한 선험철학자들 중의 한 사람으로 해석하면서(383쪽), 칸트는 아직 서양철학의 짐을 벗어나지 못하고 있기에 진정한 선험철학자로 남아 있지 못했다고 밝히고 있다(245쪽). 그리고 그는 석가를 진정한 선험철학자로 이해하기 위해서 모든 종류의 회의론적 현상학이나 모든 독단적인 존재론도 극복되어야 한다고 말한다(244쪽). 그는 칸트의 선험철학적 방법에 호소하여 석가를 선험철학자로서 해석하는 데 초점을 맞추고 나아가서는 칸트 자체를 넘어서려고 시도한다. 결국은 칸트의 선험철학적 방법을 통해 석가를 새롭게 해석함으로써 석가를 가장 석가답게 해석할 수 있는 패러다임을 칸트를 통해 마련하고 있다. 물론 저자는 현상학조차도 석가를 석가로서 이해하는 데는 한계가 있다는 지각을 하고 있지만, 석가를 선험적 지평에서 이해하는 한, 어차피 서양의 선험철학적 전통으로부터 전적으로 자유로울 수는 없을 것이다. 이런 점에서 우리는 불교의 핵심을 칸트의 한계를 넘어선 새로운 선험철학적 지평을 통해 접근할 수 있으리라 기대한다. 따라서 우리는 이 글에서 칸트를 넘어 진정한 선험철학적 지평을 마련한 후설의 현상학적 선험철학을 통해 불교의 핵심에 접근할 수 있는 실마리를 찾을 수 있다. 이런 맥락에서 지눌을 현상학적 선험철학의 지평 안에서 이해하려는 필자의 의도도 의미를 갖는다.

## 1. 화해의 형이상학

후설(Edmund Husserl, 1859~1938)이 살았던 시기는 소위 심리학주의가 사상적 주류를 이루었던 시기였다. 19세기 중엽 수학이나 논리학을 심리학의 아류로 생각하는 심리학주의적 경향이 득세하였던 시기이다. 즉 수학적 사고나 논리적 사고 역시 심적 작용의 산물이기에, 모든 수학적 및 논리적 관념들의 기원을 심리학적으로 밝히는 것이 가능하리라는 생각이 지배적이었다. 이처럼 수학이나 논리학 및 인식론이나 그 밖의 모든 정신과학들의 기원을 심리학적으로 밝혀낼 수 있을 것으로 생각하여 심리학의 학적 권위를 절대화하였던 심리학주의가 만연된 시기였다. 동시에 이러한 심리학주의에 대응하여 수학과 논리학의 기원을 경험심리학에 앞서 선천적으로 규정하려는 소위 논리학주의가 대립했던 시기였다. 말하자면 심리학주의와 논리학주의, 즉 수학과 논리학의 기원을 발생심리학적으로 규명하려 했던 입장과 이에 대한 극단적 반응을 표출하면서 수학과 논리학의 기원을 선천적 타당성을 가진 심리적 연관과 전적으로 무관한 것으로 규정하는 입장이 극단적으로 대립하였던 시기이었다.

이러한 대립적 상황하에서 후설은 심리학주의(Psychologismus)와 논리학주의(Logizismus)를 화해시키려는 입장을 취한다. 물론 후설의 초기 사상 국면에서는 극단적인 반심리학주의적 경향을 취하였기 때문에 다소 논리학주의적 경향이 나타나지만, 궁극적으로는 심리학과 논리학, 나아가서는 심리학과 선험철학을 조정하는 '화해의 형이상학'(Versöhnungsmetaphysik)을 정립하는 데 지속적인 관심을

가진다. 심리학주의가 극단적 주관주의와 관념론으로 그리고 논리
학주의가 극단적 객관주의와 실재론으로 팽팽하게 대립하고 있는
시대적 상황에서 후설의 관심은 이 양자를 넘어 이들을 화해시킬
수 있는 새로운 철학적 토대를 구축하는 데로 모아졌다.

　지눌 역시 후설이 살았던 시대적 상황과 유사한 시대를 살았다.
지눌은 의종 12년(1158)에서부터 희종 6년(1210)까지 살았다. 이 시
기는 전(全) 고려사를 통하여 가장 혼란한 시기였다. 이자겸의 난과
묘청의 난을 이어 계속된 무신의 난을 통해 국가의 기강이 극도로
혼란한 시기였다. 이 시기에 불교 역시 소위 왕실불교란 이름으로
정치화되어 불교 본연의 실천을 버리고 선·고의 극단적 대립에
휩싸여 들게 되었다. 선(禪)·교(敎)의 극단적 대립으로 동요하고
극단적으로 타락했던 불교를 새로운 지평 위에 다시 본연의 모습
으로 정초하기 위한 지눌의 의지는 바로 원효와 의천의 정신을 비
판적으로 계승하고 종밀의 정신을 이어받아 선·교일치를 실현하
는 데로 나아간다. 그는 지나치게 깨달음을 중시하는 치선(痴禪)과
지나치게 지적 수행만을 일삼고 깨달음을 등한시하는 해오(解悟)를
화해시켜 말로 인해 도를 깨닫고 교를 빌려 종지를 밝히는 선·교
회통적 정신을 실현시키려는 데 관심을 기울였다. 문자를 떠난 깨
달음에만 치중하는 돈오주의와 문자를 떠나지 못하고 오직 문자에
만 매달려 있는 점수주의를 넘어 화해의 장을 마련한 지눌은 심리
학주의와 논리학주의를 넘어 그것을 화해시키는 새로운 지평을 열
어 보인 후설과 유사한 길을 걸었다.

　우리가 후설을 지눌과 비교하기 위한 화두를 찾는다면, 아마 양
자의 수행방편에서 찾아야 할 것이다. 지눌의 돈오점수(頓悟漸修)

를 어떻게 읽어야 하는가? 화엄의 교학과 선수행을 융회하려는 지눌은 우선 선수행을 우선적으로 앞세운다. 의천이 교학적 입장을 강하게 띠는 데 반해, 지눌은 선명상(禪冥想)을 우선적으로 강조한다. 물론 지눌은 교는 부처의 말이고 선은 부처의 마음이라는 입장에서 선교의 융회를 시도하지만 어디까지나 그는 선수행을 우선적으로 앞세운다. 그러므로 지눌의 돈오점수는 결국 수행에 앞서 깨달음이 먼저 선행되어야 한다는 입장으로 해석하는 것에는 이의가 있을 수 없다. 그러나 지눌이 닦음에 앞서 깨달음(解悟)을 강조한 것은 완전한 깨달음(證悟)을 위한 방편으로 삼은 것에 지나지 않는다. 깨달음 이후의 닦음이 더 중요하다. 내가 이미 부처이고 똥작대기도 이미 부처인데 새삼 더 이상의 닦음이 필요 없다는 잘못된 인식을 허물고 완전한 깨달음에로 나아가기 위해 닦음에 정진해야 한다고 가르친다. 지눌이 선교의 융회를 강조하면서도 깨달음을 닦음에 앞세운 이유는 무엇인가? 우선은 오직 문자에 매달려 깨달음에 의심을 하고 정진하지 않았던 당대의 교학승들에 대한 비판과 나아가서는 문자적 해석에 매달려 선·교(禪·敎)의 대립을 증폭시켰던 그 시대의 교학적 논쟁을 화해시키기 위한 철저한 자기성찰의 수행을 위해 깨달음을 우선적 방편으로 삼은 것이다. 지눌에게 있어서 "선(禪) 없는 교(敎)는 공허하고 교(敎) 없는 선(禪)은 맹목적이다."[8] 모든 교학적 논쟁을 일거에 괄호 쳐 두고 진심(眞心)으로 다시 돌아가는 철저한 자기성찰의 과제를 제시한 것이다.

이러한 지눌의 철저한 자기성찰의 요구는 바로 후설에게서도 발

---

8) 신오현, "현대철학의 한계와 원효의 화쟁논리: 선험적 의미론의 관점에서", 《哲學硏究》, 대한철학회논문집, 제78집, 2001. 5, 245쪽에서 재인용.

견된다. 모든 객관주의적 편견에 사로잡혀 주관주의와 객관주의라는 낡은 이분법적 논쟁을 일삼았던 근대성에 대한 저항으로 나타난 후설의 현상학적 사유 역시 모든 이론적 대립을 초월하여 자기성찰의 수행을 우선적으로 촉구한다. 소박한 객관주의에 저항하기 위해 선험적 전회를 수행한 근대의 주관주의가 그 방법론적으로는 주관에 대한 자기 성찰의 수행으로 나타나지만, 그 철저성을 결여한다. 근대 주관주의는 의식 자체를 여전히 심리적 실재로 규정하는 객관주의적 편견에서 벗어나지 못하고 있다. 후설은 주관-객관이라는 낡은 이분법적 도식에 너무나 오랫동안 취해 있던 근대인들의 편견을 단번에 뛰어넘기 위한 철저한 태도변경으로서의 깨달음을 우선적으로 강조한다. 즉 자연적 태도에서 선험적 태도로의 변경을 주문한다. 이것은 단순히 객관주의적 태도에서 주관주의적 태도로 변경하라는 소박한 주문이 아니라, 주관주의-객관주의라는 틀 자체를 허물기 위한 철저한 태도의 변경을 의미한다. 이는 바로 철저한 깨달음에 대한 주문이다.9)

지눌이나 후설은 다 같이 그 시대적 상황을 극복하기 위한 철저한 자기성찰의 의지로 표명한다. 모든 것을 다 비우지 못한 어리석음에서 연유하는 모든 이론적 및 교학적 논쟁을 넘어 화해의 지평을 열기 위한 양자의 태도는 철저한 깨달음을 우선적으로 취하지 않을 수 없다. 그러나 우리는 다음의 사실을 중요하게 강조하지 않

---

9) 오랫동안 정상적(통상적)인 삶의 방식에 익숙해져 있어서 이 정상적인 자연스러운 태도 자체를 철저하게 변경하는 것은, 아마 토마스 쿤의 패러다임 전환만큼이나, 사고의 틀 자체를 바꾸는 (gestalt switch) 혁명적 전환이다. 너무나 오랫동안 습관적으로 타당한 것으로 여겨온 모든 것들에 대한 소박한 믿음 자체를 차단하는 철저하고 총체적인 태도변경이라는 점에서 선적 깨달음의 방편으로 읽어도 좋을 것이다. 왜냐하면 태도변경은 이전의 태도를 부분적으로 수정하는 소박한 태도변화가 아니라 철저하고 총체적인 가치전환(Umwertung)이기 때문이다.

을 수 없다. 후설이 철저한 자기성찰을 위한 현상학적 환원의 수행을 방편상으로 우선적으로(Vorzug) 취한 것일 뿐 그것이 우위(Vorrang)의 길은 아니라고 강조한다. 지눌 역시 깨달음이 닦음에 선행한다고 해서 깨달음을 닦음보다 우위에 두는 치선주의자는 아니다. 그 역시 깨달음 이후의 닦음을 통해 진정한 깨달음으로 완성될 수 있다고 말한다.


## 2. 화해를 위한 자기 성찰

후설과 지눌은 그 철학적 정신이나 수행 면에서 닮아 있다. 후설이 심리학주의가 제국주의적 근성을 가지고 정신과학, 특히 철학의 영역에까지 그 위세를 확장하려 했던 그가 살았던 시대적 상황에 대처하는 의지는 단호하다. 소박한 객관주의에 최면당해 있었던 그 당시의 모든 학자들의 편견을 걷어내고 철학을 엄밀학으로서 다시 되살리려는 그의 의지는 마치 투구를 눈까지 깊이 쓰고 곁눈질하지 않는 기사의 의지와 비길 만하다.[10] 그는 실증주의에 의해 약화되거나 변조된 철학을 엄밀한 학문으로 정초하기 위해 이전의 모든 이론이나 가설 혹은 선입견을 일거에 무효화함으로써 다시 시작한다. 소위 그의 '철학적 판단중지'는 전통적인 철학이론 혹은 일반적으로 인정받고 있는 철학이론을 이용하지 않고 그리고 어떤

---

10) 후설은 독일의 판화작가 뒤러의 동판화 「기사와 죽음과 악마」를 자주 인용한다. 그는 이를 인용하면서 기회 있을 때마다 "만일에라도 학문에 뜻을 두는 자라면, 긴 창을 옆에 끼고, 투구를 눈까지 깊이 쓰고서 곁눈질도 하지 않고, 죽음과 악마와의 경계를 일로 매진해 가는 저 용감한 기사와 같지 않으면 안 된다."고 말했다고 전해진다(木田 元, 이수정 옮김, ≪현상학의 흐름≫, 이문출판사, 1989, 33쪽 참고).

가설이나 해석의 개입이 없이 그리고 고대나 근세로부터 전해내려오는 이론에 의해 제시될 수 있을 어떤 것에 의지하여 해석해 내지 않고 다만 그것들이 거기에 주어져 있는 양상 그대로 받아들이려는 태도를 말한다.

이러한 현상학적 태도는 모든 선입견에 의해 온갖 형이상학적 논쟁이 끊임없이 일어났던 전통에 대한 비판으로 나타난다. 전통적인 형이상학적 논쟁은 바로 학문적 진정성(Echtheit)의 결여에서 연유한다. 자신 밖에서 일어나는 논쟁에 참여하여 또 하나의 이론을 주조해 내기보다는 진정한 철학자가 되기 위해 '생애에 단 한 번은' 자신으로 되돌아가서 새롭게 시작하지 않으면 안 된다.[11] 온갖 편견들로부터 벗어나는 것을 목표로 삼아 자기 자신으로부터 산출된 궁극적 명증에 의거하여 스스로 형성하고 이것에 대해 스스로 최종적인 책임을 지는 진정한 태도가 전통적인 철학에는 결여되어 있었다. 이처럼 후설은 철학적으로 사색하는 자는 자신의 절대적 통찰에 의존하여 스스로 진리를 획득하려는 자라고 말한다.[12]

후설의 현상학적 사유는 철학이 특정한 개인의 세계관이나 인생관을 대변하는 것으로 전락되어 형이상학의 싸움터가 되어 왔던 이전의 모든 철학적 전통에서 철저하게 자유로워지는 데서 다시 시작한다. 그러기 위해 아무런 선입견이나 전제를 갖지 않고, 그것들을 갖기 이전으로 되돌아가 사태 자체가 여실하게 있는 그대로 드러나는 것에서 다시 시작하려고 한다. 후설은 사태 자체를 원본적으로(originär) 부여하는 직관을 모든 인식의 권리원천으로 선언

---

11) 에드문트 후설, 이종훈 옮김, 《데카르트적 성찰》, 철학과현실사, 1993, 36쪽.
12) 같은 책, 같은 곳 참조.

한다.[13] 사태 자체로 돌아가야 한다는 현상학적 원리는 직관 속에서 원본적으로 주어지는 것을 단지 그것이 주어지는 바대로 그대로 받아들이기를 촉구한다. 근대 경험론은 사태 자체로 돌아가라는 요구를 모든 인식의 정초를 경험에 두어야 하는 것으로 소박하게 해석한 것이다. 즉 근대경험론은 학 일반을 경험학과 동일시하는 오류를 범한 것이다. 반면에 관념론자들은 경험론적 정립명제를 단적으로 거부하고 순수사유의 아프리오리로 돌아가고 말았다. 경험론이든 관념론이든 특정한 사변적 가설에 묶여 조작해 낸 구성물에 지나지 않는다. 이러한 사변적 구성에 의한 형이상학적 굴절이 일어나기 이전에 우리에게 원본적으로 주어지는 것을 진정한 실증적인 것으로 다시 회복하기 위한 후설의 방법론적 전략은 바로 우선 철저한 판단중지를 수행하고, 철저한 자기성찰을 수행하는 것이다. 원본적으로 주어지는 것 앞에서 이전의 철학적 전통이나 원리들은 판단 중지되어야 한다. 이 판단중지를 통해 사태 자체를 원본적으로, 즉 진정한 실증성의 현장에서 붙들기 위한 장은 바로 의식의 장이다. 따라서 후설은 우선 모든 것을 최종근거를 의식, 즉 주관성에서 찾으려는, 즉 모든 근거를 주관성에로 다시 돌리는 환원을 수행한다. 진정한 의미의 선험철학의 이념을 실현하기 위해, 후설은 철저한 선험적 전회를 수행한다.

이러한 수행은 어떤 또 하나의 철학적 사변이나 체계를 완성하려는 것이 아니라, 오히려 모든 철학적 사변체계로부터 자유로워지려는 활동이다. 그러므로 후설의 철학은 또 하나의 체계철학(System – philosophie)이 아니라 탈철학화와 탈체계화를 겨냥한 '수

---

13) 에드문트 후설, ≪이념들Ⅰ≫, 51쪽 참조.

행으로서의 철학함'(Arbeit – philosophie)이다. 즉 모든 철학적 사변에서 진정으로 자유로워지기 위한 실존적 결단이며, 이것은 바로 현상학적 환원을 통해 구체적으로 실현된다. 이러한 환원의 수행은 추상적인 일반적 의지만으로는 불가능하다.[14] 왜냐하면 너무나 오랫동안 잘못된 전통에 습관적으로 의존해 왔기 때문에, 이 전통으로부터 자유로워지기 위한 환원은 총체적인 실존적 자기결단의 혁명이지 않으면 안 된다. 즉 전혀 그 유래를 찾아볼 수 없는 유일한 판단중지가 필요하다. 이것을 후설은 전(全) 인격적인 실존적 혁명과 개종만큼이나 단호한 태도변경으로 규정한다.[15]

지눌 역시 한국 불교가 수많은 고승을 배출하고 풍부한 불교문헌을 산출했지만, 여전히 혼돈으로부터 벗어나지 못하는 상황에 대한 실존적 자각에서 출발한다. 그는 불교 본연의 정신인 출세간적 해탈의 임무를 망각하고 현세적 복을 추구하는 데 몰두하였던 당시의 의례불교에 대해 경고를 한다. 이 의례불교란 마치 사변적인 체계철학과 같다. 그는 의례화되고 민중과 거리가 먼 체계불교가 생활불교, 즉 삶과 활동으로서의 불교로 거듭나기를 촉구한다. 그러므로 그는 불교 본연의 정신을 새롭게 그리고 엄밀하게 구축하기 위해, 현세적 구복에 몰두하기 위한 또 하나의 사찰을 짓는 데 관심을 갖기보다는 그 당시의 불교계에 대한 '대안 공동체'를 만들어 정혜결사 운동을 벌인 것이다.[16] 지눌의 전기를 담고 있는 ≪불일보조국사비명≫은 지눌의 이러한 태도를 "우행호시"(牛行虎視)

---

14) 에드문트, 후설, 이종훈 옮김, ≪유럽학문의 위기와 선험적 현상학≫, 이론과실천, 1993, 166쪽 참조.

15) 에드문트 후설, 이종훈 옮김, ≪유럽학문의 위기와 선험적 현상학≫, 187쪽 참조.

16) 길희성, ≪知訥의 禪思想≫, 소나무, 2001, 41쪽 참조.

라고 적고 있다.[17] 즉 호랑이 눈으로 본질을 직관하고 소걸음으로 그것을 실천하는 지눌의 삶의 모습을 묘사하는 말이다. 그 당시의 불교계가 겪고 있는 문제점을 정확하게 통찰하고 그것을 극복하기 위해 묵묵히 실천하였던 지눌의 모습을 일컫는 말이다. 이것은 마치 기사처럼 곁눈질하지 않고 묵묵히 현상학적 사유를 실천으로 옮긴 후설의 태도와도 흡사하다. 이러한 지눌의 수행태도와 후설의 학적 수행태도의 유사성을 다음에서 확인할 수 있다.

> 미리 주어진 어떤 것도 받아들이지 말고 전해져 내려오는 어떤 것도 그 출발점으로 삼지 말며, 아무리 위대한 대가라도 그 명성에 현혹되지 않고……[18]
> 막막한 미혹의 길을 외로운 혼이 홀로 가리니, 비록 보배와 진귀한 재물이 있을지라도 하나도 가져갈 수 없으며 호족 권속이 있을지라도 끝내 한 사람도 따라와 구해 줄 이가 없다. 자기가 짓고 자기가 받는다 하나 아무도 그를 대신할 사람이 없다.[19]

이처럼 지눌은 단순히 부처님이나 조사님의 말씀을 보고 듣고 익히는 사람은 불법을 만나기 어려우므로, 스스로 마음을 닦아 부처님의 도를 이루는 것이 중요하다고 말한다. 염불과 경 읽기와 온갖 착한 행실을 닦는 일이 중요하지만, 그러나 근본을 깊이 찾지 않고 상에 집착하여 밖으로 찾으면 지혜 있는 사람의 비웃음을 살 것이라고 말한다.[20] 그러므로 지눌은 단순한 전통이나 권위, 자신이 속한 종파의 견해라고 해서 비판적 검토 없이 맹목적으로 추종하지 않는다.[21]

17) 강건기, 위의 책, 23쪽 참조.
18) 에드문트 후설, 박만준 옮김, ≪엄밀학으로서의 철학≫, 이문출판사 1987, 87쪽 참조.
19) 길희성, 위의 책, 38쪽 참조.
20) 知訥, 金達鎭 譯註, ≪보조국사전서≫, 고려원(다르마 총서8), 1987, 23쪽 참조.

## 3. 진심에로 이르는 길: 환원과 반조

후설과 지눌은 자기책임에서 유래하지 않은 모든 철학적 사변이나 제도적 규율을 떠나 자신의 내면세계를 추구하는 데로 나아간다. 후설은 근원적 원천으로서 기능하고 있는 주관성인 자기 자신에로 철저하게 되돌아가는 본질적으로 새로운 종류의 학문의 길을 터놓아야 한다고 생각한다.[22] 주관성에 토대를 두고 새롭게 시작하려는 현상학자의 철저한 선험철학적 길과 지눌의 반조의 길은 다른 길이 아니다. 지눌은 언설시비는 한갓 논쟁만 일으킬 뿐인 것이기에 모든 언설로 이루어지는 쟁론에 앞서 자신의 마음을 반조하는 일에서 다시 시작해야 한다는 것을 강조한다. 이러한 지눌의 입장은, 온갖 형이상학적 논쟁 자체가 각자의 마음속에 품고 있는 잘못된 가설에 의해 일어난 쟁론일 뿐이기에, 모든 전제를 벗어던진 자유로운 순수의식의 장으로 되돌아가 시작하려고 한 후설과 길을 같이한다. 지눌은 선·교를 둘러싼 언설적 쟁론을 비판하면서 다음과 같이 말한다.

> 부처가 입으로 말한 것은 교(敎)요, 조사가 마음에 전한 것은 선(禪)이다. 부처와 조사의 마음과 입은 결코 서로 어긋나지 않는 것인데, 어찌 그 근원을 궁구하지 않고 각기 제가 읽힌 바에 안주하여 망령된 논쟁으로 세월을 헛되이 보내겠는가.[23]

또한 지눌은

---

21) 강건기, 위의 책, 111, 142쪽 참조.
22) 에드문트 후설, 이종훈 옮김, 『유럽학문의 위기와 선험적 현상학』, 141쪽 참조.
23) 강건기, 위의 책, 26쪽.

내 들으니 "땅으로 인하여 넘어진 사람은 땅으로 인하여 일어난다." 하였다. 그러므로 땅을 떠나 일어나려는 것은 될 수 없는 일이다. 한 마음을 미(迷)하여 가없는 번뇌를 일으키는 이는 중생이요, 한 마음을 깨달아 가없는 묘한 작용을 일으키는 이는 부처이다. 미함과 깨달음은 다르지만 요는 모두 한 마음으로 말미암는 것이니, 마음을 떠나 부처가 되려는 것은 될 수 없는 일이다.[24]

이와 같이 후설과 지눌은 다 같이 일상의 모든 삼상을 하나도 가림이 없이 있는 그대로 여실하게 들여다보기 위한 방편을 우선적으로 취한다. 하나도 가려짐이 없는 밝음의 장으로서 열려진 진정한 마음을 회복하여 거짓된 가설이나 선입견으로 인하여 은폐된 참된 실상을 드러내려고 한다. 이와 같은 궁극적 목적을 실현하는 양자의 수행적 방편 사이에 놀라운 유대성이 발견된다.

지눌은 이와 같은 입장을 『수심결』에서 "바라건대 수도하는 사람은 결코 바깥에서 구하지 말라(切莫外求)."라는 말로 표현한다. 지눌은 바깥일로 산란해진 마음을 진심으로 환원하려는 회광반조(廻光反照)의 방편을 취한다. 이렇게 하여 열려진 진심은 바깥 세계와 단절된 채 굳어져 있는 형이상학적 실체가 아니라, 바깥 세계와 부단히 교섭하면서 기능하는 작용 혹은 활동 그 자체이다.[25] 이 작용으로서의 진심은 바로 바깥 세계와의 모든 경계를 뛰어넘어 자유자재로 활동하는 심이다. 지눌이 현실과 동떨어진 채 속물화되어 가던 고려불교의 타락상을 극복하기 위해, 그가 회복하기를 촉구한 진심은 바로 현실에 관여하면서 사유와 현실의 간극을 넘어

24) 지눌, ≪권수정혜결사문≫, 첫 머리글.
25) 김형효 외 공저, 「知訥사상의 실존성과 본질성」, ≪知訥의 사상과 그 현대적 의미≫, 한국정신문화연구원, 1996, 6쪽 참조.

서는 마음이다.

지눌이 현실의 타락상을 전적으로 부정하고 진심으로 환원해 들어간 것은 결코 현실에 대한 무관심이 아니다. 즉 현실을 부정하고 내면의 세계로 몰입해 들어가는 현실회의주의적 무관심이 아니다. 오히려 현실의 타락상을 철저히 부정하고 내면의 세계로 전회하는 실존적 자각은 결국 진심을 회복하여 수행의 진정한 목표가 현실 구제에 있음을 깨닫는 것이다. 그러므로 지눌의 수행은 철저한 내면성의 회복에 있다고 말할 수 있을 것이다.

이러한 사실은 후설의 현상학적 환원의 이념과도 일치한다. 후설의 환원 역시 자명하게 타당한 것으로 소박하게 믿어 왔던 객관 세계의 즉자적 존재성 자체에 대한 철저한 부정을 통해 의식의 내면성으로 되돌아가는 실존적 수행이다. 의식과 무관하게 즉자적으로 존재하는 세계의 실재성을 의심하고 그 실재성의 베일을 벗기고 의식의 상관자인 '현상'(Phänomen)으로 인식하기 위한 후설의 환원은 모든 것이 의식의 실존적 결단에 의해 깨침과 미망으로 갈라진다는 사실을 겨냥한 실존적 수행이다. 이와 같은 환원의 이념은 바로 인생과 세계 전체에 대하여 우리가 가지고 있던 입장을 완전히 뒤집어서 새로운 관점을 획득하는 깨달음의 수행과 같다. 우리들의 일상적 삶을 지배하고 있는 사고방식에 대단한 변환을 의미한다. 우리는 이를 위해 바람이 불어대며 땅이 진동하여 산이 무너지고 바위가 갈라지는 경험을 하지 않으면 안 된다.[26] 그러나 이러한 경험은 특별한 기적과 같은 것이 아니다. 왜냐하면 선의 입장에서 보

---

26) 스즈끼 다이세츠, ≪가르침과 배움의 현상학≫, 서명석·김종구 옮김, 경서원, 1998, 183 쪽 참조.

면 당연한 것이기 때문이다.[27] 후설의 본질직관을 위한 현상학적 환원 역시 전(全) 인격적 변화를 요구한다. 하지만 이것 역시 철저한 태도변경을 통해 가능한 일이지 결코 신비적인 특수한 의미를 갖는 것은 아니다.

## 4. 진심의 지향성

후설이 현상학적 환원을 통해 '실체'로 굳어 있던 마음을 허물고 만난 마음의 당체는 바로 '지향성'(Intentionalität)이다. 필자는 후설과 지눌을 연결할 수 있는 역동적 메타포를 바로 이 '지향성'에서 확인하려고 한다. 필자는 후설의 지향성개념이 지눌의 진심회귀의 내향적 수행과 궤를 달리한다는 지적에 일면 공감하면서도, 이들 사이의 유대성을 확인할 수 있는 고리를 오히려 '지향성'에서 발견하는 데 관심을 가진다. 후설의 '지향성'을 마치 대상세계로의 세속적 관심으로 읽거나 자기 자신을 넘어 대상세계로 초월해 가는 의식의 활동으로 규정한다면, 이는 지눌의 회광반조에 의한 철저한 내면추구와 궤를 달리할 것이다. 그러나 그의 '지향성'은 주체로부터 객체로의 초월적 이행이 아니라, 주체와 객체는 이미 상관적으로 마치 직물처럼 짜여 있음을 단적으로 드러내는 메타포이다. 지향성은 주체에 의한 객체로의 지향이 아니라, 주-객의 아프리오리한 상관성을 읽기 위한 채널이다. 지향성은 주체의 대상지향적 활동이 아니라, 주-객의 근원적인 상관관계 혹은 상관적 구조 자체

27) 같은 책, 187쪽 참조.

를 단적으로 표현하는 메타포이다. 그러므로 지향성을 대상에 대한 세속적 관심으로 이해하여 지눌의 내면성의 형이상학과 상충되는 것으로 읽을 필요는 없다. 지눌의 회광반조를 지나치게 내향적 환원으로 읽거나 후설의 지향성을 지나치게 외향적으로 읽음으로써 오히려 이 양자 사이의 유대성을 간과할 위험이 있다. 만약 우리가 '지향성'을 단지 의식의 '작용 - 지향성'(Akt - Intentionalität)에 머물지 않고 의식의 지향 이전의 선지향적(vor - intentional) 층에서 이미 '기능하는 지향성'(die fungierende Intentionalität)으로 확장해 가는 후설 사상의 전개과정을 고려한다면, 우리는 지향성을 내재/초월, 주관/객관, 안/밖의 경계를 허무는 메타포로 읽을 수 있을 것이고, 지향성의 채널은 지눌의 진심론, 즉 진심의 체용론에로까지 확장될 수 있을 것이다.

후설의 지향성을 마치 주체가 소유하고 있는 특성과 같은 것으로 해석해서는 안 된다. 지향성은 대상과 달리 의식만이 가지고 있는 특성이 아니다. 후설은 이 지향성 개념을 스승인 브렌타노로부터 물려받았지만, 후설은 브렌타노의 지향성을 심리적 개념으로 비판한다. 즉 물질이나 대상으로부터 구분된 정신이나 의식만의 고유한 특성으로 이해한 브렌타노는 **순수 의식 자체가 바로 지향성임**을 간과하였다. 이 의식으로서의 지향성은 모든 의식적 활동이 일어나기 이전의 공적한 진심의 체와 같다. 말하자면 모든 의식의 작용이 묘하게 작용할 수 있는 익명적 지평이다.

이러한 맥락에서 우리는 현상학적 환원은 주 - 객 이전의 시원적 지평인 지향성을 발견하기 위한 방편이라고 말할 수 있다. 모든 대상은 의식의 지향작용에 의해 하나의 '대상'으로 이름을 가질 뿐이다. 의식 역시 대상과 마주하고 있는 한에서만 존재할 뿐, 대상을 떠나서 독자적으로 있는 것이 아니다. 그러므로 주관(能)과 객관(所)이 서로 독립적으로 실재한다는 허망한 생각을 허물고 만난 진정한 자아는 바로 시원적 지평인 지향성의 장 안에서 비로소 주관으로서 혹은 객관으로서 성격을 가질 수 있을 뿐이다. 그러기에 객관과 마주하고 있는 주관이 아니라 주관성(Subjektivität)이요, 주관에 대립해 있는 객관이 아니라 객관성(Objektivität)인 것이다. 그러므로 환원에 의해 열려진 지향성의 지평은 의식과 대상이 상관적 관계를 가짐으로써 비로소 그 이름을 가질 수 있게 하는 익명의 장이다. '주관'과 '객관'은 한갓 의식의 표상활동 혹은 대상적 파악활동에 의해 붙은 상대적 색인에 지나지 않는다.[28]

그러므로 우리는 후설을 성급하게 표상주의자로 읽지 말아야 한다. 하이데거는 후설을 성급하게 표상주의자로 재단한 첫 번째 사람이다. 후설은 주-객 대립의 망념이 바로 의식의 표상활동에 의해 비롯되는 것을 강조한다. 후설은 모든 주-객, 즉 능(能)-소(所)의 대립은 의식의 지향작용에 의해 표상된 것에 지나지 않음을 알려 준다. 그러므로 의식의 대상적 파악활동을 일체 버리면 의식도 스스로는 아무 이름도 갖지 않으면서도 모든 이름을 가질 수 있게 하는 무명의 지평인 지향성의 장을 얻는다. 사물을 대상적으로 파악하려는 자연적 태도 일반을 단번에 끊어버리면, 주-객 대립의

---

28) 주관에 의해 객관은 객관일 수 있고
   객관에 의해 주관은 주관일 수 있네.
   주객 양단을 알고자 하는가
   본디 하나의 공이라네.
   (境由能境 能由境能, 欲知兩段 元是一空)

미망은 안개처럼 사라진다. 산을 산으로 물을 물로 [대립적으로] 읽었던 소박한 실재론적 편견을 일체 무력화시키고 난 후 열려진 순수 지평 안에서는 산도 물도 따로 없다. 후설은 산과 물이 한갓 의식의 표상활동에 의해 허망하게 구성된 것임을 알지 못한 데카르트의 소박한 환원을 넘어 철저한 환원을 수행하기를 요구한다. 이것은 단지 인식의 정초를 위한 데카르트적인 인식론적 환원에 머무르지 않는다. 일체 허망경계인 대상세계를 버리고 이 대상세계를 버려야 한다는 마음도 버릴 때, 그리고 대상세계와 마주하고 있는 이 마음도 버릴 때, 마음과 세계도 한갓 순수 지향성의 극에 지나지 않음을 알게 된다. 소박한 데카르트적 환원은 이 마음까지 버리지 못하는 환원의 문턱에 머무르고 만 것이다. 이처럼 후설의 환원은 소박한 실재론자나 관념론자들에 의해 잘못 설정된 의식과 대상의 대립을 지향성의 상관적 극으로 해석함으로써, 모든 것이 의식의 대상적 지향활동에 의해 비롯된 소산임을 우리에게 알려준다. 따라서 우리는 후설의 현상학적 환원의 이념을 대상세계에 대한 새로운 인식을 정초하기 위한 표상주의적 환원이 아니라, 오히려 모든 것은 의식의 표상작용에 의해 비롯된 소산임을 일깨워주는 수행자를 위한 메시지로 읽어야 한다.

특히 현상학적 환원은 모든 것을 일거에 제거하고서 순수의식의 확실성을 얻을 수 있을 것이라는 데카르트적 환원과는 근본적으로 다르다. 모든 것을 단절할 수도 없을 뿐 아니라, 단절해서도 안 된다. 일체의 대상세계에 등을 돌리고 앉아 대상세계로 눈 하나 까딱하지 않고 무념에 빠져 있는 것 역시 무념에의 집착이다. 그러므로 현상학적 환원은 모든 대상세계 자체를 일거에 배제하는 것이 아니라, 대상세계가 마치 의식과 무관하게 실재하는 것으로 잘못 생각해 온 오래된 편견[망념, 妄念]을 무효화하는 절차이다. 이렇게 하여 결국 의식과 대립해 있는 대상으로서의 세계를 바로 우리의 삶의 지평으로 이미 주어져 있는 현실로서의 세계로 다시 가져오기 위한 절차가 바로 현상학적 환원이다. 모든 것을 단멸하고서야 무념의 세계로 들어설 수 있다는 생각에 사로잡혀 모든 현실에 등을 지고 수행하는 어리석은 자들을 향해 지눌은 "흔히 나를 여의고 생각을 끊어서 무념무상에 잠기는 것을 진리인 양 생각하는 사람이 있으나, 이는 우리가 살고 있는 현실적 세계에서 사사물물(事事物物)에 즉하여 그것을 떠나는 깨침을 얻지 못하는 사람들이다."[29]고 말한다.

이러한 지눌의 선사상은 데카르트적 환원의 소박함을 넘어 진정한 의미의 환원을 수행하려는 후설의 생활세계적 환원과 맥을 같이하고 있다. 현상학적으로 성찰하는 자나 선수행자나 그들은 이미 현실세계 속에서 세속인(Weltkinder)로서 살고 있다. 현실세계 속에서 현사실적 자아로서 살고 있는 자이기에 현실세계의 단멸은 어리석은 생각이다. 현실에 등을 돌리고 눈을 딱 감은 채, 한 생각이 일어나자마자 고개를 살살 흔드는 수행자의 어리석음을 지적하는 지눌의 입장은 데카르트적 환원을 소박하기 그지없는 것으로 비판하는 후설의 입장과 다를 바 없다.

그러므로 지눌의 회광반조나 후설의 현상학적 환원은 모든 것을 다 단멸하고 무심 혹은 순수 자아에로 환원해 들어가는 것으로 선

---

29) 고형곤, 같은 책, 45쪽(惑以 離言絕慮 冥心入理 而於目前緣起事法 未能透得普照國師 圓頓成佛論 法語集 一七五面).

의 문턱에 머무르지 않는다. 이 양자는 주-객의 대립이 한갓 의식의 지향(관심), 즉 대상적 지를 얻기 위한 애씀(Streben)에 의한 소산임을 깨닫고 모든 대립 이전의 순수지평을 열어 밝히기 위한 실천적 방편이다. 지눌은 이를 위해 망심에 의해 이분법적으로 갈라진 능과 소를 진심의 체용구조로 역동적으로 풀어낸다. 즉 진심의 체와 그 체의 묘한 작용으로 풀어냄으로써 능-소의 대립 자체를 초월하여 어디에도 구속됨이 없는 무심의 경지를 열어 밝힌다. 후설 역시 환원에 의해 열려진 순수 자아의 지평으로 이미 주어져 있어서 모든 주-객 대립 자체를 초월하는 생활세계적 자아를 회복하는 데 관심을 갖는다. 만약 모든 대상적 지향을 단멸하고 얻은 순수 자아나 무심이 한갓 공에 지나지 않는다면, 그것은 결국 유에 대립된 무에 지나지 않을 것이다. 그러므로 모든 대상적 지향이나 관심을 단멸하고 찾은 진심은 유-무 자체를 초월한 진정한 공의 지평이며, 모든 대상적 지향을 단멸하면서도 그때그때 대상에 연하여 자유자재로 묘용하는 현실적 활동인 현행이다. 그러므로 지눌은 비록 모든 것을 버리고 적(寂)의 세계에 들어갔다 하더라도, 현실적인 목전 사물의 세계에서 그것에 즉하여 터득하지 못하면 의식단절의 공적(空寂)에 집착하는 것이 된다고 말한다. "[자유자재로] 속세에 들어서는 것이 다시없는 해탈의 경계이다."[30]

현상학적 공안(公案)인 '사태 자체로!'는 무엇을 의미하는가? 현실을 현실 그대로 그것이 주어지는 바대로 보자는 것이다. 현상학적 술어인 '자기소여'(自己所與: Selbstgegebenheit)는 의식의 지향에 의해 현실세계가 사실세계로 굴절됨이 없이 있는 그대로 드러나는 것

---

30) 고형곤, 위의 책, 77쪽 참조. [入得世間 出世無難(寶積經 四, 智度論 三十九)]

을 의미한다. 자기소여로서의 세계는 '현상'으로서의 세계이며, 이것은 의식에 대립해 있는 대상세계를 초월하고 대상세계에 마주하고 있는 의식 자체까지도 초월함으로써 만나는 생활세계 이외의 다른 것이 아니다. 물론 이 경우 '초월한다'는 것이 내재와 대립된 의미로 사용되는 것은 아니다. 내재와 초월 자체까지도 초월하여 열려지는 생활세계는 의식계와 대상계의 경계를 넘어서, 망각되고 은폐되어 있는 것을 다시 가져오려는 안에도 밖에도 구속되지 않는 세계이다. 그러므로 이 생활세계는 예토(穢土)를 떠나 있는 정토(淨土)가 아니라 예토와 정토를 넘어서 만나는 진정한 삶의 지평이다.

우리가 지눌의 반조와 후설의 환원을 비교하면서 다음과 같은 사실을 특히 강조하지 않을 수 없다. 지눌의 반조는 모든 주객분열 이전의 순수 현행에서는 더 이상 선도 악도 실재하지 않으며 단지 그때그때마다 현행할 뿐임을 드러내기 위한 방편이다. 선도 악도 생도 사도 모두 자성을 가지고 실재하는 그 무엇이 아니라, 단지 그때그때 나타났다 사라지는 현실 그대로를 드러내기 위한 실천적 수행이다. 특히 우리가 지눌의 반조를 후설의 환원과 연결시킬 수 있는 고리를 발견하기 위해서 후설의 지향성 개념을 잘 이해해야 한다. 그의 초기 정태적 현상학에서는 감각-지향작용이라는 이분법적 냄새가 나는 도식을 사용한다. 즉 감각적 자료는 노에시스적 작용에 의해 혼이 불어넣어짐으로써 비로소 노에마적 의미로 구성된다는 도식이다. 그러나 후기 발생적 현상학에 들어오면 이러한 도식은 의미 없는 것이 된다. 즉 질료 역시 그 자체가 지향성을 특성으로 갖지는 않지만 모든 지향성을 가능하게 하는 선지향적 구조로 주어져 있다. 그러므로 노에시스-노에마라는 정태적 지향적 도식은 발생적 관점에서 허물어진다. 후기 발생적 현상학에서의 지향성은 대상에 의미를 부여해 주는 의식의 고유한 특성이 아니라, 의식과 대상 어디에도 구속되지 않고 활동적으로 기능하는 지향성이고, 근원적 흐름(Urstrom)으로서의 지향성이다. 현상학적 환원에 의해 열려진 지향성의 장은 모든 것을 현실 그대로 비추는 밝음의 장이고, 모든 주-객 대립 이전의 절대적 현이다. 이 '현'(Da)은 현실을 현실 그대로 드러내고 폭로하는 밝음의 장이다. 진여와 생멸의 세계로 자유롭게 흘러나오고 들어가는 무경계의 장이다. 이와 같은 후설의 지향성을 마치 주관에 의해 대상을 구성하기 위한 인식론적 방편으로 읽는 것은 통상적 독서이다. 지향성은 바로 존재 자체의 의미가 그것이 있는 그대로 스스로 즈어지는 자기소여의 장이다. 우리는 새삼스럽게 의미의 진리를 존재의 진리로 다시 포장할 이유가 없다. 왜냐하면 지향성은 그것의 밝음 안에서 의미와 존재 그리고 진리가 하나로 엮어져 있는 텍스트이기 때문이다. 말하자면 이 텍스트 안에서 새삼스럽게 존재론적 전회가 이루어질 필요가 없다. 그렇기에 존재론적 관점에서 현상학적 환원의 불가능성을 운운하는 것도 설득력이 없다. 이제 존재의 의미와 의미의 존재는 동일한 텍스트 안의 두 극에 지나지 않는다.

## 5. 돈오점수적 동행

지눌은 우선 선을 주로 하고 교를 종으로 하는 방편을 취한다. 지눌은 마음을 깨닫는 돈오적 체험을 중요하게 생각한다. 그에 의하면 돈오에 의해 진심의 세계에 들어가고 선의 근원으로 들어간다. 문자로 인하여 수반되는 모든 생각을 벗어 던지고 내면의 세계로 빛을 비추어 자기 마음을 깨닫는 돈오야말로 그 출발이다. 그러나 돈오는 그것으로 끝나는 것이 아니라 바로 선의 출발이기에 이에 대한 언어적 이해와 논의는 필수적이다. 왜냐하면 지눌은 문자를 떠나 오로지 깨달음만을 추구하다가 중도에 좌절하는 수행자의 모습 속에서 깨달음에 대한 지적인 논의와 반성적 이해가 필요한 것을 보았기 때문이다. 깨달음 자체가 목적이 아니고 선의 완성이 아니기에, 깨달음 후에 부단한 논증과 언어적 분석과 이해가 필요한 것이다. 깨달은 자도 현실에 부딪힐 수밖에 없는 한계를 가지기에 지속적 수행은 필수적이다. 그러나 돈오를 떠난 점수는 한갓 방향 없는 수행에 지나지 않는다. 깨달음이 없는 닦음은 뿌리를 제거하지 않은 채 돌로 풀을 누르는 행위와 같다. 마치 용수철을 세게 누르면 누를수록 더욱 솟구쳐 올라오듯, 일체가 공임을 깨달은 후가 아니면, 마치 번뇌를 끊고서야 열반에 이른다는 생각에 붙들린다. 번뇌를 끊는 것이 수행을 통해 가능하지 않더라도 중도에 포기하지 않음은 바로 생멸도 진여도 모두가 마음의 조작이라는 것을 깨달은 것에 연유하기 때문이다. 이런 이유로 지눌은 생각이 일어나는 것을 두려워하지 말고 오직 깨달음이 더딜까 두려워하라고 말한다.[31] 그러므로 그는 '닦되 닦지 않고 번뇌를 끊되 끊지 않는' 진정한 수행을 수행자들에게 촉구한다. 돈오는 참수행의 실마리요, 수행은 참깨달음의 완성이다. 그러므로 지눌은 정과 혜를 겸하여 닦아야 하며(兼慧雙修), 정과 혜를 고루 닦는 습정균혜(習定均慧)

---

31) 길희성, 위의 책, 179쪽 참조.

를 주창한다.

우리는 이러한 지눌의 돈오점수적 수행과 동행하는 후설의 모습을 발견할 수 있다. 후설 역시 너무나 오랫동안 익숙해져 있는 자연스러운 태도를 선험적 태도로 변경하기란 여간 어려운 일이 아니라는 사실을 인정한다. 그러기에 그는 철저한 총체적(total) 태도 변경에 의한 본질통찰의 길을 택한다. 그러므로 그는 단 한 번에 (mit einem Schlage) 선험적 자아에로 이르는 돈오(durchbrechende Einsicht)를 우선한다. 즉 즉각적이고 단 한 번에 철저하게 그리고 총체적으로 그리고 마치 개종이나 하듯이, 그렇게 전인격적인 실존적 혁명에 유사할 정도의 환원을 이루어야 할 것을 강조한다.[32] 이처럼 후설은 그의 초기 『이념들 I』에서 스스로 '데카르트적 길'이라 부른 돈오의 길을 걸어 온 것이다. 그러나 그는 "이 길은 실로 단 한 번의 비약으로서 선험적 자아에 이르는 것 같지만, 그러나 이 길은 선행하는 [예비적인] 어떠한 설명도 없음에 틀림없기 때문에 선험적 자아를 가상적인, 내용이 비어 공허한 것으로 보이게 만들었다."[33]고 고백하고 있다. 모든 존재의 궁극적 단초인 선험적 자아에 단번에 이르는 돈오적 수행에 의해 열려진 선험적 자아가 마치 하나의 공허한 아르키메데스적 기점과 같은 공리에 지나지 않는다면, 이는 바로 지눌이 염려한 진심의 공적(空寂)한 측면에만 머무르는 경우가 된다. 후설은 이제 단번의 도약으로 도달한 선험적 자아를 통해 그 선험적 자아가 구체적으로 어떤 자아인지를 이론적으로 반성하는 새로운 길을 모색하지 않으면 안 된다고 강조

---

32) 에드문트 후설, 이종훈 옮김, 《유럽학문의 위기와 선험적 현상학》, 187쪽 참조.
33) 같은 책, 209쪽.

한다. 이는 바로 선험적 자아 자체에 대한 이해를 보다 완전하게 하는 지혜(靈知)를 얻는 길이다. 후설은 선험적 자아를 생활세계적 자아로 구체적으로 이해하기 위한 새로운 길을 모색하지 않으면 안 된다고 말한다. 그는

> 처음에는 행위(Tat)가 있었다. 이 행위는 아직 불확실한 계획을 보다 확고 하게 만들고, 그와 동시에 부분적으로 성공한 실행을 보다 더 명확하게 만드는 것이다. 그런 다음(그리고 이것은 두 번째 단계이지만) 방법적 반성이 필요하다. 이 반성은 그러한 종류의 계획과 그것을 달성하고자 열망함에 있어 이미 수행된 것이 충족될 수 있는 보편적 의미와 도달범위를 명확하게 한계 지운다.[34]

우리는 여기에서 후설이 돈오적 길인 '데카르트적 길'과 깨달음 이후의 닦음의 길인 '탈데카르트적 길'이 수레의 두 바퀴로 함께 이루어져야 함을 강조한다는 것에 관심을 가져야 한다. 현상학적 수행에 있어 이 두 길은 지눌에 있어서 공적과 영지가 진심의 다른 얼굴이 아니듯이, 수레의 두 바퀴와 같다.

그러므로 1913년에 쓴 『이념들』 이후 1936년 유고로 남긴 『위기』에서는 환원의 어려움을 인식하고 구체적으로 어떻게 환원을 수행해야 하는가에 대한 반성적 고찰을 수행한다. 실로 단 한 번의 비약으로 선험적 자아에 이르는 돈오적 수행은 어떠한 이론적 설명이나 이론적 반성도 없이 이루어졌기에, 이제 환원에 대한 이론적 성찰이 이루어져야 한다. 만약 환원에 의해 개시된 선험적 자아 역시 생활세계 속에 살아가는 구체적 자아의 다른 이름에 지나지

---

34) 같은 책, 209-210쪽.

않는다면, 과연 선험적 자아로의 단 한 번의 도약이 가능할까? 만약 선험적 자아와 생활세계 속에 살고 있는 현사실적 자아가 다른 자아가 아니라면, 선험적 자아로의 총체적 환원의 어려움을 이론적으로 반성하는 것이 필요하다. 만약 이러한 이론적 반성이 결여된다면, 치선의 병폐를 벗어날 길이 없기 때문이다.

그러나 우리는 후설의 초기 깨달음을 향한 사유행보를 후기의 생활세계적 환원과 불연속적으로 읽어서는 안 된다. 초기 개인적으로나 학문적으로 어려움에 봉착했던 청년 후설이 택한 길은 청년 지눌의 실존적 깨달음을 향한 행보와 궤를 같이한다. 그러나 이러한 깨달음 이후 선험적 자아로 단 한 번에 이르는 길이 얼마나 어려운 것인지를 이론적으로 반성함으로써 깨달음을 점수적 수행으로 완성시켜 가는 후설의 사상적 국면을 연속적으로 읽어야 할 것이다.

후설이 일반적 자연정립을 일거에 괄호 쳐 드고 선험적 자아로의 환원을 단적으로 수행한 것은 단지 절차상 우선적으로 취해진 방편일 뿐이다. 이는 보편적 현상학의 이념을 실현하기 위해 취해진 방법상의 단초에 지나지 않으며, 이를 넘어 새로운 길로 나아가지 않을 수 없다. 그러므로 후설은 1923년 한 원고에서, "그러나 이제 올바른 형식과 지침을 발견하도록 이미 오래전부터 나를 재촉해 온 다른 길이 가능하지 않을까?" 하고 쓰고 있다.[35] 이 길은 바로 진정한 깨달음을 위한 단초를 마련한 데카르트적 환원의 길을 넘어 나아가는 길이다. 초기의 환원은 모든 선입견을 더 이상 작용 못 하도록 단호하게 와해시키기 위한 선험적 전회의 길이라

---

35) 에드문트 후설, ≪제일철학 II ≫, 283쪽 참조.

면, 이제 이 새로운 길은 이렇게 마련된 단초를 실마리로 심리적 자아와 선험적 자아, 내재와 초월, 주관과 객관의 관계 자체를 초월하는 진정한 깨달음을 완성하기 위한 닦음의 길이다. 생활세계를 이론적으로 주제화하기 위한 이 길은 선험적 자아는 경험적 자아와 대립해 있는 형이상학적 실재가 아니라, 일상 속에서 다른 인간적 자아들과 함께 살아온 생활세계적 자아임을 깨닫기 위한 닦음의 길이다. 그러므로 앞에서 강조한 바와 같이, 후설에게도 깨침과 닦음은 현상학적 이념을 완성시켜 주는 두 개의 수레바퀴이다. 닦음 이전의 단적인 깨침(解悟)은 아직 주-객, 안-밖, 내재-초월의 경계를 자유롭게 넘나들지 못하는 단계인 데 반해, 닦음 후에 얻어지는 깨달음은 모든 경계 자체를 초월하여 자유롭게 넘나드는 진정한 깨달음인 지눌에 있어서의 증오(證悟)이다.

주관성을 떠나 객관적 명증성과 진리가 실재할 것이라는 망념을 철저하게 걷어내고 모든 명증성의 근원적 시원은 주관성이라는 사실을 단 한 번의 비약으로서 깨닫는 것이 현상학의 일차적 목적이다. 그러나 주관성인 나는 무시이래로 천 년 세월의 사유습관에 익숙해져 오랜 무명의 습기와 종자에 훈습되어 있어, 비록 진리의 최종근원이 주관성에 있음을 단번에 깨달았다고 하더라도, 오랜 습기를 잘라버리기 힘들므로 반성을 게을리해서는 안 된다. 깨달음으로써 바람은 멈추었으나 물결은 아직 출렁이고, 이치는 나타났으나 망상이 그래도 침노하기에, 먼저 행함이 있은 후 방법적 반성이 지속되어야 한다. 모든 번뇌를 끊고 열반에 단번에 이를 수 있다는 집착에서 벗어나 열반이 번뇌를 떠나 따로 실재하지 않기에 번뇌를 끊지 않고서 열반에 이르는 길을 가지 않으면 안 된다. 선정과 지혜의 두 수레바퀴를 타고서 비로소 진정한 해탈의 경지에 도달할 것이다. 무릇 선정과 지혜가 본체와 작용의 관계이듯, 철저한 판단중지와 이에 이은 방법적 반성은 진정한 현상학적 깨달음의 두 바퀴이다. 어느 하나가 없이는 현상학적 자기성찰을 완수하지 못한다. 말하자면 존재 자체가 들려주는 메시지를 듣기 위해 문자나 개념적 틀을 벗어나 순수 의식의 장으로 단적으로 되돌아가는 것이 선의 출발이다. 이 깨달음이 선의 출발인 것은 선험적 의식에 떠오르는 현상은 사태 자체가 아니라 다만 그것에로 이르기 위한 하나의 방편이기에, 사태 자체에서 들려오는 메시지를 여실하게 듣기 위한 의식의 자기수행은 지속되어야 한다.

우리는 후설이 지눌과 돈오점수의 길을 동형한 흔적을 다음의 사실에서도 확인할 수 있다. 그는 『제일철학』에서 "순수 주관성의 필증성(Apodiktizität)에 대한 비판이 이루어졌어야 했음에도 불구하고 보류되었었다."[36]라고 쓰고 있다. 그가 이 필증성에 대한 비판을 뒤로 미루어둘 수밖에 없었던 것은 바로 모든 것의 궁극적 토대인 아르키메데스적 기점을 방법적으로 정초하는 것에 일차적 관심을 가졌기 때문이다. 이를 위해 후설은 현상학적 환원을 통한 순수 주관성의 필증성 정초라는 이념을 실현하는 데 관심을 가졌었다. 그러나 그는 이제 순수 주관성 자체에 대한 이론적 성찰이 이루어져야 함을 고백한다.

그의 나이가 71세이던 1930년의 「후기」에서 그는 아직도 자신이 절대적으로 확실하게 의지할 수 있는 아르키메데스적 기점을 찾고 있다고 고백한다.[37] 초기 현상학적 환원에 의해 방법론적으로는 절

---

36) 에드문트 후설, ≪제일철학 I≫, 126쪽.

대적 기반을 정초하였지만, 여전히 그 이념의 구체적 실현이 가능한지에 대해 스스로 의심하면서 지속적인 현상학적 성찰과 수행의 필요성을 인식하고 있다. 이러한 사실은 그의 죽음을 일 년 남겨둔 1935년, 그가 『위기』의 부록에서 "학으로서의 철학, 진지한, 엄밀한, 더구나 필증적으로 엄밀한 학으로서의 철학—이 꿈은 깨어졌다."는[38] 그의 고백에 함축되어 있다. 후설 역시 지눌과 마찬가지로 깨달음 이후의 닦음의 과정을 매우 중요하게 생각한다. 깨달음에만 안주하는 치선과 광선의 병을 치유하기 위해 깨달음 이후의 닦음의 수행이 얼마나 어렵고 중요한지를 고백한다. 깨달음은 선의 단초일 뿐, 깨달음 이후의 닦음은 더욱 철저하게 이루어져야 한다. 바람은 그치나 물결은 여전히 솟기 때문이다![39]

## 6. 깨달음을 위한 믿음

지눌은 오직 문자에만 매달려 깨달음을 등지고 사는 문자법사들의 병폐는 바로 깨달음에 관한 믿음의 부재라고 지적한다. 지눌은 중생이 돈오의 다리를 건너기 위해 불필요한 자기비하를 걷어내고 깨달음에 대한 믿음을 가져야 할 것을 주문한다. 부처와 중생이 다름이 아닐진대, 깨달음에 대한 믿음을 가지고 정진하기를 주문한다. 지눌은 돈오를 오직 소수에게만 허용되는 밀전적(密栓的) 특권

---

37) 한전숙, ≪현상학≫, 민음사, 1996, 277쪽 참조.
38) E. Husserl, *Die Krisis der europäischen Wissenschaften und die transzendentale Phänomenologie*, 508쪽.
39) 길희성, 위의 책, 174쪽.

으로 이해하지 않는다. 돈오는 단번에 깨달을 수 있는 근기(根氣)를 소유하고 있으며, 그것을 무릅쓸 용기와 각오가 있는 한 누구에게나 열린 길이라고 가르친다.[40] 후설 역시 "본질직관이 지각보다 더욱 난해하거나 신비적인 비밀을 감추고 있는 것은 아니다."[41]고 말한다.

후설은 현상학적으로 사유하는 자에게 있어서 본질직관은 지각보다 어려운 것이 아니라고 말함으로써 이미 지각의 확실성에 대한 믿음을 통해 사태 자체가 주어지는 진여의 문에 이미 들어서 있음을 강조한다. 후설 역시 깨달음에 대한 믿음과 용기를 강조한다. 그는 오랫동안 익숙해져 온 자연스러운 정상적 태도를 철저하게 바꾼다는 것이 쉽지 않음을 인정한다. 그러나 오랫동안 익숙해져 온 삶의 방식 속에서도 자아는 불변적인 성격을 지속적으로 소유하고 있다. '나는 할 수 있다'는 확신과 '나는 행할 수 있다'는 능력의 주관으로써 세속적 상황에 물들지 않고 인격적 판단을 내릴 수 있는 선험적 능력을 가진 주관으로서 존재해 온 것이다. 이런 의미에서 후설은 자아를 습득성의 기체(Sustrat von Habitualität)[42]로서 규정한다. 이 습득성은 바로바로 태도변경을 할 수 있는 믿음의 근거가 된다. 이 습득성은 바로 자아의 불변적 성격(bleibender Charakter)으로서 마치 불성(buddhist Character)과도 흡사한 것이다.

특히 지눌은 화엄의 구체적 실천적 수행을 강조하고 선의 수행을 강조하면서 신(믿음)에 많은 무게중심을 두고 있다. 그는 이통현

---

40) 길희성, 위의 책, 152쪽 참조.
41) 에드문트 후설, 박만준 옮김, 『엄밀학으로서의 철학』, 50쪽.
42) 에드문트 후설, 이종훈 옮김, 『데카르트적 성찰』, 32절 참조.

의 『화엄경론』의 영향하에서, 이론에서 이론 이전의 깨달음에 대한 믿음에로 그 무게 중심을 옮겨간다. 지눌은 화엄의 52단계 중 첫 믿음(初信)이 돈오 점수의 핵심이라는 사실에서 시작한다. 이론적 논쟁에 휘말려 구도자로서의 역할을 상실하였던 당대의 시대적 상황을 극복하기 위한 지눌의 선택은 모든 이론적 반성이나 성찰 이전의 구체적인 깨달음과 이를 위한 기초가 되는 이론 이전의 믿음으로 환원해 간다.[43] 지눌에 있어서 신(信)은 바로 객관적 인식에 대한 믿음이 아니라, 자신에 대한 믿음이다. 이 믿음은 자신을 단지 범부라 여기지 않고 자신의 마음이 곧 부동지불이라는 사실을 긍정적으로 인정하려는 용기와 같은 것이다. 자신의 실존적 모습과 부처 사이의 엄청난 간격을 뛰어넘으려는 용기를 일컫는다. 중생과 부처가 원래 같다는 믿음의 우월성을 강조하는 지눌의 입장은 바로 깨달음을 가능하게 하는 적극적인 토대가 되는 것이다.

이러한 지눌의 입장을 후설에게서 발견할 수 있다. 후설은 우선 객관적 진리보다 주관적 체험에 대한 믿음에서 출발하며, 특히 직관적 체험, 즉 지각의 확실성에 대한 근원적 신념에서 시작한다. 모든 궁극적 진리가 토대하고 있는 생생한 구체적 경험인 직관적 경험의 확실성에 모든 진리주장의 우선권을 부여한다. 후설은 말의 공허한 분석을 그만두고 사태 자체를 주어지게 하는 직관으로 돌아가기를 촉구한다.[44] 세계를 나의 체험에 원본적으로 주어지게 하

---

43) 스즈끼는 이를 "울리기 전의 종소리를 듣는 것이고, 비가 오기 전에 이미 비오는 소리를 듣는 것과 같다."고 표현한다. 이것은 바로 개념적 사고 이전에 몸을 통해 주어지는 원본적 경험에 대한 믿음을 채널로 하여 생활세계의 메시지를 듣기 위한 선술어적 환원을 의미한다 (스즈끼 다이세츠 지음, 서명석 · 김종구 옮김, 『가르침과 배움의 현상학』, 경서원, 2001, 168쪽).

44) 에드문트 후설, 박만준 옮김, 『엄밀학으로서의 철학』, 38절 이하 참조.

는 직관적 경험에 대한 긍정적인 평가로부터 그든 공허한 이론적 및 객관적 진리들을 다시 평가하려고 한다. 모든 이론적 표현을 기능하지 못하게 하고, 나에게만 타당한 것을 경험되는 생생한 선술어적 경험에 대한 믿음에서 다시 사유하려는 것이다.

후설이 말하는 이 생생한 선술어적 경험은 바로 나의 체험상으로 주어지는 생활세계적 경험이다. 생활세계는 바로 모든 자아의 지향이 일어나기 이전부터 근원적으로 흘러온 역사적 세계이며, 모든 학적으로 참된 세계를 자기 속에 간직하고 있는 세계이다.[45] 우리의 몸을 통해 이미 친숙하게 익혀온 신념의 세계이며, 우리의 모든 경험의 지평이다. 이 생활세계라는 지평에 우리는 이미 몸으로 익숙하고 친숙해져 있기에, 어떠한 개별적 경험도 바로 이 보편적 유형에 의해 비로소 가능해진다. 아무리 낯선 경험이라도 그것은 이미 친숙한 이 지평 속에서 이루어지는 것이다. 그러므로 절대적 미지성은 없다. 미지성(未知性)은 아마도 동시에 기지성(旣知性)의 한 양상이다.[46] 낯선 것이 아니라 친숙하게 몸으로 익혀온 신념의 세계지평은 바로 모든 존재자를 이해할 수 있게 하는 포괄적 기반이다. 이 기반 위에서 주체와 객체, 내재와 초월 그리고 진여와 생멸의 구분은 단지 양상적 구분에 지나지 않을 뿐이다. 모든 객관적 학문에 대한 판단중지를 한 이후에 열려지는 이 선소여된 경험세계에 대한 믿음은 모든 학문적 확실성에 토대를 주는 근원적 믿음이다. 몸으로 이미 친숙해져 있는 이 세계의 경증은 모든 객관적 논리적 명증보다 더 높고 더 시원적인 권위를 갖는다. 이 "생활세

---

45) 에드문트 후설, 이종훈 옮김, 『유럽학문의 위기와 선험적 현상학』, 180쪽 참조.
46) E. Husserl, *Erfahrung und Urteil*, 34쪽.

계는 근원적인 명증의 세계이다."[47] 이미 내가 몸으로 친숙하게 만나는 세계지평 안에서는 이론적으로 정립해 놓은 모든 대립과 논리적 구조물들이 한갓 주체의 지향적 구성물에 지나지 않는 것이다. 그러므로 수동적으로 선소여된 경험세계로서의 이 생활세계에 대한 믿음은 이전의 모든 이론적 대립을 포괄할 수 있는 믿음이다. 이 세계지평은 모든 존재가 상호 상입하고 상즉하면서 대조를 이루는 통일성의 공간이다. 후설은 바로 이 모호하게 주어져 있는 지평을 드러내어 모든 경험은 바로 이 지평을 배경으로 가진다는 것을 밝힌다. 이는 바로 전경/배경 혹은 중심/가장자리, 구체적으로는 모든 지각의 중심을 둘러싸고 있으면서 주변의 연속적인 고리를 형성하고 모호하게 그 지각장(場)과 함께 현현하는 가장자리의 근원적 유대관계를 상입의 관계로 읽은 것이다.[48]

지눌 역시 마음 밖에 부처가 있다는, 즉 중생과 달리 부처가 구별되어 실재할 것이라는 어리석은 소견을 믿음의 부재로 판단한다. 무명과 부처, 진여와 생멸이 모두 부처님의 보명광지의 관점에서 보면 다 동일한 근원에 연유함을 믿음으로써, 깨달음에 용기를 가질 수 있다고 말한다.

> 제 마음 속에 있는 모든 부처님의 보명광지로 일체 중생을 두루 비추어 보면, 중생의 모양이 여래의 모양이요, 중생의 말이 여래의 말이며, 중생의 마음이 여래의 마음이요, 나아가서는 살림살이의 산업과 공예의 기술 등이 다 여래의 보광명지의 운전하는 작용으로서 별다른 것은 전혀 없다.[49]

---

47) 에드문트 후설, 이종훈 옮김, 『유럽학문의 위기와 선험적 현상학』, 179쪽.
48) 스티브 오딘 지음, 안형관 옮김, 『과정형이상학과 화엄불교』, 이문출판사 1999, 103쪽 이하.
49) 知訥 지음, 김달진 역주, 위의 책, 160쪽.

지눌은 점차적 수행에 의해 이미 갖추어져 있는 불성을 한 단계 한 단계 실현해 나갈 수 있다는 믿음을 보다 철저하게 자기가 이미 부처라는 확고한 믿음으로 확장해 나간다. 지눌은 이러한 깨달음에 대한 확고한 용기와 믿음인 초신(初信)이 반드시 점진적 수행에 앞서야 한다는 입장을 가진다.[50] 그는 이러한 초신이 없이는 즉각적 깨달음이 가능할 수 없다는 확고한 신념을 모든 수행의 길라잡이로 삼는다. 지눌은 다음과 같이 쓰고 있다.

> 천 리를 가고자 한다면, 첫걸음부터 올발라야 하는데, 첫걸음이 어긋나면 천 리 길이 다 어긋나고 만다. 열반의 경지에 들어가려면 첫 믿음이 올발라야 한다. 첫 믿음을 잃으면 온갖 선이 무너지고 말기 때문이다. 그러므로 조사께서 말씀하시기를 '털끝만큼이라도 차질이 생기면 하늘과 땅처럼 멀어진다.'고 한 것이다.[51]

후설 역시 자신의 현상학적 환원을 단적으로 수행해야 하고 그로 인한 본질직관이 단순한 신비적 직관이 아니라 현상학적으로 사유하는 자에게는 현실적으로 가능하다는 믿음을 가지고 시작한다. 그는 이미 자연과학적 태도에 의해 은폐되어 버린 생활세계의 지평을 현상학적 환원을 통해 열려진 순수의식의 상관자로서 다시 회복할 수 있다는 믿음을 가지고 출발한다. 비록 의식의 가장자리에서 모호하기는 하지만 그 배경으로 이미 주어져 있는 생활세계를 드러내어 밝힐 수 있다는 믿음에서 시작한다. 왜냐하면 나의 몸을 통해 지각장의 가장자리로 이미 주어져 있는 이 지평을 친숙하

---

50) 오딘, 같은 책, 149쪽 참조.
51) 강건기, 위의 책, 209쪽 참조.

게 만나고 있기 때문이다. 모든 자연과학의 잊힌 의미기반으로서 이미 주어져 있는 이 생활세계의 복권에 대한 믿음은 그의 초기 사상에서부터 함의되어 있다. 이는 바로 지각의 확실성 혹은 명증성에 대한 믿음이다. 선험적 주관에 전적으로 주어질 수 없는 생활세계라는 사태 자체가 비록 모호하지만, 지각의 명증성을 이루는 배경으로 함께 주어져 있기에, 이 지각의 확실성을 근원적 믿음(初信, Urdoxa, Urglaube)으로 하여 선험적 주관은 사태 자체를 자신의 현상으로 지향적으로 구성할 수 있다. 의식과 존재가 하나 되어 여실하게 주어져 있는 사태 자체를 경험하려는 현상학은 바로 지각의 명증성에 이미 담지되어 있는 생활세계적 명증성을 지향적으로 구성한다. 바로 이 구성의 확실한 실마리인 지각의 확실성을 모든 믿음의 으뜸꼴(Urmodus)로 규정한다. 왜냐하면 이 지각의 명증성은 선험적 주관과 자연으로서의 현실 사이의 존재론적 간극을 메워주는 역할을 하기 때문이다.[52] 이 간극이 메워짐으로써 지각의 장을 타고 생활세계의 메시지가 들려온다.

## 7. 여실언교(如實言教)의 전략

언어가 의식이 대상을 대상으로 분별하여 개념적으로 인식하려는 활동에 의해 생겨난 도깨비와 같은 것이라면, 언어 그 자체는 사물의 진실재와는 아무런 관련이 없다. 그러나 언어는 그 자체로서 어떤 진실재도 지시하지 않는 공임을 깨닫는 것으로 거쳐서는

---

52) 최경호, 『現象學的 지평에서 규명한 禪』, 경서원, 2001, 214쪽 참조.

안 된다. 언어 이전의 진실재를 깨닫는 것으로 만족하고 일체를 한 덩어리의 공으로 만들어 놓고 거기에 눌러앉은 것 역시 공집(空執)이기에, 공을 알고 다시 사물(실재) 속으로 나와서 사물과 친근하게 사귀어야 한다. 물론 이 깨달은 자의 실재세계에로의 회귀가 언어와 대립된 실재에 눌러앉는 색집(色執)에의 안주는 아니다.

현상학은 모든 언어와 개념적 사유에 의해 잘못 주조된 사물의 진실재를 새롭게 복권하기 위해 언어 이전 혹은 개념 이전의 층으로 되돌아간다. 그러나 이 선술어적 환원(vor – prädikative Reduktion)이 결코 언어를 떠나 무언어적 실재에로 되돌아감을 의미하지는 않는다. 오히려 언어 이전의 층으로 되돌아가 거기에서부터 언어를 언어로서 한정 지우는 거대한 지평을 새롭게 드러내기 위한 되돌아감이다. 그러므로 현상학적 환원은 모든 언어적 분별상에 의해 일그러진 실재의 진정한 모습을 선술어적 환원을 통해 폭로하고, 모든 언어적 분별에 의해 생긴 인연을 우리의 삶의 지평 속에서 명징하게 읽어내기 위한 환원이다.

그러므로 선술어적 환원은 결코 언어와 단절된 의식으로 돌아가는 무언의 환원이 아니다. 왜냐하면 언어는 단순한 물리적 기호가 아니라 다른 부호들과는 달리 민족공동체로부터 생겨나고 전통 속에서 지속되어 온 습득적인 부호체계이기 때문이다.[53] 후설은 "언어는 곧 인간성의 지평에 속한다. 인간성은 처음부터 직접적이든 간접적의이든 언어공동체로서 의식된다."[54]고 말한다. 이와 같이

---

53) E. Husserl, *Formale und Transzendentale Logik*, 24쪽 참조.

54) E. Husserl, *Die Krisir der europäischen Wissenschaften und die transszendentale Phänomenologie*, 369쪽.

후설은 선술어적 층과 술어적 층 사이의 관계를 불가공약성으로 규정하지 않는다. 그는 이 두 층 사이를 그의 독특한 전략인 '지향적 정초관계'(intentionale Fundierungsverhältnis)로 읽는다. 즉 이 두 층을 서로서로 토대 지워 주는 상호 맥락성의 관계로 읽는다. 이 두 층 사이를 지향적 맥락성으로 읽은 후설의 전략은 지눌의 여실언교(如實言敎)의 전략과 유사하다.

  선의 지적 성격을 강조한 지눌에 있어서 문자와 언어는 선수행의 중요한 열쇠가 된다. 물론 그는 깨달음을 위한 수행을 게을리하고 자신의 명성과 이익만을 좇는 자를 가리켜 '문자법사'(文字法師)라고 칭하면서 문자의 상에 집착하는 어리석음을 비판한다. 그러나 선수행을 마치 기교적인 신비적 체험으로만 여기고, 깨달음에 대한 지적 이해를 게을리하는 것 역시 치선의 병폐를 드러낸다. 지눌은 문자적 논의는 선적 깨달음을 위한 필연적 실마리라는 점을 강조하면서 지나친 침묵의 폐해를 지적한다. 물론 문자 자체가 깨달음의 한 방편일 뿐이긴 하지만, 문자를 섣불리 떠난 침묵의 행보는 자칫 텅 빈 백색의 공간에서 부유(浮遊)하는 치선에 빠질 수 있는 것이다. 그러므로 지눌은 진정한 깨달음이 가능하기 위한 문자적 논의와 언어적 이해를 멀리하지 않는다. 지적으로 이해될 수 없는 선은 부처님의 말씀을 떠난 비합리적 치선에 지나지 않는다. 그러므로 지나친 무언의 전략으로 진리 자체로 돌파하려는 정통선불교의 성급함보다 선적 깨달음이 가능하기 위한 방편을 언어적으로 하나하나 단계적으로 이론화하고 기술하고 해명하는 작업을 피하지 않는 것이 훨씬 지혜롭다. 지눌은 문자를 어디까지나 자기의 마음을 관(觀)하는 '관행'(觀行)을 위한 거울로 여겼지 결코 지적 이해로 그것을 희생시키거나 대체하려고 하지는 않는다.[55] 따라서 우리는 의식에 관한 현상학적 기술(記述)이 바로 진심에 관한 직설과 궤를 같이한다는 사실을 확인할 수 있고, 이런 이유로 우리는 지눌의 『眞心直說』을 현상학적 자아론으로 읽을 수 있다.

후설은 언어 이전의 체험의 장으로 환원해 가기를 촉구한다. 술어적 명증이 가진 단적이고 소박한 성격을 넘어 선술어적 명증의 장인 체험의 구조로 환원해 들어간다. 그에게 있어서도 지눌에게서와 마찬가지로 체험과 표현의 묘합(妙合)이[56] 중요한 것이다. "모든 이론과 체계가 체험을 원천으로 하고 있고 또 체험에 이르게 하려는 것"[57]이 지눌의 입장임을 확인하는 것이 중요하다. 체험과 표현의 묘합을 겨냥하는 후설의 선술어적 환원을 무언어적 행보 혹은 침묵의 돌파로 이해해서는 안 된다. 후설은 언어 자체를 폐기하고 단적으로 언어 이전의 체험연관으로 환원해 들어갈 수 없음을 안다. 그는 언어는 이미 우리의 삶의 세계를 둘러싸고 있으면서 규정해 주는 지평으로 주어져 있음을 인정한다. 그럼에도 선술어적 환원을 방법적으로 요청하는 것은 모든 술어적 명증들에 대해 소박하게 집착해서는 안 되며, 동시에 술어적 명증은 바로 우리의 삶과 무관한 기호가 아니라 삶의 색인들인 생활세계적 명증에 토대를 두고 있기에 섣불리 떠나서도 안 된다는 것을 알려 주기 위한 수행적 방편이다.

선은 문자 이전의 차원에서 직접적으로 체험된다는 의미에서 초

---

55) 길희성, 위의 책, 83쪽.
56) 강건기, 위의 책, 330쪽 참조.
57) 강건기, 위의 책, 311쪽.

월성을 갖는다. 선체험은 문자적 표현 이전의 소리를 직접적으로 듣는 것에서 그 초월성을 가지는 것이다. 그러나 이 초월성은 언어나 논리 자체를 초월하여 논리적이고 언어적 표현으로 이해할 수 없는 아포리아를 몸으로 돌파하려는 극단적인 치선(癡禪)으로 치닫는 것은 바람직하지 않다. 그러므로 선(禪)체험의 초월성은 선(先)논리나 선언어 혹은 선개념적 경험의 직접성에서 길어내는 선경험의 무매개성을 지칭하는 것이다. 선에 관한 모든 학문적 사유는 바로 이러한 선경험의 직접성에서 그 근원을 찾지 않으면 안 된다. 언어 이전의 선체험의 직접성을 놓치지 않으면서도 선체험은 결국 언어적 표현을 실마리로 할 수밖에 없다는 아포리아를 지눌은 여실언교(如實言敎)의 메타포로 풀어 간다. 이러한 견해는 후설이 모든 술어적 명증을 선술어적 경험, 즉 원초적 경험의 지평들과 상호 맥락적으로 해명한 것과 유사하다. 언어적 표현으로 이해할 수 없는 아포리아를 풀기 위해 언어 자체를 단적으로 초월하는 치선의 위험성을 방어하면서, 서로 얽혀져 있는 언어적 표현과 언어적 표현 이전의 경험을 상호 맥락적으로 해명하여 그 아포리아를 풀어 가는 전략은 지눌이나 후설에게 공통적으로 발견된다.

　지눌은 문자 속에 진리가 있으리라는 망념하에 오직 문자에만 매달리는(貪求文字) 문자법사를 비판하면서도 한편 불립문자라는 전제 하에 오직 참선에만 매달리는 치선을 경계한다. 그의 여실언교는 바로 선수행에 있어서 언어적 논의의 필요성을 말하는 것이며, 책과 문자를 매개로 한 선체험의 필요성을 강조하는 것이다. 이러한 지눌의 생각은 '말로써 말을 없애려는' 인언견언(因言遣言) 전략을 닮아 있다. 이것은 개념적이고 분별적인 지식을 담고 있는 일상어(과학적 언어)에 매달리어 일상언어 이전에서 만나는 참된 경험의 세계를 망각한 전통에 대한 후설의 비판을 연상케 한다. 후설의 환원 역시 언어를 통한 환원이라는 점에서 언어적 환원이지만, 우리의 소박한 신념을 표현하는 일상어를 떠나 환원을 통해 망각된 생활세계적 언어를 복권하려는 점에서는 탈언어적 환원이다.

후설은 문자 속에서도 그리고 문자를 떠나서도 참다운 경험의 세계를 만날 수 없다는 사실을 강조한다. 그는 선술어적 경험의 참되고 근원적 명증(Urevidenz)에로 이르기 위해, 개념의 옷으로 입힌 술어적 경험에서부터 가장 단적인 경험에로 되돌아가야 한다고 강조한다. 이 가장 단적인 경험에로 돌아가기 위해 모든 표현들을 작용 못 하도록 조치를 해야 한다. 모든 언어적 분별심에 의해 망념지어진 차별상들을 작용하지 못하게 하고 가장 단적인 경험인 나의 경험으로 돌아가야 한다. 단지 성찰하는 나에 대해서만 타당한 단적인 경험에로 돌아가기 위해 모든 사람들에게 당연한 것으로 여겨져 온 모든 것들을 괄호 쳐야 한다. 모든 흑적 언어에 의해 개념적으로 객관화된 것을 괄호 치고 오직 나에 대해서만 타당한 것으로 돌아가야 한다. 온갖 개념적 차별상에 의해 일그러지기 이전의 가장 단적인 경험(schlichteste Erfahrung)에로 되돌아갈 것을 주문한다.[58]

그러나 아무리 단적인 경험에 관한 판단이라고 하더라도 이미 언어적 명칭을 사용하여 지칭할 수밖에 없다. 이미 언어공동체에 일반적으로 통용되는 언어로 대상을 지칭할 수밖에 없다. 즉 아무리 단적인 경험에 근거한 판단이라고 하더라도 이미 최초의 이념

---

58) Edmund Husserl, *Erfahrung und Urteil*, 56쪽 참조.

화가 일어날 수밖에 없다. 왜냐하면 이미 언어공동체에 의해 통용되는 대상으로 이념적으로 인식되기 때문이다. 가장 근본적인 의미의 주관적인 것에 대한 모든 연구 역시 세속적 의미와 세속적 의사소통적 의미를 지닌 언어적 표현에 의존할 수밖에 없는 한, 그 연구는 본질상 피할 수 없는 어려움에 봉착한다.[59] 그럼에도 불구하고 언어적 표현의 고유한 특징인 끈질기게 달라붙는 의미(sich aufdraengenden Sinn)를 멀리하도록 항상 새롭게 힘쓰지 않으면 안 된다. 나에게만 고유한 경험에로 돌아가기 위해 모든 여타의 경험들의 연관을 방법적으로 차단해 나가는 노력을 끊임없이 수행하지 않으면 안 된다. 이와 같은 후설의 철학적 수행방법은 말로써 말을 넘어서지 않으면 안 된다는 입장이며, 사태의 자기소여, 즉 진여의 실상은 모든 언설을 넘어서 있으면[離言眞如] 동시에 언설에 의존할 수밖에 없다[依言眞如]는 점을 강조한다.[60]

지눌의 여실언교(如實言敎)는 문자나 언어적 분별상에 집착하여 망념을 짓는 것을 경계하고 동시에 언어나 문자 자체가 깨달음의 방해물이라는 망념도 경계하라는 메타포이다. 후설 역시 술어적 명증, 즉 언어적 표현이 가지는 논리적이고 개념적인 명증성에 현혹되어 그 자체가 마치 진리의 담지자인 것처럼 믿는 것을 경계한다. 그러므로 후설은 일찍 공허한 언어분석의 위험성을 경고한 적이 있다. 언어 이전의 체험적 직관을 도외시한 채 언어 자체에 탐닉하는 단순한 언어주의적인 분석을 날카롭게 비판한다.[61] 그에게 있어

---

59) 같은 책, 58쪽 참조.
60) 峰島旭雄, 김승철 옮김, 『서양철학과 불교(佛敎)』, 황금두뇌, 2000, 183쪽 참조.
61) 에드문트 후설, 박만준 옮김, 『엄밀학으로서의 철학』, 37 - 38절 참조.

서 명증은 바로 대상 혹은 사태 자체의 자기소여이다. 즉 대상이나 사태가 있는 그대로 생생하게 주어지는 상황이 바로 명증이 실현되는 상황이다. 술어적 표현은 이미 개념적으로 옷이 겹겹이 입혀진 순전히 개념적 명증에 지나지 않는다. 그러므로 사태 자체가 있는 그대로 주어지는 사태적 명증(sachliche Evidenz)에로 되돌아가야 한다. 언어적 표현으로 추상화되기 이전에 우리에게 사태 자체를 주어지게 하는 지각의 명증을 모든 명증들의 근원적 양상으로 규정하는 후설의 입장은 단순한 연역적 추상이나 공허한 개념적 재현전화에 의해 굴절되기 이전의 체험연관으로 돌아가려는 것이다. 모든 판단의 명증 이전의 사태적 명증, 즉 판단하는 주체에 의해 사태 자체가 재단되어 분별화되기 이전에 사태 자체가 주체에 있는 그대로 여실하게 주어지는 혹은 주어지게 하는 상황으로 돌아가려는 입장이다. 모든 판단의 기체(基體)가 되는 사태 자체의 주어짐, 즉 사태적 명증성에 토대하고 있는 술어적 명증성은 결코 공허한 사념에 의해 망념 지어진 개념적 자명성이나 논리적 투명성으로서의 형식적 명증이 아니다. 이러한 사태 자체의 주어짐에 근거한 언어적 표현을 통한 지적 이해는 바로 지눌의 여실언교와 다름이 아니다.

모든 경험은 그 자체가 지평적 성격을 가진다. 술어적 경험과 선술어적 경험은 서로가 서로를 토대 지우고 토대 지워지는 지향적 관계로 얽혀 있다. 그러므로 단적인 나의 경험에로의 환원은 근본적으로 어려움을 안고 있다. 그럼에도 나에게만 타당한 경험, 즉 아무런 개념에 의해서도 매개되지 않은 근원적 영역으로 돌아가기를 힘써야 하는 것은 바로 언어에 매달림도 언어를 떠남도 모두 경험의 지평성을 망각한 선입견에 지나지 않음을 깨닫기 위한 방법적 수행이기 때문이다.

현상학적 의미의 명증성은 바로 "그것 자체(Es selbst)를 정신적 시선 속으로 가져오는 것이다."[62] 언어적 표현은 존재자 자체를 스스로 주어지게 하지 못한다는 성격을 갖는다. 그러므로 철학을 시작하려는 진정한 학자는 사태 자체를 그것 자체로서 나에게 현전하게 만드는 경험으로부터 길어내지 않은 어떠한 판단도 내려서 안 되며 혹은 타당한 것으로 간주해서도 안 된다.[63] 오직 나에 대해 명증적인 것으로 주어진 것, 즉 생생하게 체험된 것만을 받아들여야 한다. 온갖 언어적 차별상에 취해 망각한 언어 이전의 생생한 진리를 복권하고 이것으로부터 보다 높은 단계의 술어적 진술에로 이르는 철저한 성찰이 요구된다. 그러므로 후설이 선술어적 명증으로 돌아간다고 해서 자신만의 깨달음에 몰두하는 것은 아니다. 왜냐하면 단지 그 자체로 보다 앞선 인식에서 보다 뒤의 인식에로,[64] 보다 단순한 것에서부터 보다 복잡한 것으로 혹은 보다 단적인 직접적인 것에서부터 보다 파생적인 간접적인 것으로 나아가기 위한 방법적 계율(methodische Gebote)[65]에 지나지 않은 것이기 때문이다. 그러므로 후설은 술어적 명증과 선술어적 명증 사이의 지향적 정초관계를 해명함으로써 이 두 영역 사이의 경계는 한갓 인위적인 것에 지나지 않은 것임을 알려 준다. 그러므로 술어적 차원을 떠난 체험적 깨달음만 치중하는 선은 침묵만 지키는 어리석은 선

---

62) 에드문트 후설, 이종훈 옮김, 『데카르트적 성찰』, 49쪽.
63) 같은 책, 51쪽 참조.
64) 같은 책, 50쪽 참조.
65) E. Husserl, *Erfahrung und Urteil*, 69쪽 참조.

이고 선술어적 명증을 떠나 다만 문자적 명증만 찾는 것은 미친 지혜이다. 그러므로 지눌은 선정과 지혜의 지향적 정초관계를 잘 해명해 준다. 문자를 떠나되 문자를 떠남이 없고, 문자에 매달리되 문자에 매달림이 없는 진정한 깨달음의 길을 열어 보인다.


## 8. 묘용(妙用)의 메타포

돈오점수와 정혜쌍수(定慧雙修)를 정당화하기 위한 지눌의 형이상학적 원리는 바로 그의 진심체용론(眞心體用論)에 있다. 지눌은 정통화엄의 논리에 힘입어 자신의 체용론을 구성한다. 특히 지눌의 체-용전략은 바로 화엄의 이사무애의 논리에 근거를 두고 전개된다. 특히 능소(能所) 대립의 이원론적 도식을 허물기 위한 화엄의 체-용메타포는 지눌의 진심구조 해명에 지대한 영향을 미친다. 그러나 지눌이 보기에 정통화엄은 전통적인 이원론적 도식을 극복하기 위한 충분한 메커니즘이 아니다. 지눌은 화엄이 지나치게 空의 논리에 집착하여 모든 주관성 자체를 폐기하는 것에 대해 반론을 제기한다. 지눌은 병(甁)을 비우라는 주문을 병 자체를 없애버리라는 주문으로 잘못 들은 화엄의 공-이데올로기를 극복하기 위해, 주관성에 관한 체-용의 내재적 통일성을 강조한다. 그리고 화엄의 상즉-상입의 전략이 불가피하게 빠질 수밖에 없는 주-객 이분법적 아포리아를 묘용(妙用)의 역동적 메타포로 극복한다. 모든 주관성의 자성(自性) 자체를 폐기하고 거대한 존재론적 그물(인드라망)로 해체함으로써, 주관성 자체를 상실하는 정통화엄의 논리는 결국 주관성에 대한 믿음을 상실하게 만들고, 이는 결국 깨달음의 주체를 상실하고 나아가서는 부처와 범부의 내재적 동일성의 토대를 상실하게 만들어 버린다. 지눌이 이처럼 상즉-상입의 무애의 논리에 근거하여 존재론적 통합의 형이상학을 구축한 정통화엄을 비판하고 주관성에 대한 믿음과 이에 근거한 상호주관성의 구성으로 확장해 가는 것은 하이데거에 의해 주관성철학이 성급하게 존재론으로 전환되기에 앞서, 상호주관성의 지향적 구성에 관심을 가졌던 후설과 궤를 같이한다.66) 지눌은 연기론을 강조하는 정통화엄에 대해 성기론(性起論)을 제기한다. 이 점은 바로 지눌을 정통화엄을 뛰어넘게 만드는 점이다. 이에 대한 근거를 제시하고 있는 심재룡

---

66) 우리는 이런 맥락에서 지눌의 진심론을 선험철학의 지평에서 읽어도 좋을 것이다. 특히 불교를 선험철학적 지평에서 해석한 김진 교수는 칸트의 요청적 사유방법을 채널로 불교의 본질을 선험철학적 개념틀로서 새롭게 읽는다. 그는 칸트의 요청적 사유방법이야말로 불교의 본질에 접근하는 역동적인 채널일 수 있다는 사실을 강조한다. 이에 대해 한자경 교수는 칸트의 요청적 사유방법은 불교의 본질과는 양립할 수 없는 서구적 개념틀이라는 관점에서 비판을 제기한다. 특히 자아론과 관련하여 오온이 화합의 현상적 자아 배후에 참된 자아를 요청개념으로 설명하는 김진 교수에 대해 한자경 교수는 석가의 주장을 요청으로 설명하려는 것은 석가를 범부의 수준으로 오독한 결과라고 강조한다. 필자는 이 대립된 두 입장에 대해 구체적인 언급을 유보한다. 다만 후설과 지눌의 수행적 유대성을 확인하기 위해 지눌의 진심론을 선험철학적 자아론으로 읽어 온 필자의 입장은 김진 교수의 선험철학적 해석에 동조한다. 그러나 칸트의 요청개념이 자신의 철학적 구상을 체계적으로 완성하기 위한 하나의 방법론적 가설로서 — 비록 규제적 이념의 원리라 하더라도 — 위로부터 요청된 것이라면, 현상학적 개념군으로 지눌을 선험철학적으로 해석하려는 필자의 입장과는 거리가 있다. 후설에게는 칸트의 요청은 체계구축을 위한 숨겨진 가설로 보이기 때문이다. 또한 후설과 지눌은 모든 사변적 체계 이전의 구체적 체험으로 돌아가는 수행적 행보를 함께 걸어가고 있기 때문이다. 그리고 불가적 사유와 요청적 사유를 양립 불가능한 것으로 읽는 한자경 교수의 불교읽기는 본 글의 주제와는 거리가 있다. 특히 지눌은 결코 마음 자체를 부정하는 선불교적인 도박을 하지 않는다. 현상적 자아의 배후에 참된 자아를, 비록 체계구축의 원리로서 요청할 수는 없다고 하더라도, 현상적 자아를 실마리로 하여 드러내어야 할 요청된 자아일 수밖에 없다. 이 요청된 자아를 진정한 깨달음을 위한 규제적 원리로 해석하려는 김진 교수의 논증이 설득력을 갖는다면, 모든 유형의 요청개념을 불교적 사유에 반하는 것으로 읽은 한자경 교수의 입장은 지눌의 진심론을 현상학적·선험철학적 자아론으로 읽으려는 필자의 의도와는 거리가 멀다. [김진 교수의『칸트와 불교』(철학과현실사 2000)에 대해 한자경 교수가『오늘의 동양사상』, 제3호(예문동양사상연구원, 2001. 3)에 서평에 대한 김진 교수의 반론『철학비평』, 제6호(세종출판사 2001. 6)를 읽고 난 후의 필자의 입장을 제시한 것이다]

의 말을 인용한다.

······'연기'설은 중생의 망상과 부처의 깨달음 사이의 틈을 메우기 위해 동일시와 상입이란 매개적인 개념적 도구를 필요로 한다. '연기'의 이론은 인드라망의 수많은 보석처럼 상이한 실체들이 있다는 무언(無言)의 가정을 기초로 하지만, '성기'(性起)는 겉으로 보기에 다른 수많은 사건들이란 자기동일실체(體), 즉 마음의 근원에서 일어나는 작용(用)에 지나지 않는다는 것을 깨달음으로써 수많은 사건들 사이의 모든 관계를 거부한다. 자신의 본성 또는 순수한 마음(淨心)에서 깨달음이 자발적으로 일어남을 확인하기 위해, 지눌의 성기설이, 불성의 성취를 자기 본질적 상품(本性) 밖의 무엇인 것으로 생각하는 연기설보다 우위에 두어졌음이 틀림없다. 지눌이 명시하려는 것은 성기설의 실천적 잠재력(practical potency)이 연기설의 그것보다 우위에 있다는 것이다.67)

부처와 범부가 다르지 않음을 대승적 믿음의 핵심으로 여기는 지눌은 진심의 묘용 – 메타포가 어떤 형태로든 이분법적 양상을 띠어서는 안 된다는 점을 강조한다. 모든 것이 마음의 내재적 생성임을 강조하여 오직 마음이 부처임을 드러낸다. 진심을 체의 관점에서 읽으면 진여이요, 용의 관점에서 읽으면 생멸이다. 체 – 용은 진심의 같으면서도 같지 않은 두 얼굴이다. 用은 體의 내재적 생성에 지나지 않기 때문이다. 정통화엄의 연기설은 체가 인(因)이 되어 용이 그에 연(緣)하여 수반되는 현상으로 읽는 데 반해, 지눌은 체가 어느 한순간에 특수한 형태(용)를 취함으로써 하나의 사물을 묘하게 이룰 뿐이기에 체 – 용을 본질적으로(intrinsic) 하나로 읽는다.

우리는 지눌의 체 – 용메타포에 묻어 있는 체용의 내재적 관계를 후설의 현상학적 지향관계로 읽을 수 있다. 지눌이 정통화엄의 주

---

67) 스티브 오딘, 안형관 옮김, 앞의 책, 152에서 재인용.

관성 상실을 극복하면서 동시에 이분법적 구도를 넘어서려는 사실은 바로 후설의 현상학적 자아론과 궤를 같이한다. 후설은 주관과 객관의 대립 이전의 절대적 흐름으로서의 진정한 자아를 회복하여, 이 자아의 얼굴에서 진여와 생멸의 두 모습을 함께 읽은 서양의 대표적인 체－용론자이다. 정통화엄의 상즉－상입의 전략이 어차피 주－객 분리의 전제에 붙들려 있고, 무주관적인 존재론적 통합성이 주관성의 상실을 가져왔다는 지눌의 해석에 동의한다면, 우리는 전통적인 자아론의 이분법적 구도를 넘어서면서도, 한편 주관성 철학을 성급하게 존재론적으로 탈색시키지 않으면서 이 둘 사이의 경계를 자유자재로 넘나드는 역동성을 후설의 자아론에서 확인할 수 있다. 지눌의 체－용메타포는 후설에 있어서 '층(Schicht)－메타포'로 나타난다. 후설은 선험적 자아와 경험적 자아의 관계를 서로서로 지향적으로 토대 지워 주는 관계로 해석한다. 이 두 자아는 서로 층을 지어 구분되지만, 어디까지나 서로를 토대 지워 주는 상호 맥락적 층구조를 이룬다.

지눌이 주관과 객관을 넘어 상호주관적 지평을 열어 보임으로써 대승적 실천을 완성하는 데 궁극적 목적을 두고 있듯이, 후설 역시 상호주관성의 회복을 통한 인류구원의 실천으로 나아간다. 그러므로 "현상학은 우선 자기 자신에 대한 철저하고 실존적인 자기성찰이고, 동시에 인류의 담당자로서 철학하는 자들인 우리들 속에서 수행되는 인류 일반에 대한 스스로의 성찰이다."[68]

일체의 심리적 자아를 폐기하고 마치 하나의 수학적 공리와 같은 아르키메데스적 기점에 도달할 수 있을 것이라는 데카르트에서

---

68) 알빈 디머, 조주환·김영필 옮김, 『에드문트 후설』, 이문출판사 1994, 477쪽.

칸트로 이어지는 자아론적 환원론은 참마음의 본체와 작용 사이의 미묘한 관계를 사태에 맞게(sachlich) 읽는 데는 실패하였다.[69] 마치 양파 껍질을 벗기듯이, 경험 – 심리적 자아를 추상하고 나면, 그 안에 내(실)재하는 선험적 자아를 발견할 것이라는 근대적 추상은 심리적 자아와 선험적 자아의 드러난 표면과 잠재된 심층의 관계를 적대적 관계로 읽었다.[70] 철저한 현상학적 판단중지를 통해 수행한 자는 안/밖, 내재/초월, 경험 – 심리적 자아/선험적 자아로 평행을 이루어 왔던 근대적 이분법이 한갓 알량한 이성에 의해 망념 지워진 것에 지나지 않음을 증득한다. 물론 이러한 판단중지는 철저한 자기성찰의 과정을 거쳐야 할 것이며, 단지 추상적으로 편견 없는 자가 되려는 일반적인 의지만으로는 오래된 편견을 없앨 수 없다.[71] 철저한 자기성찰을 수행하지 못하는 근대적 환원주의자들은 경험 – 심리적 자아의 저편에 선험적 자아를 논리적으로 구축하려는 시도를 포기하지 않으며, 이것은 결국 인위적 추상에 탐닉하여 우리로 하여금 신화적인 자아개념에로 빠져들게 한다. "선험적 주관성을 영혼으로부터 구별하자마자 [이 양자 사이의 묘합(妙合)을

---

69) 데카르트 – 칸트의 연역적 추상론자들의 환원은 초월(穢土)의 세계를 추상하고 내재(淨土)의 세계를 구축하기 위한 아르키메데스적 기점으로 요청한다. 반면예 후설의 환원은 초월과 대립해 있는 내재 자체를 넘어 이 양자가, 마치 전경 – 배경처럼, 맞대고 있는 생활세계를 열어 보이기 위한 수행적 방편이다. 그러므로 우리는 예토를 추상하고서 정토를 구할 수 있다는 근대의 환원론을 소승적 방편으로, 그리고 정토와 예토가 마치 전경 – 배경처럼 하나로 엉클어져 있음을 깨닫기 위한 후설적 환원을 대승적 실천으로 읽어야 한다. 왜냐하면 후설은 초월을 떠나 내재를 학적 체계를 구축하기 위한 방법적 공리로서 요청하는 근대 환원론자들과는 달리, 내재와 초월은 단지 원리상으로만 분리 가능할 뿐, 이미 하나의 텍스트로 엉클어져 있음을 깨닫기 위한 환원적 수행을 시도하기 때문이다. 즉 후설의 환원을 통해 정토/예토, 내재/초월, 부처/범부, 진여/생멸, 유토피아/디스토피아가 하나의 텍스트로 짜여 있음을 단적으로 깨닫기 위한 수행이다. 이런 점에서 우리는 후설과 지눌은 수행의 동반자라는 사실을 확인할 수 있다.

70) 에드문트 후설, 이종훈 옮김, 『유럽학문의 위기와 선험적 현상학』, 166쪽 참조.

71) 같은 책, 166쪽.

인식하지 못하고1 우리는 이해할 수 없는 신화 속으로 빠져들게 된다.”72) 이것은 결국 내재와 초월 자체를 초월하여 모든 경계 자체를 자유자재로 넘나들 수 있는 ‘초월의 초월’과 ‘절대의 절대’의 경지에 이르기까지의 자기성찰을 결여한 데서 비롯된다. 철저하지 못한 소박한 근대의 주관주의는 경험–심리적 자아 바깥에 또 하나의 선험적 자아를 정초함으로써 내재와 초월이라는 낡은 망념에서 자유롭지 못하다. 내재와 초월은 내재와 대립된 초월 자체까지도 초월하여 열려진 절대적 자아의 묘용에 지나지 않음을 증득한 현상학자의 시선은 마냥 자유롭다. 현상학자의 철저한 환원은 전통적인 주–객의 경계 자체를 초월하여 스스로 어떤 경계에도 구속되지 않는, 즉 경계를 경계로 인식하고 그 경계로 인해 잘못된 편견을 갖지 않는 진정한 자유를 가능하게 한다. 표층과 심층이라는 상관적 영역을 자유롭게 넘나들 수 있는 진정한 해탈을 얻은 자의 모습을 ‘현상학적으로 성찰하는 자’에게서 발견할 수 있다. 자아가 세속적으로 살아가면서도 항상 자기동일적인 판단을 내리고 전적인 인격적 변화가 가능한 것은 바로 무시이래 오랫동안 습득된 선험적 자아의 불변적 성격을 가지고 있기 때문이다. 후설은 이런 이유에서 자아를 습득성(Habitualität)의 기체로 규정한다. 후설이 자아를 공허한 동일극으로 규정하지 않고 흐름 속에서 구성되는 구체적 동일성으로 규정하는 것은 元曉의 일심이문(一心二門)의 탁월한 전략과 궤를 같이하고 있다. 참된 마음을 진여와 생멸의 관점에서 읽은 원효의 전략은 선험적 자아와 경험적 자아가 다만 환원 이전과 이후에 읽힌 동일한 자아임을 강조한 후설의 입장과 유사

---

72) 같은 책, 164쪽.

하다. 지눌은 참마음의 본체와 작용의 관계를 마음이 온갖 경계를 따라 구르니, 구르는 곳에 진실로 신비롭다. 흐름을 따라 성을 알면 기쁨도 없고 근심도 없다.[73]

일상의 모든 행동은 진심의 묘한 작용(妙用)의 나타남이기에, 일상을 떠난 참된 자아도 따로 없고 본체를 떠난 일상적 자아도 따로 없다. 생멸의 문을 떠나 진여의 문이 따로 없고 진여의 문을 떠난 생멸의 문이 따로 없기에, 생멸과 진여의 경계를 자유자재로 넘나들 수 있다. 그러기에 일상생활에 미혹하지 않기에 자연히 자유자재하여 걸림이 없는 것이다.

그러므로 상(相)으로 본다면, 진심의 본체와 작용은 하나가 아니고 성(性)으로 본다면 다른 것이 아니다. 이 본체와 작용의 미묘한 관계를 후설은 의식의 '현실성/잠재성'이란 메타포로 정의한다. 의식이 능동적으로 활동하는 측면에서 읽힌 자아는 경험 - 심리적 자아이고, 잠재적이고 수동적인 측면에서 읽힌 자아는 선험적 자아이다. 후설은 이 두 자아의 관계를 "하나이면서 하나가 아니고, 둘이면서 둘로 되지 않고 이 유일성은 하나로 남아 있는"(das eins nicht als eins, sondern als zwei ist, und doch nicht zwei wird, sondern gerade dieses Einzigarte eins bleibt)[74] 관계로 표현한다.

지눌은 진심을 체용의 관점에서 읽음으로써, 전통적인 단견과 상견을 극복하여 모든 이전의 선입견으로부터 진정으로 자유로워지려고 한다. 그런 만큼 진심에 관한 한 본심과 색신의 대립은 오히

---

73) 김달진, 위의 책, 114쪽(心隨萬境轉 轉處實能幽 隨流認得性 無喜亦無憂(『眞心直說』, 「眞心妙用」).

74) J. M. Broekman, *Phänomenologie und Egologie*(Phaenomenologica12), 120쪽.

려 이 대립을 넘어서기 위한 하나의 방편으로 취하여야 한다. 지눌은 본심과 색신의 이원적 대립 자체를 무조건적으로 전통의 산물로 폐기하는 것이 아니라 오히려 이원적 대립을 그것을 넘어서기 위한 방편으로 삼는다. 즉 이원적 관점을 몸과 마음을 분별하지 않는 높은 진리로 사람들을 인도하기 위한 하나의 방편으로 삼는다는 것이다. 지눌에 의하면, 단경(檀經)은 도를 공부하는 사람들이나 속인들로 하여금 자기 몸의 듣고 보는 성품을 반조하여 진여를 깨닫게 한다. 그런 연후에 비로소 신심일여의 비밀을 알게 한다. 만약 단경이 이러한 좋은 방편이 없이 곧바로 몸과 마음이 하나라고 한다면, 출가하여 도를 닦는 사람들조차도 의심을 품게 될 것이다. 왜냐하면 자기 눈으로 몸의 무상함을 보기 때문이다.

전통적인 이원론, 즉 경험적 자아와 선험적 자아를 철저하게 대립시킴으로써, 소박한 객관주의와 독단적인 선험주의가 날카롭게 대립되어 왔던 잘못된 편견을 극복하기 위한 후설의 입장 역시 모든 유형의 이원론적 관점을 폐기시키지 않는다. 철학이나 논리학을 심리학의 아류로 규정했던 심리학주의에 대한 반동으로 시작한 현상학적 사유는 심리학과 선험철학을 날카롭게 대립시킴으로써, 진정한 선험철학을 정초하지 못하는 실수를 범하지 않는다. 그는 오히려 자아에 관한 한, 심리학과 선험철학이라는 이원적 관점을 긍정적으로 받아들인다. 그러나 이원적 관점을 진정한 선험철학으로 나아가기 위한 하나의 방편으로 삼는다. 선험철학이 어떻든 심리학과 관계를 갖지 않을 수 없고, 선험적 자아 역시 심리적 자아에 발판을 두고 있는 이상, 하나이면서 둘인 이 미묘한 관계를 인정하지 않을 수 없는 것이다. 만약 경험적 자아와 선험적 자아가 차이성도 갖지만 우선 동일성 역시 갖는다면, 선험철학의 심리학적 연관성을 옳게 이해하고 나아가 진정한 의미의 심리학적 현상학을 정초하는 데로 나가야 한다. 이와 같은 현상학적 전략은 그 방법론적 측면에서 지눌의 심성론과 궤를 같이한다.

인간이 어차피 객관적 세계 속에서 영적 자아로서 다른 인간이나 동물들과 함께 살아가는 존재라면, 인간에 관한 심리학적 연구는 선험철학의 적극적인 발판으로서 기능을 한다. 모든 심리적 연관성을 걷어내고서야(이것은 사실 불가능함에도 불구하고) 선험적 신천지가 열릴 것이라는 전제하에서 출발한 근대 선험철학은 결국 심리적 자아와 선험적 자아의 관계를 불가사의한 수수께끼로 만들어 놓았다. 이것을 풀어내는 유일한 방편은 심리적 자아를 실마리로 하여 그 속에 함축되어 있는 자아의 선험적 얼굴을 다시 그려내는 일이다. 심리학과 선험철학 사이의 불가분적인 상관성이 비록 명백하지는 않지만 강렬하게 느껴지기 때문에, 이를 발판으로 삼아 진정한 선험철학의 이념을 실현하는 것이 바람직한 것이다. 심리학과 선험철학의 유대성을 발견하기 위해 현상학적 환원의 방편을 취하여 진정한 자아의 얼굴을 다시 읽어내려는 현상학적 성찰은 결국 심리적 자아는 선험적 삶의 묘용으로 나타난 것에 지나지 않는다. 따라서 심리적 자아와 선험적 자아는 결국 환원 이전 혹은 이후에 읽힌 동일자의 다른 두 얼굴에 지나지 않는다. 현상학적 환원의 이후에 읽힌 자아는 선험적 자아이고, 이전에 읽힌 자아는 그 선험적 자아가 구체적으로 기능하는 자아인 경험적 자아이다.

지눌은 고요하고 변함이 없는 진심의 체가 동시에 우리가 일상생활에서 경험하는 모든 특수성과 차별성에 따라 역동적으로 변하는 측면을 동시에 가지고 있음을 강조한다. 진여를 생멸과 무관하게 실재하는 것으로 사변적인 방식으로 추상하는 어리석음에 연유하여 생사윤회의 고통에서 헤어나지 못하는 어리석음을 넘어 이 세계 자체가 곧 진여의 역동적 묘용에 지나지 않기에 생사 자체가 열반이요, 번뇌가 곧 열반임을 증득하는 지혜를 강조한다. 이는 마치 일상을 살아가는 생활세계 속의 자아가 바로 선험적 삶의 구체적 양상임을 강조한 후설의 생활세계적 환원의 길과 유사하다.

이러한 지눌의 미묘한 체－용 전략이 지극히 현상학적임은 다음의 사실에서도 드러난다. 일체의 대상세계를 무효화하고 선험적 의식으로 환원하여 아무런 내용이 없는 하나의 공리와 같은 자아를 추상하는 데카르트적 환원이 '백색 신화'[75]를 대변한다면, 동시에 모든 객관적 세계의 근원인 주관성 자체를 폐기하고 소박하게 대상세계의 객관적 명증에 천착하는 객관주의적 아집은 결국 색집의 이데올로기를 대변한다. 이러한 잘못된 자아관을 허물기 위한 후설의 현상학적 환원은 모든 대상세계의 구체적 확실성을 폐기하지 않고 있는 그대로 반영하는 명징한 거울과 같은 순수의식을 열어 보이기 위한 전략이다. 이는 공과 색(유)을 초월하여 공과 색의 어디에도 구속당하지 않으면서 이 양자를 매개하는 현상으로서의 세계를 열어 밝히는 현상학적 전략이다. 즉 현실과 의식을 모두 떠나지 않으면서 그 어디에도 묶이지 않는 진정한 자유의 마음을 열어 밝히는 현상학적 전략은 공과 색의 이제설을 현상(Phänomen)으로서의 세계를 통해 화해하는 전략을 구성한다. 즉 환원에 의해 개시된 지향성은 그 스스로 공적한 공의 지평이요, 무명과 생멸에 연하

75) 이 '백색신화'에 대한 개념적 논의는 Ⅷ장 각주13)을 참조.

여 의식의 다양한 작용들에 의해 구성된 지각의 세계가 수연용에 의한 대상세계이며, 이러한 다양한 대상세계를 떠나 '현상'으로서 존재하는 본질의 세계는 자성의 불변하는 용에 의한 동일성의 세계이다. 이러한 후설의 전략은 근대 이후 가속화된 이분법적 대립을 화해의 장으로 끌어들이는 역동적 채널이다.

## 맺음말

우리가 후설과 지눌의 사상적 맥락이나 수행 구조의 유사성을 발견하기 위한 실마리는 양자가 다 같이 마음의 근원적 구조로 되돌아가서 모든 것을 거기에서부터 다시 길어낸다는 사실이었다. 후설의 환원이나 지눌의 회광반조의 방편은 모든 실재가 여실하게 드러나는 밝음의 장을 열어가기 위한 수행적 방편이다. 모든 방법상의 대립을 초월하여 사태 자체가 '있는 그대로', '如實하게' 주어지는 근원적 경험의 장을 열어 보임으로써, 모든 이원적 대립은 결국 이 근원적 경험의 장으로까지 확장해 들어가지 못한 것에 연유한다는 사실을 밝혀 나가는 공통성을 가진다. 그러나 우리는 후설의 전략이 존재 자체의 실상인 근원적 경험을 충분히 드러내는 데 실패했다는 이유로 현상학적 사유는 결국 禪的 사유의 문턱에서 좌절하고 만 것이라는 판단을 내리는 데 익숙해져 있다.

그 이유는 대개 다음과 같다. 후설에 있어서 사태 자체는 항상 의식적 체험 **속**의 현상으로만 주어지기 때문이다. 후설이 말하는 '현상', 즉 사태 자체의 소여는 결국 체험된 존재에 지나지 않기에 이미 의식의 의미부여나 지향에 의해 존재 자체가 굴절되어 나타나는 것에 지나지 않는다. 그러므로 후설의 현상학적 사유는 근대 과학적 사유의 대부로서 존재의 실상에는 이르지 못하는 전통적인 주관성의 철학에 머무르고 있다. 현상은 의식적 현상이고, 항상 선험적 주관성의 지향작용에 의해 지향된 대상일 뿐이기에, 그 현상의 이면에는 여전히 존재 자체를 숨기고 있다. 그러므로 의식의 명증에 호소하여 존재 혹은 사태 자체의 명증성을 드러내기에는 너무나 길이 멀고 험하다. 의식은 결코 존재나 실재 자체를 있는 그대로 비추는 밝음의 장일 수 없는 굴절의 메커니즘이다. 왜냐하면 존재는 이미 의식의 지향에 의해 구성된 대상존재이고 의미존재이기 때문이다.

물론 후설 역시 의식은 결코 존재 자체를 드러내는 근원적 경험이 될 수 없다는 사실을 인정한다. 이런 점에서 후설의 현상학적 사유를 섣불리 선적 사유와 비교하려는 태도는 성급하고도 위험한, 그러면서도 승산 없는 내기에 지나지 않는다고 비판한다. 그러나 후설은 선험적 의식이 존재 자체를 있는 그대로 비추는 거울은 아닐지라도 존재 자체가 있는 그대로 현현할 수 있는 생생한 채널임을 부정하지 않는다. 왜냐하면 의식은 다른 존재에 비해 절대적 경험이기 때문이다. 그는 다만 이 선험적 주관성의 영역을 우선적으로 열어 보임으로써, 이 의식의 영역에 떠오르는 현상을 보다 근원적인 경험의 영역을 열기 위한 가장 우선적인 실마리[76] 혹은 범례(Exempel)로 취한다. 이것은 의식의 지평에 떠오르는 현상을 가능

---

76) 란트그레베는 이런 점에서 후설의 방법을 '실마리의 방법'(Methode der Leitfaden)이라 규정한다(L. Grebe, *Der Weg der Phänomenologie*, Gütersloher Verlagshaus, Gerd Mohn, Gütersloh, 1967(2. Auflage), 35쪽).

하게 하는 보다 근원적인 지향성의 장을 열기 위한 단계적 방편이다. 의식 이전의 근원적 사태가 지닌 명증성을 열어 보이기 위한 현상학의 전략은 우선 의식에 떠오르는 현상을 실마리로 삼는다. 왜냐하면 이 현상은 그 자체가 근원적 현상은 아닐지라도 근원적 현상을 지평으로 하여 의식의 전면(前面)에 떠올라 있는 것이기에 근원적 현상을 주제화하기 위해 필연적으로 열어야 할 장이기 때문이다. 말하자면 의식은 이 의식의 배경으로 이미 주어져 있는 근원적 사태로 확장해 나가기 위한 선험적 전초기지인 셈이다. 물론 의식은, 그것이 아무리 순수한 의식이라 하더라도 실재를 여실하게 그려낼 수 있는 근원적 경험의 장은 아니다. 실재의 소리를 여과 없이 들을 수 있는 밝음의 장이 아니다. 하지만 이 근원적 경험은 그 스스로 아무런 흔적을 남기지 않는 공의 지평이기에, 이 지평을 열어 밝히기 위한 방편으로서 선험적 주관성에로의 환원은 필수적이다.

그러므로 후설은 사태 자체에서 보내오는 메시지를 듣기 위해 순수한 의식인 선험적 주관으로 돌아간다. 그리고 그 의식에서 만나는 사태 자체의 소여를 단적으로 붙들기 위해 주관의 지향성 이전의 근원적 지향성인 의식흐름에로까지 지향성을 확장해 간다. 모든 주관에 의한 지향의 시선이 일어나기 이전에 수동적으로 흘러온 의식류로까지 지향적 분석의 영역을 확장해 간다. 모든 주관적 지향을 토대 지우고 있는 이 근원적 지평 – 지향성에로까지 확장해 감으로써, 주관 – 객관, 지향 – 지향된 것, 노에시스 – 노에마의 경계를 허물어 간다. 후설은 이러한 이분적 분화 이전의 근원적 사실(Urfaktum)을 지향적으로 해명함으로써, 진여의 실상을 알리는 존재의 부름에 응답하는 선적 수행의 길을 열어 보인다. 그는 모든 '주관'이라는 이름으로 포장된 자아를 벗기고 의식흐름 자체로까지 철저하게 허물어 감으로써, 이제 의식과 존재 사이의 베일을 넘어 몸을 채널로 이루어지는 의식과 존재의 교섭을 주제화한다. 대상을 자신의 낯선 손님으로 맞아야 하는 '주관'이란 이름을 가진 의식이 아니라, '주관'이란 이름을 갖기 이전의 익명적 장인 의식의 흐름에 자유롭게 조응하는 선적 수행의 길을 열어 보인다. 이 의식흐름으로서의 지향성은 모든 의식의 지향시선이 발하기 위한 지평이며, 주관의 지향에 의한 존재구성이나 의미부여의 작용이 일어나기 이전부터 수동적으로 '기능하는 지향성'(fungierende Intentionaliät)이다. 우리가 지향성을 주관에 주어진 특정한 주도권으로 인정하지 않고, 또한 주관의 속성으로 규정하지 않고 지향성은 바로 선험적 주관의 다른 이름이라는 사실을 인정할 경우 동시에 주 – 객 이전에 기능하는 수동적 지향성을 인식할 경우, 이제 몸과 마음은 다만 명칭상의 구분에 지나지 않을 뿐이다. 후설이 열어 보이는 생활세계는 이제 몸으로 만나는 지각의 세계이다. 지눌 역시 진심의 묘용을 '흐름'으로 표현한다. "마음이 수많은 곳을 따라 흘러 굴러가되 가는 곳마다 참으로 그윽할 수 있다. 흐름을 따라 성을 인식할 수 있으면 기쁨도 슬픔도 없다."[77] 흐름에 따라 자유자재로울 수 있음은 바로 이 흐름에 따라 진심의 체를 알 수 있기 때문이다.

현상학적 환원은 모든 주체의 분별작용이 일어나기 이전에 이미 사물과 하나로 엮여져 있는 무분별의 장으로 우리의 시선을 옮겨가는 수행이다. 분별작용의 주체를 끝없이 허물어 갈 때 최종적으

---

77) 길희성, 위의 책, 129쪽.

로 만나는 무분별의 장은 바로 생활세계의 아프리오리(Apriori)이다. 이것은 바로 주체의 분별작용을 단절하고 분별의 주체를 지속적으로 무화(無化)하면서 열리는, 즉 분별적 주체가 고개를 들고 지향을 일으키면 곧 배경으로 가라앉아 버리는 공의 지평이다. 모든 분별작용의 배경으로 주어져 있으면서 모든 분별작용의 지평이 되는 무분별의 장인 생활세계의 아프리오리는 이제 더 이상 주체와 객체, 안과 밖, 내재와 초월, 진여와 생멸, 무분별과 분별 자체도 초월하는 절대지평이다. 우리는 이러한 맥락에서 후설의 철저한 주관주의와 정초주의를 지눌의 진심회귀론(眞心回歸論)과 궤를 같이하는 것으로 규정하고, 이 양자의 사유방편을 동일 지평 안에서 조우하게 하였다.

그러나 이와 같은 유사성을 후설과 지눌에서 확인하는 작업을 통해 드러난 이 양자 간의 차이점 역시 간과해서는 안 된다. 지눌은 화엄의 이론과 선의 실천을 회통하는 화해적 형이상학을 구축한다. 이런 맥락에서 그는 화엄의 현학적인 이론적 체계를 단순화하여 선적 실천을 위한 교화적 방편으로 삼는다. 지눌은 이론적 반성과 개념적 성찰을 아무리 강조한다고 하더라도 어디까지나 깨달음을 위한 방편으로 여긴다. 그러므로 지눌의 화해의 형이상학에는 선적 수행에 비해 상대적으로 지적 이해와 개념적 – 분석적 성찰이 충분히 드러나지 않는다. 그리고 후설의 경우 우리가 후설의 현상학적 환원을 선적 수행으로 읽는다고 하더라도, 그의 사유 속에서는 어쩔 수 없이 깨달음을 위한 실천론(Praktik)이 이론적 – 개념적 기술(Deskription)에 비해 상대적으로 빈약할 수밖에 없다. 후설이 만년에 그의 유고로 남긴 『유럽학문의 위기와 선험적 현상학』의 「부록」

에서 임밀학으로서의 철학의 꿈이 깨어졌다고 고백하는 것은 자신의 지금까지의 사유 속에서 충분히 숙성되지 못했던 깨달음 이후의 실천적 수행을 향한 외침으로 들어야 한다. 물론 이러한 스승의 외침을 하이데거는 선적 수행을 위한 자신의 철학함으로 더욱 철저하게 전개시켜 나간다.

그리고 이미 앞에서 지적한 바와 같이, 후설과 지눌 사이에는 뛰어넘을 수 없는 간격이 있다. 지눌의 사유가 철저하게 내면성을 향한 행보라고 한다면, 지향성을 채널로 한 후설의 사유는 결국 '지향적 대상'이란 이름의 초월자를 의식의 대립자로 설정할 수밖에 없는 소박한 선험주의자에 머물고 있는 것이다. 그러나 우리는 이 글에서 후설에 관한 통상적 이해를 넘어서 후설의 순수의식을 내재와 대립해 있는 초월이 아니라 이 초월 자체까지도 초월한 '초월의 초월로서의 절대자'로 읽어 왔다. 그러므로 후설의 순수자아론과 지눌의 진심론 사이에 통상적 해석이 남겨놓은 경계를 허물 수 있는 가능성을 탐색해 온 것이다. 우리는 지눌의 진심론을 통상적으로 읽을 경우에 자칫 빠질 수 있는 유아론적 딜레마를 논박할 수 있는 논거를 후설의 자아론적 성찰 속에서 마련할 수 있다. 극단적인 내면성의 철학이 빠져들 수 있는 유아론적(唯我論的) 딜레마를 후설의 상호주관성에 대한 지향적 분석을 통해 피할 수 있다. 만약 성급하게 주체 자체를 철학의 이단아로 배제시키지 않고 모든 철학함의 절대적 단초로 설정해야 한다면, 우리는 지눌에게 충분히 전개되고 있지 못하는 진심에 관한 이론적 – 체계적 분석의 메커니즘을 후설의 상호주관성 이론을 통해 보완할 수 있을 것이다. 이런 점에서 우리는 후설의 지향성 – 메타포를 지눌의 진심론과 마찰되는 근대적 자아론의 구성적 메커니즘으로 읽지 않고, 오히려 지눌의 진심론이 빠져들 수 있는 근대의 유아론적 딜레마를 극복할 수 있는 역동적 메커니즘을 읽어 온 것이다. 후설의 지향성을 단순히 주체의 작용 – 지향성을 읽는 대신 자기창조적인 기능하는 지향성을 읽음으로써, 지눌의 진심 – 체용론에 함축되어 있는 핵심을 새롭게 이론적 성찰의 주제로 삼을 수 있는 가능성이 마련될 것이다. 이 가능성 안에서 후설의 이론적 실천과 지눌의 실천적 이론이 하나의 텍스트로 태어난다.

그리고 동시에 현상학적 개념틀이 가진 내재적 한계 때문에, 자아의 실상에 단적으로 접근할 수 없는 지평을 열어줄 수 있는 역동적 메타포를 지눌에서 찾을 수 있다. 지눌의 체용론은 서양의 오래된 이분법적 도식인 본체(본질)/현상의 개념틀로써 열어 밝히는 데 한계가 있는 절대지평에로 이르는 단적인 체험을 가능하게 해 준다. 자칫 서양철학의 메마른 이론적 성찰이 충족시킬 수 없는 근원에 대한 갈증을 풀어 줄 실천적 경험의 지평을 확장시켜 줄 수 있는 채널이 지눌을 통해 마련될 수 있을 것이다.

우리가 지눌의 반조의 논리를 후설의 환원의 논리와 궤를 같이 하는 것으로 읽어 온 것은 다음과 같은 사실 때문이다. 우리가 지눌의 반조를 환원(Epoche)으로 지칭할 수 있다면, 지눌의 환원은 정통선불교의 환원과는 근본적으로 다른 출발점을 가진다는 사실을 고려해야 한다. 정통 선불교는 어떤 이름을 가지든 자아나 혹은 의식 자체까지 괄호 치는 데 반해, 지눌의 환원은 망념에 빠진 자아를 괄호 칠 뿐 결코 자아 자체를 괄호 치지 않는다. 그는 병(甁)을 비우되 병 자체를 비울 수 없듯이, 어떤 이름을 가지든 깨달음의 주체는 결국 마음인 것을 강조한다. 주어진 것을 있는 그대로 여실하게 드러내기 위한 절대지평이 마음의 장이라면, 이 절대지평 자체를 열기 위한 수행론은 자아론의 형태를 띨 수밖에 없다. 후설의 환원 역시 근대 실증주의에 의해 은폐된 순수의식을 되가져오기 위한 방편이다. 이러한 방법적 절차에 의해 열려진 의식에 관한 기술(記述: Deskription)이 차단된 채, 다만 주어진 사태 자체로부터 들려오는 메시지를 듣기 위해 의식 자체를 폐기한다면, 어쩌면 존재가 의식에 대해 가하는 존재론적 폭력성에 의해 그 메시지는 오히려 굴절된 형태로 다가올 것이다. 그러므로 후설은 존재의 메시지를 듣기 위해 의식이라는 밝음의 장을 열어 보이고, 이렇게 열려진 장에서 존재의 메시지를 전하는 주체를 몸의 주체인 지각의 주체로 규정한다. 지각의 주체에 대한 근원적 믿음(Ur – glaube: 初信)을 통해 생활세계라는 주 – 객 이전의 근원적 장을 열어 보인다. 후설의 환원이 단순한 정신적 조작이나 노력 이상의 것이라는 소극적 해석을 넘어 깨달음을 위한 인격적인 근본적 변화로 적극적으로 읽을 때, 마음이 곧 부처라는 지눌의 심성론을 '현상학적 자아론'으로 새롭게 읽을 수 있을 것이다.

# Ⅳ.
# 원효와 W. 제임스

제임스는 불교에 관해 거의 언급하지 않는다. 물론 불교학자와 친분이 있었고, 몇 권의 불교서적을 소장하고 있었으며, 이 서적에 주석을 붙이기도 했지만,[1] 그의 철학이 직접 불교의 영향을 받았다는 논증을 구성하기에는 많은 한계가 있다. 물론 그가 불교의 기본적 정신에 대해서 동조한다고 언급하고 있긴 하지만,[2] 이것에 호소하여 제임스의 철학과 불교를 연결하기란 어쩌면 승산 없는 도박과 같은 모험일지도 모른다. 그러나 본 연구는 그 학문적 성과와는 별도로, 모험 자체만으로도 생산적 작업일 수 있다는 전제하에서 제임스와 불교를 비교하는 학문적 모험을 시도한다. 특히 본 연구는 원효와 제임스를 비교철학의 관점에서 이해하는 데 초점을 맞춘다. 이 양자 사이에 피할 수 없이 놓여 있는 형식적이고 외적인 면에서 드러나는 차이점은 괄호 쳐 두고, 이 양자 사이에 존재하는

---

1) 미란다 쇼, 「윌리엄 제임스와 유가행철학」(에드워드 콘즈 外/김종욱 편역, 『불교사상과 서양철학』, 민족사 1994, 175쪽 참조).

2) "나는 불교를 모른다. 틀림이 있을지는 모르지만 다만 나의 일반적 견해를 더 잘 묘사하기 위해 말한다. 그러나 나는 내가 불교의 업설(業說)에 관해 이해하는 정도에 있어서, 나는 원칙적으로 그것에 동의한다."(W. James, *The Varieties of Religious Experience*, Magmillan Publishing Company, 1961, 404-405쪽).

이념적 및 방법적 유사성을 발견하는 데 관심을 갖는다.

이러한 의도를 가지고 있는 필자의 관심을 끄는 몇 가지의 주제들을 중심으로 본 연구는 이루어진다. 우선 원효와 제임스는 다 같이 화해의 정신을 자신의 철학 속에 담아 낸 '화해의 형이상학자'란 점에서 출발한다. 그리고 양자의 철학을 화해의 형이상학으로 읽을 수 있는 가능성을 확인하는 몇 가지 전략을 구성한다. 특히 원효와 제임스가 자신의 철학을 그들이 살았던 당대의 종교적 대립이나 갈등을 조정하고 화해시킬 수 있는 대안을 구성해 내는 전략을 해석학적 방법으로 확인하려고 한다. 본 연구가 이 양자를 비교할 수 있는 가능성을 그들의 방법론에서 찾는 이유는 이 양자가 스스로 어떠한 독특한 철학을 주장하거나 새롭게 구성하지 않고, 다만 극단적인 대립을 화해시킬 수 있는 방법론을 제시한다는 점에서 그들의 목적이 같기 때문이다. 제임스의 실용주의와 원효의 화쟁(和爭)의 논리를 비교한다. 이 양자는 적어도 그 방법적인 면에서는 '해석학적 동반자'라는 사실을 강조하려고 한다. 특히 제임스의 순수경험론과 원효의 일심이문론(一心二門論)에서 나타나는 해석학적 구조는 이 양자 사이의 학문적 연대성을 읽을 수 있는 효과적 채널이다.


## 1. 화해의 방편

### (1) 제임스의 실용주의

제임스의 실용주의는 종교에 관한 모든 이론적 논쟁을 넘어서서 다양한 입장을 조정하고 화해하기 위한 방법이다. 제임스는 이론은 학문적 논쟁으로부터 생겨나는 것이 아니라, 모든 인간의 실천적 삶이 시작되는 바로 그 지점에서 시작해야 한다고 말한다. 모든 이론적이고 학문적인 논쟁을 넘어서 그것들 사이의 완전한 이상적 대화가 가능하기 위해서는 모든 인간적 동기와 관심 그리고 바람들이 종합되고 조정되어야 한다고 말한다.3) 그의 실용주의적 방법은 모든 관념이나 이론을 그것의 실제적 결과의 관점에서 해석하도록 입안된 것이다. 만약 두 개의 대립된 견해나 상충하는 개념들이 동일한 실제적 결과에 이르면, 이 양자는 각기 다른 관점에서 동일한 의미를 표현하는 것이기에 더 이상의 논쟁은 쓸모없는 것이다.

제임스는 종교적 경험의 다양성을 하나의 이론적 원리로 재단하려는 모든 전통으로부터 자유로워지기를 원한다. 그는 모든 종교적 논쟁을 화해시키고 종교들 사이의 이상적 대화가 가능할 수 있는 출발점을 내적인 개인적 경험에서 찾는다. 그러므로 그는 『종교적 경험의 다양성』(The Varieties of Religious Experience)이란 자신의 책의 부제를 「인간본성에 관한 연구」(A Study in Human Nature)로 달고 있다. 그는 한때 "나는 하나님의 증거는 우선 내적인 개인적 경험에 있다는 것을 믿는다고 말한 적이 있다.4) 신의 존재에 관한 모든 형이상학적 – 사변적 증명 이전의 개인적인 구체적 경험, 즉 신은 이미 나의 구원자로서 나의 구체적이고 개인적인 경험 속에 현현한다는 사실에서 출발한다. 이 구체적 경험의 사실성 앞에서 모든

---

3) Ch. H. Seigfried, *William James's Radical Reconstruction of Philosophy*, State University of New York Press, Albany, 1990. p.22.

4) R. B. Perry, *The Thought and Character of William James*, Vanderbilt University Press, Nashville and London, 1996. p.253.

종교적 논쟁의 화해는 가능하다. 그는

> 종교를 지탱시키는 것은 추상적 정의들과 논리적으로 연결된 형용사들로
> 이루어진 체계와는 다른 어떤 것이다. 그리고 신학부와 그에 속한 교수들
> 과는 다른 어떤 것이다. 이 모든 것들은 거대한 구체적인 종교적 경험에
> 의존하고 있는 사후의 결과들이고 이차적인 부착물들이다.5)

종교적 경험은 순전히 개인적인 것이다. 종교의 사회적·제도적
면에 대해서 제임스는 관심을 갖지도 않고 그에게는 그리 중요한
문제도 아니다. 종교는 한 개인의 삶이 그 자신에게 절실해지는 방
식에 관련된다. 즉 개인적인 절실한 바람, 이상, 슬픔과 위안, 그리
고 실패와 성공 등등에 관련된다. 이러한 종교적 감정의 독특성을
이론적 논쟁을 통해 추상화시켜서는 안 된다. 모든 종교적 갈등과
화해는 오히려 바로 이러한 종교적 감정이 가지는 특수성과 다양
성을 통해 가능할 수 있다. 그는 인간 경험 속에서 일어나는 다양
한 종교적 경험의 사실들을 있는 그대로 기술하는 방법을 택한다.
오래된 형이상학적 논쟁은 바로 이러한 종교적 경험의 다양성을
어느 한쪽으로 추상화하는 오류를 범한 것이다. 그러므로 그는 다
만 종교적 경험의 구체적 사실들을 기술적으로 제시할 뿐, 특정한
종교적 교리나 원리에 무게중심을 두고 있지 않다. 그는 다만 종교
적 경험이 가지는 특수성을 기술적(記述的)으로 제시하는 작업에
관심을 가진다. 이에 대한 결론은 독자의 뜻에 맡긴다. 특정한 이
론적 관점을 취하여 구성적으로 글을 쓰는 것에 대한 포기는 모든
화해의 가능성에 대한 모색이다. 그는 현상적 경험의 몇 가지의 근

---

5) 같은 책, p.255.

본적 면들에 대해 신중하게 기술할 뿐, 이 개인적 경험 위에 세워진 종교적 제도나 신학적 교리들의 상부구조에 관심을 갖지 않는다.6) 이러한 상부구조는 구체적인 발견물이 판단을 위한 토대로 이용될 수 있을 때, 비로소 그 설득력이 검증될 수 있을 뿐이다. 그는 종교적 경험에 대한 본질적 정의를 내리는 것에서 시작하지 않는다. 종교적 경험의 본질을 성급하게 단순화하는 것은 절대주의나 편향된 독단에 이르게 한다. 그는 개인적 종교를 제도적 종교나 체계적 신학보다 더 근본적인 것으로 규정한다.7) 그러므로 그는 영적 삶의 거대한 다양성에 대해 "아직 감히 최종적으로 판단을 내리지 않고 나는 다만 그 다양성을 기술할 뿐"이라고 말한다.8) 이와 같은 제임스의 태도는 종교적 경험이 가지는 다양성을 특정한 원리하에 포섭하여 다룸으로써 일어날 수 있는 모든 논쟁으로부터 자유로워지기를 원하는 입장과 연결되어 있다.

그는 자신의 종교적 자료(document)들이 스스로 말하도록 한다. 아니 그는 오히려 자료들이 스스로 말하도록 도왔다.9) 그는 종교적 경험의 독특성을 기술하려는 자신의 의도가 자칫 정신병리적 현상으로 오해되는 것에 대해 변론한다. 그는 종교적 경험이 엄밀한 의미에서는 병적 현상일 수는 있지만, 그러나 '단순한 제정신'(mere sanity)이 오히려 가장 속물이고 인간 속성 중 근본적으로 불필요한 것이라고 말한다. 이러한 종교적 경험이 가지는 특수한 병적 체험을 하지 못한 속물들에 의해 야기되는 이론적 논쟁으로부터 자유

6) Ch. H. Seigfried, 위의 책, p.199.
7) 같은 책, p.201.
8) W. James, *The Varieties of Religious Experience*, p.126.
9) R. B. Perry, 위의 책, p.261.

로워지려는 그의 의도가 엿보인다.

이와 같은 화해의 방법으로서 실용주의는 그의 『근본적 경험론』 (*Essays in Radical Empiricism*)에서도 그대로 이어진다. 『근본적 경험론』에서 그는 '순수경험'이란 감각적 성질을 가진 객관적인 그 무엇을 지칭한다고 말한다. 예컨대 순수경험은 공간, 강도, 평평함, 갈색임, 무거움 등과 같은 바로 그것이다. 그러나 동시에 순수경험은 객관적 성질을 주관적으로 수용하는 것을 지칭하기도 한다. 즉 순수경험은 감정과 감각의 다른 이름이다. 감각작용과 감각된 것의 관계로 이루어져 있다. 이 관계의 한 면에 따르면 주관적인 것이 되고 다른 면이 추적되면 객관적인 것이다. 이처럼 순수경험은 바로 주관주의와 객관주의라는 이원론적 사유를 실용주의적 입장에서 다원론적으로 수용하기 위한 화해를 위한 메타포이다. 그러므로 제임스의 실용주의는 '근본적 경험론'의 다른 이름이다. 그의 근본적 경험론은 다양성 속에서의 통일성을 대리하는 모델이다. 즉 의식의 종합적 통일에 대한 그의 설명모델은 바로 다양성과 통일성을 순수경험의 두 얼굴로 확인함으로써 모든 이원론적 대립을 넘어서려는 그의 실용주의적 정신과 다름이 없다.

그러므로 그는 지각된 것(percept)과 사유된 것(concept)보다 '감정'이란 단어를 선호한다. 이는 사유와 사물은 그 기능적으로는 구분되지만 경험적으로 동일하다는 것을 강조하기 위해서이다. 그는 모든 의식상태를 단지 그 자체로 지칭할 수 있는 좋은 모호한 중립적 단어를 원한다. 즉 그는 감각과 사유를 무차별적으로 커버하는 단어를 원한다.[10] 그는 실재가 궁극적으로 하나인지 다수인지 혹은

---

10) William James, *The Principle of Psychology Volume* Ⅰ, York University, Toronto,

질서 지워진 것인지 무질서한 것인지에 대해 판단하기를 유보한다. 그러므로 그의 실용주의는 실재가 궁극적으로 무엇인지를 결정할 수 있는 근거를 아직은 고정할 수 없기 때문에, 정확하게 풀 수 없는 형이상학적 논쟁을 해결하기 위한 하나의 방법 이상이 아니다. 그의 다원적으로 발전된 일원론은 바로 해묵은 논쟁을 해결하기 위한 하나의 방법일 뿐이다.[11]

## (2) 원효의 화쟁의 논리

이러한 제임스의 입장은 유/무를 넘어 일심을 체·용의 역동적 수행 측면에서 읽은 원효와 궤를 같이한다. 원효는 반야중관의 무론적 경향과 유가유식론의 유론적 경향을 넘어 자신의 이제중도의 입장을 『기신론별기(起信論別記)』에서 다음과 같이 밝힌다.

> 이 논(기신론)으로 말할 것 같으면 무소불립(無所不立)이요, 무소불파(無所不破)다. 「중관론」, 『십이문론(十二門論)』 같은 것들은 오로지 각가지 집착을 파(破)하기만 한다. 그리고 다시 능파(能破)와 소파(所破)를 허용하지 않는다. 이것을 가히 왕이불편(往而不徧, 일방적으로 보내기만 하고 두루 감싸지 못하는) 논이라 할 것이다. 반면에 『유가론』, 『섭대승』 등은 범문을 판별하여 심천(深淺)의 차별을 말하지만, 그 자신이 세운 바 법을 융견(融遣, 녹여 없애 버리지)하지 못한다. 이것은 가히 여이불탈(與而不奪, 주고 빼앗지 못하는) 논이라 할 것이다. 그러나 이 논은 기지기인(旣智旣仁)하고, 역현역박(亦玄亦博) 하여, 세우지 못함이 없으되 스스로 세운 것을 녹여 없애고, 파(破)하지 못함이 없으되 다시 또 허락해 주는 것이다. 보낸다는 것(往)은 극(極)에 가 버리면 모든 것과 하나가 된다는 말이요, 스스로 녹여 없앤다는 것(融遣)은 주었다가 마지막에는 빼앗아 버림을 밝히는

Ontario, 1980, p.186.
11) Ch. H. Seigfried, 위의 책, p.241.

것이다. 이 논은 모든 논들 가운데 으뜸가는 근본적인 원리를 밝힌 것이
요, 갖가지 논쟁(群諍)을 올바로 평가하는 주인의 위치에 있는 것이다.[12]

　　원효는 반야중관의 무론적(無論的) 경향과 유가유식론의 유론적
(有論的) 경향을 화쟁의 논리로 넘어서려고 한다. 원효의 기신론을
그 조직 면에서 심진여문(心眞如門)은 중관설을, 심생멸문(心生滅
門)은 유식설을 전개하는 것으로 볼 수 있다면, 원효는 이 두 문을
불상리(不相離)의 관계로 치밀하게 설명함으로써, 전통적인 대립을
넘어 화쟁의 기틀을 마련하고 있다.[13] 심진여문은 일심의 자성 청
정한 면을 밝히고자 하는 중관계의 입장을, 심생멸문은 유가·유식
계의 입장을 대표한다. 그러나 이 두 문은 각기 일체법을 총섭하니
서로 여의지 않는다.[14]

　　원효는 모든 형이상학적 – 개념적 논쟁을 넘어설 수 있는 보편성
의 논리를 화쟁(和諍)의 논리로 규정한다, 허망분별이 빚어낸 온갖
명·상에 집착하여 형이상학적 논쟁에 휩싸여 있던 당시, 원효는
『대승기신론』 속에서 화쟁이라는 보편성의 논리를 발견한 것이다.
그의 화쟁의 논리는 모든 이론적 – 술어적 – 개념적 논쟁들을 가로
질러 넘을 수 있는 근본적인 원리를 발견하기 위한 것이다. 온갖
개념적 사유로 굴절되기 이전의 一心으로 돌아가기 위한 원효의
전략은 일심을 그 충만성 속에서 다시 붙드는 것이다.

　　이러한 원효의 화쟁의 논리는 제임스의 실용주의적 다원주의와
맥을 같이한다. 원효의 화쟁의 논리는 어느 종파에 구애됨이 없이

---

12) 이기영, 『원효사상연구Ⅱ』, 110쪽.

13) 이평래, 「여래장설과 원효」: 『원효』(예문서원 2002), 149쪽.

14) 은정희, 「원효의 삼세·아라야식설의 창안」: 『원효』(예문서원 2002), 115쪽 참조.

상호 대립하는 교의를 화합하는 방법이다. 뭇 경전의 부분적인 면을 통합하여 온갖 물줄기를 한 맛의 진리 바다로 돌아가게 하고, 불교의 지극히 공변된 뜻을 열어 모든 사상가들의 서로 다른 쟁론들을 화합시키는 것이다. 이처럼 제임스와 원효는 '순수경험'과 '일심'을 화해의 단초로 설정한다는 공통점을 갖는다.

## 2. 화해의 단초: 경험의 충만성

> (칸트의) 선험적 자아는 오늘날 합리주의적 진영에서는 모든 것을 대변하는 것처럼 여겨지고, 경험주의적 진영에서는 거의 무와 같은 것으로 여겨진다……지난 20여 년 동안 나는 실재(entity)로서의 '의식'을 불신했고, 지난 7, 8년 동안 나는 의식의 비 - 존재(non - existence)를 나의 학생들에게 제시하고, 그리고 비 - 존재가 경험의 실재성에 실제적으로 맞대응한다는 것을 학생들에게 전해 주려고 했다. 이것을 솔직하게 그리고 전적으로 포기할 때가 무르익었다는 생각이 든다.[15]

제임스는 의식을 하나의 형이상학적 실재로 규정해 왔던 선험철학의 전통에 맞대응하기 위해, 의식의 비존재성을 강조해 온 자신의 입장을 포기한다. 그는 존재/비존재라는 이분법적 분화가 일어나기 이전의 충만한 경험, 즉 '순수경험'으로 돌아가 거기에서 새롭게 출발한다. 제임스의 '근본적 경험'이란 바로 반성적 경험 이전에 만나는 자아의 실상을 일컫는다. 자아의 실상에 관한 온갖 형이상학적 색깔이 칠해지기 이전에 만나는 자아의 실상을 직접적 경험의 흐름으로 읽은 제임스의 입장은 자아에 관한 해묵은 논쟁

---

15) W. James, *Essays in Radical Empiricism*, p.4.

인 상견과 단견을 걷어 내고 일심을 자아의 실상으로 기술하는 원효와 궤를 같이하고 있다.

자아에 관한 해묵은 형이상학적 논쟁을 일시 잠재우고 '자아'라는 사태 자체로 돌아가서 만나는 자아의 진정한 모습은 지속적인 흐름의 양상에서 파악된 자아이다. 물론 '흐름'이라는 과정 속에서 파악된 자아는 연속성을 상실한 채 마냥 흘러가버리는 흄의 단절된 자아는 아니다. 제임스가 말하는 순수 경험은 바로 자아에 관한 단적인 경험을 의미하며, 이전의 어떠한 전제와 선입견에도 붙들리지 않을 때 가능한 자아 자체에 관한 직접적 경험이다. 제임스는 『근본적 경험론』에서 모든 가설로부터 자유로워진 상황하에서 열려진 자아의 실상을 '지속적 흐름'의 메타포로 기술한다. 이 '지속적 흐름'이라는 메타포 속에 변화/불변, 과정/실재, 생성/존재의 두 얼굴이 녹아들어 있다. 전통적 이분법에 의해 잘못 읽힌 자아의 실상을 이와 같은 이중성의 메타포로 읽는 제임스의 입장은 진여/생멸, 진/속을 체·용의 메타포로 읽은 원효의 일심회귀의 길 속에서도 그대로 발견된다.

일심으로 돌아가기 위한 길은 두 길이다. 하나는 과정 혹은 방편으로서의 길이고 다른 하나는 근원이자 목표로서의 길이다. 일심은 돌아가야 할 목표이다. 그런데 이 일심은 일체의 생멸을 단절하고 만나야 할 형이상학적 실체가 아니다. 일체의 과정과 단절된 채 실재하는 일심이 아니기에, 과정 속에서 만나야 할 실재일 뿐이다. 그러기에 심진여의 목표에로 도달하기 위한 방편은 다름 아닌 심생멸이다. 생생멸멸 하는 경험의 충만성 속에서 만나는 자아는 다름 아닌 일심에로 이르는 과정 중에서 만난 일심의 또 다른 이름일 뿐이다. 진과 속이 다름이 아니고 진여와 생멸이 반성적 단계 이전과 이후에 만나는 일심의 두 얼굴에 지나지 않음을 인식하기 위해 원효는 이 두 얼굴을 함께 포용하고 있는 경험의 충만성으로 되돌아가기를 주문한다.

> 事事(사사)가 모두 入玄之門(입현지문)이요.
> 處處(처처)가 모두 歸源之路(귀원지로)이다.16)

사사가 입현의 문이요, 처처가 귀원의 길이다. 이 처처(處處)는 바로 '삶의 현장에, 즉(卽)해서'라는 뜻이다. 인간은 자연 속에 처하고 다른 사람들 속에 처하고, 여러 가지 희로애락 등에 처한다. 이 '처한다'는 것은 이미 인간은 상황적 존재임을 의미한다. 인간은 이미 처해 있는 상황을 떠날 수도 그리고 떠날 필요도 없다. 생멸문 밖에 진여문이 따로 실재하지 않기에, 일심의 체가 가장 생생하게 작용하는 현장에서 포착된 중생을 떠나 일심이 따로 없다. 다만 허망 분별하여 중생이 일심임을 모를 뿐이다. 이와 같이 원효는 생멸과 진여를 체·용의 역동적 메타포로 읽지 않음으로써 야기된 수많은 논쟁을 잠재우기 위해 진속불이(眞俗不二)의 충만한 경험에 호소한다. 원효는 이미 전통적인 경험, 즉 이성이나 오성과 대립된 제한된 의미의 경험을 넘어서 열려진 경험의 지평성과 연속성을 확인한 것이다. 그는 이미 생멸과 진여를 연속적으로 읽을 수 있는 충만한 경험지평을 확인한 것이다.

제임스 역시 경험의 충만성에 호소한다. 경험과 자연을 분리하였

---

16) 이기영, 위의 책, 140쪽.

던 전통철학을 넘어서기 위해 그는 경험을 이미 자연과 상호 유기적 관계를 가지는 넓은 의미로 확장한다. 그의 '순수 경험'은 바로 아직은 그 무엇이라는 본질을 갖기 이전이기에, 그 무엇도 될 수 있는 가능성의 지평으로서의 순수 경험은 모든 것을 포용하는 충만성 속에서 읽힌 경험이다. 이 순수 경험은 모든 관계들이 생성되는 장이고, 아직 확정된 그 무엇은 아닌 순수한 그것이다. 달리 말해 그것은 분별되지 않는 하나의 감정 상태이다.[17] 제임스에 있어서 순수 경험은 바로 직접적인 흐름이다. 자아와 관련된 선험적 주장과 이에 대립하는 경험적(현상론적) 주장을 넘어서기 위해, 선험적/경험적, 초월적/내재적 경계 짓기를 순수 경험의 충만성 속에서 허물어 버린다. 그는 자신이 '근본적 경험론자'란 점을 다음과 같이 표현한다.

> 근본적이기 위해서 경험론은 직접 경험되지 않은 것은 어떠한 요소도 그 구조 속에 허용해서는 안 되며, 또 직접적으로 경험된 어떠한 요소도 거기에서부터 제외시켜서는 안 된다.[18]

제임스는 선반성적 경험에 호소하여 자아의 실상을 생생하게 기술해 내는 데 관심을 가질 뿐, 자아에 관한 새로운 형이상학적 주장을 정립하려고 하지 않는다. 경험된 자아의 바깥에서 선험적 원리를 끌고 들어와 새삼스럽게 자아론적 형이상학을 구축하려는 근대의 스캔들은 경험의 충만성을 있는 그대로 읽지 못한 알량한 이성에 의해 조작된 것이다. 제임스는 순수경험의 충만성을 하나의

---

17) S. M. 에임즈 지음, 조성술·노양진 옮김, 『실용주의』, 75쪽 참조.
18) W. James, *Essays in Radical Empiricism*, Cambridge, 1976, p.12.

선험적 원리로써 통일화시키려는 의도를 비판한다. 순수경험의 충만성은 바로 연속성과 비연속성을 병합적(co-ordinate) 현상으로 다 포용하고 있다는 점에 있다. 모든 경험은 '연속적 전이'의 과정을 이루기 때문에, 여기에서 연속성과 비연속성을 분리할 수 있는 어떠한 경계점도 있을 수 없다. 그렇기에 설명을 위한 궁극적 원리, 예컨대 절대정신과 같은 것에 대해 호소할 이유가 없다. 제임스는 「경험의 연속성」(The Continuity of Experience)이란 강의에서, "우리가 가질 수 있는 아무 미미한 감정마저도 앞부분과 뒷부분을 가지며, 그것들의 지속적인 진행이라는 감각과 함께 나타난다."[19]고 말한다. 그는 순수경험은 바로 흐름으로서 마치 개울과 유사하기에 연속성과 비연속성은 경험의 기본적 특성이며 존재의 일반적 특성임을 강조한다.[20] 이러한 제임스의 전략은 진여와 생멸을 체/용의 이중적 메타포로 읽은 원효의 사유체험과 흡사하다.

이러한 순수경험의 지평 안에서는 주관-객관이라는 낡은 이분법적 도식이 허물어진다. 제임스는 오래된 인식론적 도식인 주관-객관의 관계를 새롭게 읽기를 주문한다. '인식자-인식되는 것'이라는 낡은 인식적 관계는 근본적 경험론의 지평 안에서는 단지 이차적 색인일 뿐이다. 이 인식적 관계 자체는 이미 경험의 연결고리 안에서 경험된 관계일 뿐이다. 지속적으로 흐르는 순수경험 안에서는 '절대적으로 단절된 실체인 인식주체와 인식대상은 들어설 공간이 없다.'[21] 그러므로 아무런 전제나 가설이 없이 들여다본 실상은

---

19) S. M. 에임즈, 위의 책, 76쪽에서 재인용.
20) 같은 책, 같은 곳 참조.
21) W. James, *Essays in Radical Empiricism*, p.27.

경험 이외의 다른 것이 아니다. 다만 순수경험을 반성적 차원에서 다시 읽을 때 비로소 내용을 가진 것처럼 현실화될 뿐이다. 경험의 순수성을 가로막는 오래된 선입견은 바로 인식주관과 인식객관 사이의 관계들이라고 하는 인위적 개념이다. 왜냐하면 인식적 관계 역시 사후적으로 혹은 반성적으로만 드러날 뿐인 순수경험의 한 방울에 지나지 않기 때문이다. 이러한 순수경험의 충만성은 모든 것을 자신 속에 함장하면서 모든 것을 가능하게 하는 원초적 경험의 장인 일심의 다른 이름이라 해도 좋을 것이다. 원효는 다음과 같이 쓰고 있다.

> 마음의 진여한 상(心眞如相)은 마하연(摩訶衍)의 체를 곧바로 보는 것이요. 마음의 생멸 인연하는 상(心生滅相)은 마하연 자체의 상(相)과 용(用)을 능히 나타내 보일 수 있는(能示) 것이다.[22]

원효의 일심은 진여와 생멸을 다 포용하는 큰 수레(마하연)이다. 그렇기에 마음은 자신 속에 반조와 반영이라는 이중성이 자리 잡고 있다. 하나의 사물이 아니라는 점에서는 이중성을 갖지만 이 이중성은 두 개의 사물이 아니라는 점에서 차라리 통일성이다. 이 통일성은 온갖 차별성과 대립되어 있는 좁은 의미의 통일성이 아니라 모든 차별성을 포용하는 근원적 통일성이다. 마음은 모든 차별을 포용할 수 있을 만큼 스스로는 차별을 떠나 있다. 그렇기에 마음은 아무것도 아니며, 그 안에 아무것도 내포하고 있지 않는 공이고 무이다.[23] 그렇기에 일심은 상주 불변하는 얼굴과 무상천류하는 얼굴

---

22) 이기영, 위의 책, 116쪽.
23) 신오현, 『원효의 심리철학: 일심의 자기동일성의 개념을 중심으로』, 素巖李東植先生華甲

을 함께 가진다. 원효는 상주불변하는 관점에서 읽힌 마음을 진여로, 무상천류하는 관점에서 읽힌 마음을 여래장으로 규정한다.[24]

아직 그 무엇(what)으로 결정되기 이전의 단순한 그것(that)으로서의 순수경험은 모든 관계들을 — 이 관계들 자체도 경험된 관계들이다 — 발생되게 하는 근원적인 장이다. 경험 그 자체를 실제적(pragmatic) 입장에서 기술한다면, 경험은 모든 관계들이 발생하기 이전에 주어져 있는 하나의 지평이다. 전통적인 주관 – 객관의 인식적 관계는 이 지평 안에서 주관성/객관성이라는 기능적 속성으로 전환된다. 경험은 그 자체로는 단지 하나의 단순한 상태로서 개념적 사유에 의한 입 벌림이 일어나기 이전의 진정한(naïf) 직접성 이외의 다른 것이 아니다. 이 직접성에는 어떤 분할도 없다. 다만 회고적(반성적) 경험에 의해 주관성으로 그리고 객관성으로 현실화될 뿐이다. 순수경험은 단순한 그것으로서 이미 주어져 있고 우리는 그것 위에서 작용을 하며, 이것을 회고함으로써 마음상태와 이것에 의해 지향된 실재로 이원화될 뿐이다.[25] '순수경험'은 우리가 반성을 위한 개념적 범주로서 사후에 반성할 경우에 자료를 제공해 주는 생의 직접 흐름에 대한 이름일 뿐이다. 이 순수경험은 모든 이름을 함장하고 있으면서도 아직은 개념적으로 추상되지 않은 감각적 경험이라는 점에서 순수성을 가진다. 이 순수경험은 그것이 어떤 맥락에서 읽히는가에 따라 무엇으로든 다 될 수 있는 가능성을 지칭하는 것이기에 단지 하나의 상대적 술어에 지나지 않는다.[26]

記念論文集, 122쪽 참조.
24) 이평래, 위의 논문, 150쪽 참조.
25) W. James, *Essays in Radical Empiricism*, p.13.
26) 같은 책, p.46.

제임스도 원효의 경우와 마찬가지로, 마음을 대상을 비추는 거울로 생각한 전통적인 이원론을 거부한다. 이 양자에게서 다 같이 '전(前) 반성적 – 반성적'이라는 이중성의 메타포가 살아 있다. 전반성적 단계에서 읽힌 마음은 단순히 거기 있는 지평일 뿐, 이것이 회고적 경험에 의해 반성될 경우, 주관성 – 객관성이라는 속성을 갖는다. 그러기에 전반성적 단계에서 읽힌 마음은 바로 반성적 단계에서 읽힌 마음과 다른 것이 아니다. 심진여와 심생멸은 다만 다른 맥락에서 읽힌 동일자의 두 얼굴에 지나지 않는다.

## 3. 제임스의 순수경험의 해석학

우리가 제임스의 전략을 해석학적으로 읽어내기에는 다소간의 어려움이 있다. 그리고 제임스를 해석학적으로 읽으려는 시도 자체에 대한 반론 역시 가능하다. 그러나 그는 다양한 해석학적 전략을 자신의 이론 속에서 사용하고 있다. 왜냐하면 그는 원칙적으로 어떤 체계적인 이론을 반대하고 다원주의의 입장에 서 있기 때문이다. 이런 입장에 서 있는 그로서는 자신의 전략 자체를 분명하게 드러내는 것조차 가능하지도 그리고 필요하지도 않았을지 모른다. 그러나 경험을 통일시키려는 인간의 노력을 만족하게 설명하기 위한 그는 一卽多의 전략을 일관되게 그리고 애지중지하면서 비밀로 간직하면서 사용하고 있다.[27] 그가 인간의 경험을 선험적 원리를 전제하고 그 하에 동질적 경험으로 환원하려는 입장을 포기하고

---

27) Ch. H. Seigfried, 위의 책, p.175.

다원주의적 입장에서 경험의 다양성과 통일성을 함께 읽으려고 할 때 이미 그는 해석학적 전략을 좋든 싫든 취할 수밖에 없다. 그는 경험의 다양한 통일성을 기술적(記述的)으로 드러내기 위해 해석학적 전략을 택하고 있다.

> 사유와 사물은 그것의 자료라는 측면에서 절대적으로 동질적인 것이고, 그들 사이의 대립은 단지 관계와 기능 중의 하나일 뿐이다. 사물 – 자료와 다른 사유 – 자료는 없고, '순수경험'의 동일한 부분이 이런 혹은 저런 맥락에서 취해짐으로써, '의식의 사실' 혹은 물리적 실재를 번갈아 대변한다.[28]

그러므로 경험이란 단어 앞에 수식어로 붙은 '순수'는 아직 중립적이고 모호한 그리고 주관과 객관의 분리 이전의 존재의 형식을 지칭하기 위한 술어이다.[29] 제임스는 사유의 대상을 초경험적 존재라는 의미의 초월적인 것으로 언급하는 것 자체가 난센스라고 주장한다.[30] 순수경험은 그렇기에 주관과 객관, 사유와 사물이라는 모든 분리에 앞서 주어져 있는 흐름이다.[31]

주관 – 객관은 순수경험이 하나의 맥락에서 취해지면, 물리적 현상으로 분류되고 다른 맥락에서 취해지면 심적 사건으로 분류될 뿐 동일한 경험의 다른 얼굴일 뿐이다. 그러므르 정신적 사실과 의식의 대상은 일련의 순수경험이 다른 관계적 패턴하에서 취해진 기능적 차이에 의해 그 나름의 이름을 갖게 된 것에 지나지 않는다. 제임스는 주관과 객관의 분리 이전에 절대적으로 주어진, 즉

---

28) W. James, *Essays in Radical Empiricism*, p.69.
29) R. Stevens, *James and Husserl: The Foundations of Meaning*, p.10.
30) 같은 책 p.11.
31) 같은 책, p.15.

모든 이론적 개념적 추상 이전에 이미 주어져 있는 순수경험을 절대적 소여(data)라 부른다.

> 어디에도 질료(stuff)는 없고 소여(data)만 있다. (객관적 및 주관적인) 전세계는 항상 하나의 소여이다. 다만 그 소여 안에 두 부분, 즉 내성적으로 읽힌 객관적 부분과 주관적 부분들이 있다.[32]

제임스는 인식론적 딜레마는 주 – 객의 이원론을 문제시함으로써 피할 수 있다고 주장한다. 주 – 객의 분리 이전에 원초적으로 주어져 있는 장(field), 즉 순수경험의 소여를 엄격하게 분석함으로써 주관과 이와 독립해 있는 객관이라는 두 실체를 분리하는 전략을 해체할 수 있다고 주장한다. 의식의 순수주관과 그것의 활동은 간파되지 않는다. 그러나 경험의 한 내용이 경험의 다른 내용과의 관련성 속에서 기능적 중심으로서 그 주변을 둘러싸고 일어나는 극화현상은 탐지할 수 있다. 순수경험의 '여기'는 다른 내용의 '저기'와 대조적으로 관련성을 가지면서 다만 하나의 주관으로서 기능을 할 뿐이다. 이렇게 순수경험의 여건들을 기능적으로 극화를 이루는 것은 가장 원초적 형태의 자기 – 인식이다. 이 자기 – 인식은 순수경험의 다른 내용들이 그것에로 관련을 가지는 우위적 지위를 가진다. 즉 의식의 순수주관은 간파되지 않는 데 반해, 비록 원초적 형태이긴 하지만 의식을 대상적으로 인식할 수 있는 기능적 중심으로 활동하는 구체적 주관이라는 점에서는 우위를 갖는다. 만약 순수자아가 우리의 시선에 잡힐 수 없다면, 우선 가장 원초적 형태로

---

32) R. Stevens, 위의 책, p.15(각주 13에서 재인용).

대상의 영역에 경험할 수 있는 경험적 자아야말로 경험의 다른 내용과의 기능적 관계에 있어서 특권적 지위를 가진다.

그러므로 제임스는 순수경험의 다른 내용들과의 관계에 있어서 우선 구체적으로 기능적 중심역할을 하는 경험적 자아를 실마리로 하여 순수자아의 얼굴을 읽어내는 해석학적 방법을 택한다. 왜냐하면 순수자아는 경험의 흐름의 내용으로 간파될 수 없기에, 순수자아가 대상적으로 내용을 가지게 된 경험적 자아를 통해 순수자아의 얼굴을 확인하는 방법 이외는 없기 때문이다. 만약 이런 방법을 택하지 않는다면, 순수자아를 경험의 외부에서 끌어오거나 아니면 순수자아를 경험의 영역에서 추방하는 두 가지의 대안에서 갈팡질팡할 것이다. 제임스의 선택은 경험적 자아로부터 순수자아를 읽을 수 있는 구체적 단초를 확인하고 이것을 통해 결국은 경험적 자아와 순수자아는 인격적 자아를 구성하는 동일한 얼굴의 두 부분임을 강조하려고 한다. 아직은 그 무엇도 아니지만 무엇이든 될 수 있는 순수경험은 하나(一)이면서 다(多)이다.[33] 모든 의식이 대상-지향적이고, 따라서 자아가 항상 대상적 경험영역 내의 내용으로서 알려지는 데 반해, 의식의 활동은 본성상 비인격적이다. 하지만 모든 사유는 하나의 인격적 의식의 부분이 되려는 경향을 가진다. 그러므로 경험의 궁극적 주체의 인격적 동일성을 통해 그 속에서 지속으로서의 순수자아의 얼굴을 확인할 수밖에 없다.[34] 이는 바로 원효가 현실심인 심생멸 속에서 심진여의 얼굴을 해석학적으로 읽어 낸 것과 다를 바 없다.

---

33) W. James, *Essays in radical Empiricism*, p.46.
34) R. Stevens, 위의 책, p.69.

제임스의 사유가 지닌 해석학적 구조를 읽어내기 위한 가장 생생한 단초는 바로 그의 fringe개념이다. 순수경험은 흐름으로서의 지속과 지속으로서의 흐름이 함께 엮여져 있는 텍스트이다. 지속의 얼굴을 읽기 위해 흐름의 채널을 통해야 하고, 흐름의 얼굴을 읽기 위해 지속의 채널을 통해야 하는 이중성의 메타포는 지평융합의 해석학적 논리를 단적으로 대변한다. 그의 중심 – 주변(focus – fringe)의 공식은 一卽多의 구조를 다원주의적이고 실용주의적 방법으로 새롭게 표현한 것이다. 그의 해석학적 전략은 바로 모든 경험이 가능하게 되는 이 fringe를 풀어 밝혀 그것으로부터 모든 개념적 사유의 발생적 관계를 드러내려는 데 있다. 근본적 경험론자로서 제임스는 바로 이 주변(지평)으로 이미 주어져 있는 순수경험에 대한 구체적 분석을 수행함으로써 소박한 실증주의와 독단적인 선험주의를 실용주의적 방법의 다른 이름인 해석학적 전략으로 화해하려고 한다.

그는 순수경험의 다양성을 긍정하는 데서 출발한다. 그러므로 그에게 있어서 경험의 다양성은 궁극적인 것이고 가장 실재적인 것이다. 그러나 경험의 다양성만을 강조하면 비합리성을 인정하게 된다. 따라서 그 역시 궁극적 다양성을 통일성 속에서 재구성하려는 의도를 포기하지 않는다. 다만 지금까지의 전통철학이 상상해 온 그러한 방식, 즉 통일성을 구축하기 위해 설정한 어떠한 체계 속에서도 경험의 다양성이라는 궁극적 사실을 정당화할 수 없기에 그의 방법은 실용주의가 가지는 해석학적 구조에 의존하지 않을 수 없다.[35] 더 이상 의심할 수 없는 순수경험의 다양성은 연속과 불연속,

---

35) Ch. H. Seigfried, 위의 책, p.193.

일치와 불일치를 함장하고 있는 궁극적 실재이다. 제임스의 해석학적 전략은 총체적 힘에 저항하여 이 순수경험의 풍부한 복합성을 건져 올리려는 방파제와 같다.36) 경험의 다양성을 건져 올리기 위해 제임스가 끌어들일 수밖에 없는 해석학적 구조는 "어떤 철학도 우리가 알고 있는 모종의 특수한 부분에 관한 유추를 통해 알려지지 않은 전체를 해석하는 것 이상을 할 수 없다."는37) 사실 때문이다. 우리는 부분적 체계 속에 살고 있고, 그 부분들은 상호 교환적이지 않다. 그러므로 우리가 알고 있는 부분들에서 전체를 이끌어 낼 수 있는 정합적인 논리적 체계란 있을 수 없다. 다만 부분과 전체의 유비적 관계를 통해 해석할 수밖에 없다. 우리는 여기에서 一卽多의 해석학적 전략이 숨 쉬고 있음을 알 수 있다. 경험의 구체성과 다양성을 포기하지 않으면서도 통일성을 함께 포착하려는 그의 해석학적 전략이다. 그에게 있어서 실재는 추상화된 자기-폐쇄적인 것이 아니라, 바로 전이적 연속성이다. 이 흐름의 구조를 단적으로 드러내기 위해 그는 해석학적 구조를 요청하지 않을 수 없다.

## 1) 원효의 一心二門의 해석학

원효의 일심은 진여와 생멸을 함장하고 있는 여래장이다. 원효가 일심을 자신의 철학의 궁극적 원리로 삼는 것은 그의 현실관과 무관하지 않다. 원효는 현실을 회피하거나 방관하지 않는다.38) 특히 그의 이제중도의 전략은 어느 한쪽을 절대화하거나 신성화하는 것

---

36) 같은 책, p.194.
37) 같은 책, p.195.
38) 이기영, 『원효사상연구II』, 서울: 한국불교연구원, 2001. 130쪽.

을 배격한다. 그의 일심에 대한 해석학은 진여와 생멸 사이의 해석학적 순환성을 충분히 읽어내지 못한 데서 연유하는 온갖 형이상학적 논쟁으로부터 자유로워지기 위한 역동적 메타포이다. 그는 예토와 정토를 별개의 시간과 공간에 위치시키고 일방적으로 타력에 의존하고 자력을 마비시키는 피안 동경의 신앙을 지향하지 않는다. 어디까지나 현실심인 일심을 그 출발점으로 삼고 있다.[39] 종교는 현실이란 짐을 메고 영원히 걸어가야 할 곳이기에, 현실 세계 속에서 문제를 찾아야 한다. 세간과 출세간을 이원적으로 분리하는 것은 지양되어야 한다.[40] 그러기에 세간/출세간의 해석학적 순환성을 충실하게 읽음으로써 전통이 남겨 놓은 오래된 일원론 – 다원론 논쟁을 넘어설 수 있다.

≪대승기신론≫은 바로 '마음이 있는 그대로의 진실한 모습'과 '마음이 현실에 여러 가지로 전개되고 있는 모습'이라는 두 종류의 관점에서 설상(說相)을 밝히고 있다.[41] 문제는 진여는 그 스스로 어떠한 대상적 성질도 갖지 않고 시간적 제약을 초월해 있는 마음이기에, 이 마음을 단적으로 읽기 위한 해석학적 단초는 생멸의 얼굴을 가지면서도 동시에 진여의 씨앗을 함장하고 있는 마음인 여래장일 수밖에 없다. 이런 점에서 여래장은 진여와 생멸이 맞물려 있는 하나의 텍스트이다.

번뇌를 떠나 열반이 따로 없다면, 일심의 해석학은 무명의 不覺에 훈습되어 온갖 생멸상을 걸치고 있는 현실심에서 시작하지 않

---

39) 이기영, 같은 책, 137쪽.
40) 이평래, 위의 논문, 147쪽.
41) 이평래, 같은 논문, 157쪽.

으면 안 된다. 진여는 스스로 부증불감하고 시간적 및 공간적 양상을 초월하고 있는 것이기에, 생멸에 인연하여 온갖 번뇌를 일으키면서도 진여의 마음의 씨앗으로 품고 그것을 회복하려고 애쓰면서 살아가는 현생심이 일심의 실상을 해석하기 위한 단초가 되어야 한다. 무명의 불각에 의하여 本覺이 훈습되어 염법이 생기기는 하나 본각이 없어지는 것은 아니기 때문이다.42) 비록 불각에 훈습되어 생멸의 상을 걸치고는 있지만, 진여문으로 통하는 연속적 고리를 가지고 있기에, 진여의 체 자체가 변하는 것은 아니다. 그러므로 진여문과 생멸문은 서로에게 문이 되어 서로에게로 자유로이 넘나들 수 있는 대자유의 마음을 다르게 읽는 것에 지나지 않는다. 이 두 문 사이에는 다음과 같은 해석학적 순환성이 존재한다. 무명의 불각이 진여의 본각을 훈습하여 모든 염법이 생기는 것과 마찬가지로, 진여의 본각이 무명의 불각을 훈습하여 모든 정법이 생긴다. 이 '훈습'이란 용어는 서로가 서로를 비추는 하나의 거울임을 나타낸다. 심진여는 심생멸을 거울로 삼아 자신(체)의 상을 비추어 볼 수 있고, 심생멸은 심진여를 거울로 삼아 자신의 체를 비추어 볼 수 있다. 일심이문의 관계는 훈습의 메타포를 통해 해석학적 구조연관으로 읽혀질 수 있다. 심진여와 심생멸은 서로를 각각 자신을 들여다볼 수 있는 거울로 삼고 있기에 이 두 문은 상통한다. 이 두 문은 서로 떨어져 있지 않다. 이 두 문은 일심을 이루는 각각의 부분들이 아니라 이문 하나하나 자체가 바로 일심이다. 다만 하나의 문은 일심이 통일성의 측면에서 읽힌 것이고, 다른 하나의 문은 차별성의 측면에서 읽힌 것에 지나지 않는다. 그러므로 원효는 진

---

42) 박종홍, 『한국사상사』, 서울: 서문당, 1977, 110쪽.

여심과 생멸심으로 표현함으로써 이 둘을 마치 형이상학적 실체로 오해하는 것을 피하기 위해 심진여와 심생멸로 표현한 것이다.[43] 원효가 일심을 통일성과 차별성의 측면에서 순환적으로 읽는다는 점이 우리로 하여금 그의 일심이문의 전략을 해석학적으로 이해하도록 한다. 심진여는 **항상 이미** 事를 포섭하고 있고, 심생멸 역시 **항상 이미** 理를 포섭하고 있어서, 이 두 문이 각각 모든 이법과 사법을 두루 포섭하고 있기 때문에 이 두 문은 상통한다.[44] 이 두 문은 각각 일심이라는 전체의 다른 부분들이 아니고, 각각의 문이 染淨과 理事을 두루 포섭하고 있기에 일즉다＝다즉일의 해석학적 순환성이 존재하는 것이다. 여기에서 우리는 **항상 이미**(immer schon)라는 해석학적 공식을 확인할 수 있다. 이 공식은 원효의 融二而不一의[45] 지평융합의 공식으로 묘사된다.

> 같을 수 없는 것은 같으면서 동시에 다른 것이고. 다를 수 없는 것은 다르면서 동시에 같은 것이다. 같다는 것은 다름에 의거해서 같음을 변별한 것이고, 다르다는 것은 같음에 의지해서 다름을 밝힌 것이다. 같음에 의거해서 다름을 밝히는 것은 같음을 나누어서 다르게 만든 것이 아니요. 다름에서 같음을 변별하는 것은 다름을 녹여서 같게 한 것이 아니다. 진실로 같은 것은 다름을 녹인 것이 아니기에, 이를 같다고 말할 수 없고, 다른 것은 같음을 나눈 것이 아니기에 이를 다르다고 말할 수 없다.[46]

---

43) 정영근, 「원효의 사상과 실천의 통일적 이해」: 『원효』, 예문서원, 2002, 485쪽.

44) 원효의 다음의 말은 우리의 해석학적 구성에 도움을 준다: 설사 이문이 별개의 실체는 아닐지라도, 이문이 서로 어긋나고 통하지 않는 것은 진여문 중에 이(理)만 포함하고 사(事)는 포섭하지 않고, 생멸문 중에 사(事)만 포함하고 이(理)는 포섭하지 않는 데 따른 것이다. 그러나 지금 이문은 상호 융통하여 한계를 나눌 수가 없다. 이와 같이 두 문이 각각 모든 理法과 사법(事法)을 두루 포섭하고 있기 때문에 이문은 서로 떨어지지 않는다고 말한다(정영근, 같은 논문, 486쪽, 각주 28에서 재인용).

45) 정영근, 같은 논문, 489쪽.

46) 같은 논문, 489쪽에서 재인용.

## 4. 인언견언(因言遺言)의 해석학적 메타포

순수경험은 선(先) 개념적 지각의 장으로서 이미 주어져 있다. 이 지각의 장은 연속적 흐름으로서 고정적인 개념의 틀 속에 가두어 범주화하기에는 너무나 충만하다. 연속적 흐름의 장으로서의 경험은 개념적 구성에 의해 질서화되기 이전에 이미 구조화되고 패턴화되어 있다. 모든 개념적 구조화는 바로 이 지각의 수동적 구조화에 그 발생적 뿌리를 두고 있다. 그러나 지각은 바로 개념에 의해 무엇으로 규정됨으로써 비로소 온전한 지식으로 구성될 수 있다. 제임스는 지각과 개념 사이의 전이적 연속성을 강조한다. 개념들과 지각된 것들은 동일한 질료로 이루어져 있고 그것들을 함께 다룰 경우 각자에게로 녹아들어 간다. 지각과 개념의 상호맥락성을 읽기 위한 제임스의 전략은 바로 중심 – 주변(focus – fringe)이라는 그의 고유한 해석학적 전략이다.

그러나 개념의 실질적 가치는 기능적 힘에 있다. 즉 우리의 경험의 특수한 것들과 보다 효과적으로 관계하게 하는 능력이다. 개념은 지각적 경험의 흐름에 효과적으로 흘러 들어가도록 안내를 해준다. 개념적 작용의 기능적 효능은 단지 지각적 경험의 흐름 속에서 '동일한 것'을 인식하고 지칭할 수 있는 능력이다. 그러나 항상 되돌아가야 할 최종 목적지는 구체적 경험이다. 개념은 단지 하나 혹은 제한적인 관점에서만 의미를 부여해 줄 수 있을 뿐이다.

제임스에 의하면, 우리의 지식은 다만 하나의 관점적 지식일 뿐이기에, 구체적 경험을 남김없이 기술할 수 없다. 그러기에 절대적 체계란 있을 수 없다. 모든 지각, 개념, 개념적 체계는 항상 불완전한 관점일 뿐이다. 그러기에 지각과 개념은 상호보완적이어야 한다. 개념의 종합하는 힘이 없이는 어떠한 의미체계도 불가능하다. 지각의 흐름이 연속성을 지니는 한, 이미 적어도 불완전한 의미의 동일성을 지시한다. 다만 개념에 의해 더욱 완전한 의미의 동일성으로 구성된다. 그러나 제임스가 지각과 개념의 상호보완성을 강조한다고 하더라도, 순수경험의 흐름이 모든 다른 것이 파생되는 독특한 질료라는 사실을 포기하지는 않는다. 개념적 자료는 항상 지각의 영역을 분명하게 하고 그것에 의미를 부여하기 위한 용도라는 점으로 읽혀야 한다. 제임스는 언어나 개념이 순수경험의 흐름을 기술하기 위한 하나의 관점일 뿐이기에 순수경험의 무한한 관계들의 미묘한 차이를 정당하게 언급할 수 있는 언어는 존재하지 않는다.[47]

    제임스는 우리의 실제적 경험에 뿌리를 두지 않는 개념적 질서의 위험성을 강조한다. 그는 개념적인 것을 실재에 대한 희미한 모방으로 간주한다. 그러나 제임스는 1880년대 지각된 것을 실재의 유일한 영역으로 강조했던 자신의 생각을 바꾸어 개념적인 것도 동등한 영역으로 규정한다. 이렇게 하여 그는 지각만을 유일한 실재의 영역으로 강조함으로써 자신이 가졌던 80년대 이원론적 도식을 넘어 해석학적 지평으로 들어선다. 지각과 개념은 동일한 영역을 이루고 있는 동격자들이다. 감각적 실재에 대한 인식은 경험의 조직 내에서 이루어진다. 스스로 시간 안에서 펼쳐지는 관계들에 의해 이루어진다. 이처럼 지각이나 개념들은 순수경험의 세계를 구성하는 동일한 얼굴들이다. 다만 지각된 것들이 의식의 선택적 활동에 의해 개념으로 표현될 뿐, 이 개념들은 바로 지각된 것으로서

---

47) W. James, *Essays in Radical Empiricism*, introduction, ⅹⅸ.

의 실재와 다른 것이 아니다.

이처럼 제임스는 지각과 개념의 상호보완성을 강조한다. 순수경험은 그 무엇으로도 규정할 수 없는 무한한 가능성을 가진 지평이기에 언어적 개념으로 다 표현할 수 없는 절대영역이다. 그러므로 개념은 순수실재를 지시하기 위한 하나의 기능적 방편일 뿐이다. 그러나 개념을 통한 동일자의 구성이 없이 실재는 어떠한 방식으로도 파악할 수 없다. 무한한 경험의 충만성이 개념에 의해 충분히 표현될 수는 없지만, 개념에 의해 지시되지 않고 남아 있는다면, 한갓 카오스일 뿐이다. 이처럼 제임스는 선술어적 층(직접지, know – by – acquaintance)과 술어적 층(간접지, knowledge – about)은 그 발생적 관점에서 중심 – 주변의 해석학적 고리로 연결되어 있음을 강조한다.

실재와 언어의 해석학적 순환성은 언어에 대한 원효의 이중적 태도에서도 드러난다. 원효 역시 실재에 대한 언어적 표현의 불가능성을 강조한다. 이언절여(離言絶廬)는 바로 원효가 불가사의라 부른 것이 언설상으로 표현될 수 없음을 단적으로 이르는 메타포이다. 진여는 언어 이전에 주어져 있는 절대지평으로서 모든 언설을 넘어서서 만날 수 있는 언어 이전의 지평이다. 그러나 진여가 언어 이전의 절대지평이라고 하더라도 어차피 언어를 방편으로 지시할 수밖에 없다. 원효 역시 제임스와 마찬가지로 개념의 기능적 힘을 강조한다. 진여 자체는 모든 언설을 떠나 있지만(離言眞如), 언어의 방편에 의지해서 진여를 언설할 수밖에 없다(依言眞如). 그러므로 진여는 언설을 떠나 있으면서도 언설로 표현할 수밖에 없다. 왜냐하면 진여는 언어와 등을 지고 앉아 있는 초월적 지평이 아니기 때문이다. 그러기에 이언진여는 바로 의언진여일 수밖에 없다. 이를 원효는 '말에 의해 말을 버리는' 인언견언(因言遺言)의 메타포로 설명한다. 말을 끊었다는 말 역시 말을 끊었다는 말을 하게 됨으로써 말로써 말할 수밖에 없다. 그러기에 이치는 말을 떠난 것으로 설명하면서도 말을 떠난 이치를 말로써 설명할 수밖에 없는 자어상위(自語相違)를 범할 수밖에 없다.[48]

　말로써 이치를 설명함에 있어서 비록 그것이 부정의 형식으로 나타난다고 하더라도 언어적 표현임에는 틀림없다. 이치가 말을 떠난다고 해도 그것 역시 결국 말이다. 그러기에 이치는 말을 끊은 것도 아니고, 또 말을 끊는 것이 아님도 아니다. 이런 까닭에 이치는 또한 말을 끊는 것이기도 하고, 끊지 아니하는 것이기도 하다. 일심을 경험적 언어로 표현하지 못하기에 명의가 있다 할 수는 없지만, 어떻든 언어를 통해 지시할 수밖에 없기에 명의를 가진다. 원효는 모든 언설상을 떠나 있으면서도 언설을 통해 지시할 수밖에 없는 不可思議를 철저한 논리로 풀어낸다. 원효는 한편으로 언어의 방편에 의지해서 진여를 언설하고 다른 한편으로 언어의 방편을 떠나서 진여를 밝히는 양가성의 사유를 전개시킨다.[49]

　　　만약 말을 끊지 않는 것이라면, 기신론의 초단의 글(이언진여에 대한 말)
　　　이 바로 부질없는 말이 되며, 만약 실로 말을 끊는 것이라면, 기신론의 후
　　　단의 글(의언진여에 대한 말)이 한갓 헛된 설명이 될 것이다. 이는 마치
　　　허공을 금은(金銀) 등이라 말하는 것과 같은 것이다.[50]

　모든 일체의 법이 본래부터 언설상을 여의었고, 명자상을 여의었

---

48) 은정희 역주, 『대승기신론소・별기』, 일지사, 1995, 101쪽.
49) 김형효, 『원효에서 다산까지』, 청계 2000, 143쪽.
50) 은정희, 위의 책, 102쪽.

으며 심연상을 여의어서, 결국 평등하게 되고, 변하거나 달라지는 것도 없으며 파괴할 수도 없는 것이어서 오직 일심뿐이니, 그러므로 진여라 이름하는 것이다. 진여가 평등하여 말을 여읜 까닭은 모든 언설이 오직 임시로 지은 이름에 불과하기 때문에, 실성에 있어서는 끊어버리지 않을 수 없기 때문이다. 진여라 말하는 것 역시 상이 없으니, 이는 언설의 궁극은 말에 의해 말을 버리는 것이다(因言遣言). 일체의 언설은 임시적인 이름일 뿐 실체가 없다. 그렇기에 이름이 곧 뜻이라고 여기는 생각이 헛된 것이다. 물론 모든 이름이 다 뜻이 없는 것은 아니기에, 다만 뜻이 없는 뜻일 뿐이다.[51] 그래서 진여는 이름과 뜻이 있는 것도 아니고 없는 것도 아닌 불가사의이다.

그러므로 언어는 다만 궁극적 실재를 지시하기 위한 하나의 해석학적 실마리이다. 그러기에 진여의 실상은 모든 언설상이나 명자상을 여의지만, 모든 언설이 지시하는 진여의 실상을 잘 헤아리는 것이 중요하다. 언어의 한계를 넘어서서 열려지는 절대지평은 언설을 방편으로 읽힐 수밖에 없지만 언설에 집착하는 사유로는 접근할 수 없다. 그렇기에 일심이란 명칭 자체로는 아무런 의미를 갖지 않으며, 다만 진여의 실상을 지시하기 위해 억지로 만들어 낸 명자에 지나지 않는다.[52] 모든 언어는 진실 그 자체가 아니고, 다만 임시적인 이름뿐이다. 이런 점에서 이언진여(離言眞如)이다. 하지만 말로써 표현하는 것이 전혀 불가능한 것은 아니다. 그렇기에 의언

---

51) 김형효, 위의 책, 144쪽.
52) 신오현, 「元曉철학의 현대적 조명」, 『元曉의 사상과 그 현대적 의미』, 한국정신문화연구원, 1994, 189쪽.

진여(依言眞如)이다. 말이 진리 자체는 아니라고 하더라도 말을 떠나 진리 자체가 독립적으로 존재하는 것은 아니다. 어차피 언어를 방편으로 존재 실상을 읽을 수밖에 없다.

어차피 말과 이치의 관계가 고정적인 것이 아니라 임의적인 것이라면, 언어로 표현되는 모든 학설에는 그 나름의 일리를 갖는다. 원효는 모든 언어적 쟁론이 일어날 경우, 동의도 하지 않고 동의하지 않지도 않으면서 설한다고 말한다. 동의하지 않는 이유는 말 그대로 취하면 모두가 용납되고, 동의하지 않지도 않는 이유는 그 뜻을 살려 들으면 모든 것이 용납되기 때문이다. 이것은 바로 언어의 한계를 잘 알고 그 뜻을 잘 헤아리는 신중한 태도를 강조하는 것이다. 이처럼 원효의 화쟁의 논리는 실재와 언어의 해석학적 순환성에 토대하고 있다. 언어와 언어 이전의 차원을 해석학적 순환적 관계로 읽는 것은 離言이 아니면 依言도 없고, 依言이 아니면 離言도 없기 때문이다.[53]


## 맺음말

본 글은 해석학의 관점에서 제임스와 원효의 방법론적 유사성을 확인했다. 본 글이 해석학적 전략을 구성하여 방법론적 유사성을 읽은 것은 양자가 다 같이 화해를 위한 메타포를 흐름에서 찾는다는 사실에 있다. 제임스는 순수경험의 흐름의 구조를 연속적 전이의 과정에서 확인하였다. 그는 순수경험의 관계적 패턴을 강조함으

---

53) 최유진, 「원효에 있어서 화쟁과 언어문제」: 『원효』, 예문서원, 2002, 364쪽.

로써 그 방법적인 면에서 후설의 현상학과 지극히 닮아 있으면서도, 현상학을 넘어 해석학에로 나아가고 있다. 후설의 현상학은 순수의식의 구성적 활동을 강조할 수밖에 없기에 세계로 나아가는 의식의 문을 활짝 열어놓지 못했다.[54] 후설의 지향성의 도식이 의식과 세계의 근원적 연속성을 해석학적 순환성으로 읽어내기에는 아직 주관성의 냄새를 완전히 토해내지 못하고 있다는 가정하에서, 본 글은 제임스의 흐름의 형이상학을 해석학적 구조로 읽어 왔다.

우리는 제임스와 원효를 해석학적 동반자로 읽음으로써, 그들이 공통적으로 가지는 화해의 이념과 그 실현 방법을 확인했다. 우리는 이 양자를 통해 온갖 이론적 논쟁들이 순수한 경험으로서의 한마음(一心)의 실상을 잘못 읽은 데서 비롯됨을 확인했다. 알량한 이성에 의해 온갖 색깔로 덧입혀지기 이전의 순수한 한마음에 관한 해석학적 성찰을 통해 진정한 화해의 길을 찾아나서는 두 철학자와 동행했다. 우리는 두 철학자에 의해 확인된 의식과 세계, 언어와 실재의 근원적 유대성, 그리고 그 유대성을 통해 열려진 화해의 길로 안내를 받았다. 우리는 제임스와 원효를 통해, 실재의 언어성과 언어의 실재성을 건강하게 건져 올리려는 해석학적 전략을 확인했고, 이는 바로 진정한 화해성의 회복을 향한 실천철학적 행보임을 확인할 수 있었다.

---

54) 필자는 후설의 현상학, 특히 후기 생활세계적 현상학을 해석학적 구조로 읽는 작업을 이미 한 바 있다(「현상학과 해석학」: 백승균 외 지음, 『해석학과 현대철학』, 철학과현실사, 1996, 181－218). 그러나 본 글은 제임스를 후설 현상학의 단순한 선행자로 이해하기보다는 오히려 후설을 넘어 이미 해석학적 지평을 열어 보이고 있는 제임스에 초점을 맞춘다. 물론 필자는 후설의 지향성이 세계를 등지고 앉아 있던 의식을 세계에로 이미 향해져 있는 의식으로 읽을 수 있기 위한 해석학적 채널이라는 점을 인정한다. 그럼에도 제임스를 현상학을 넘어선 해석학으로 새롭게 조명하는 것은 후설과 제임스는 해석학적 동반자라는 사실을 확인하기 위한 하나의 작업가설임을 밝혀 둔다.

# V.
# 의상과 R. 로티

우연성에 대한 깨달음으로서의 자유[1]
셀 수 없는 오랜 세월이 한 생각 찰나와 같다(無量遠劫卽一念).
—『一乘法界圖』—


오딘(Steve Odin)은 그의 저서 *Process Metaphysics and Hua−Yen Buddhism*(State University of New York Press, Albany, 1982)[2]에서 화이트헤드의 유기체 사상과 화엄불교를 비교한다. 오딘은 이 책을 통해 화엄철학과 과정형이상학의 유사점을 먼저 밝히고, 이들 사이의 차이점을 부각시키고 있다. 오딘은 화이트헤드의 과정철학이 함의하고 있는 화엄적 요체를 여러 군데에서 밝히고 있다. 오딘은 화이트헤드의 과정철학의 화엄적 계기를 다음에서 인용한다.


　각 현실적 존재자는……대우주에 있어서의 우주를 소우주에서 되풀이한다. 각 현실적 존재자는 그 작용범위 내의 현실 세계를 포함하는 경험의 한 맥동(throb)이다. 어떤 의미에서 모든 존재자는 세계 전체에 널리 스며

---

1) 리차드 로티, 김동식·이유선 옮김, ≪우연성, 아이러니, 연대성≫, 102쪽.
2) 이 책은 우리말로 이미 번역되었다. 앞으로 이 글에서는 이 번역된 책을 인용한다. 스티브 오딘 저, 안형관 옮김, ≪과정 형이상학과 화엄불교≫, 이문출판사, 1996.

들고 있다. 각 단위는 본질적으로 그 사회의 모든 다른 구성원과 관계를 맺고 있고, 그리하여 각 단위는 그 자체 일체를 포용하는 전 우주를 나타내는 하나의 소우주이다. 어떠한 두 현실태도 서로 분리될 수 없다. 하나하나는 모든 것 속의 모든 것(all in all)이다.[3]

오딘은 이처럼 화이트헤드의 유기체철학을 화엄의 상즉상입으로 해석한다. 그리고 오딘은 화이트헤드의 '연장적 연속체'(extensive continuum)개념은 화엄불교의 상즉상입과 연결시킨다. 하지만 오딘은 여기에 머물지 않고 화엄의 상즉상입이 가지는 전체론적 혹은 총체론적 결정론으로 비판하면서, 화이트헤드의 과정형이상학을 통해 극복하는 관점을 제시해 보인다.[4] 특히 오딘은 의상의 화엄사상을 책머리에 소개하면서 시작하면서, 책의 말미 부록에서 다시 의상을 소개한다. 오딘은 한국 화엄사상의 진수를 의상에서 찾고 있다. 그러면서 오딘은 의상의 一卽多 多卽一의 화엄요체를 교리적 공식으로 규정한다.[5]

그러나 쿡(Francis H. Cook)은 오딘과는 달리 화엄과 화이트헤드 사이의 유사성을 확인한다.[6] 쿡은 특히 중국화엄을 대표하는 법장의 화엄사상을 '총체적 존재관'(a totalistic view of existence)으로 규정하면서,[7] 화엄의 요체를 인식론적 차원에서 결정론으로 해석하는 오딘과는 다른 견해를 제시해 보인다. 특히 쿡은 화엄의 원리인 상즉상입의 원리를 역동적 존재론으로 읽어냄으로써, 오딘의 화엄해

---

3) 스티브 오딘 저, 안형관 옮김, 같은 책, 160쪽.
4) 특히 이에 대해서는 같은 책, 6장 이하 참조.
5) 스티브 오딘 저, 안형관 옮김, 같은 책, 168쪽 참조.
6) Francis H. Cook, 문찬주 역, ≪화엄불교의 세계≫, 불교시대사, 1994, 144쪽 참조.
7) 같은 책, 70쪽 참조.

석과는 다른 입장을 제시한다. 화엄의 상즉상입을 인과적 결정론과 화해시킬 수 없는 역동적 존재론으로 해석할 수 있는 입장을 제시해 보인다. 전체가 부분들의 단순한 총합이 아닌 전체를 창조할 수 있는 총체적 힘으로 규정함으로써, 화엄을 인과적 결정론으로 해석하면서 자칫 놓칠 수 있는 창조성의 메타포를 읽어낸다.[8] 그러나 오딘의 화엄해석 역시 논리적 타당성을 갖는 면들이 있다. 상즉상입의 형이상학이 아무리 부분들의 총체적 힘을 강조한다고 할지라도, 어디까지나 개별자의 실재를 인정하면서도 존재의 총체성에 강조를 둔다는 점에서 부분, 즉 개체의 창조성 및 자유는 제한될 수밖에 없다. 그리고 법장의 화엄은 어디까지나 체계구축을 위해 이론적으로 정교화하는 데 일차적 관심을 두고 있기 때문에, 오딘의 지적처럼, 대칭적인 구도로 형식화하지 않을 수 없다.[9]

본 연구는 우선 화엄사상의 역동적 사유체계를 '인과론적 결정론'이라는 서구적 낡은 모델로 분석하면서 비판하는 오딘의 접근방식이 가지는 문제점을 인식하면서, 화엄사상, 특히 한국화엄의 요체인 의상의 사유체계에서 발견되는 '자유'의 메커니즘을 확인하는 데 관심을 갖는다. 필자는 법장의 화엄체계가 갖는 '총체적 존재관'의 역동적 성격을 인정하면서도, 이론적으로 정치하게 구축한 중국화엄체계 속에서는 발견할 수 없는 부분, 즉 개체의 '자유의 메커니즘'을 한국화엄의 요체인 의상을 통해 읽어내는 데 관심을 둔다. 특히 필자는 의상의 「해인도」(海印圖) 속에 녹아들어 있는 자유의

---

8) 같은 책, 158쪽 참조.
9) 프란시스 쿡은 법장의 ≪화엄일승교의분제장≫의 구도를 대칭적 구도를 잘 요약하고 있다 (142쪽 참조).

메타포를 성급하게 결정론적으로 해석하는 데 대해서는 의문을 제시하지 않을 수 없다.

본 연구는 의상의 화엄사상이 지니는 '자유'의 메커니즘을 리차드 로티의 실용주의적 전략에 호소하여 재구성할 것이다. 그 어느 철학자보다도 사적 자유를 강조하는 로티를 통해 의상의 화엄 형이상학 속에 녹아들어 있는 '자유와 창조'의 메타포를 읽어내는 것이 목적이다.

부르주아 자유주의자인 로티를 한국 화엄사상의 시조격인 의상과 짝을 이루어 거명할 수 있는가? 지금 살아서 미국식 정치이념을 대변하고 있는 로티와 색 바랜 역사 속에 한국화엄의 시조로서 희미한 기록으로 남아 있는 의상을 어떤 맥락에서 동일 지평으로 끌어들일 수 있는가? 이는 마치 "문둥병 환자와 미인 서시(西施)를 대조하는 것만큼이나 괴이하고 야릇한 대조"10)가 아닌가? 하지만 하나의 가능성은 있다. 다만 그들을 하나의 공통분모로 묶어내려는 만용만 부리지 않는다면! 비록 양자가 각각의 공시적 지역성을 대변하기는 하지만, 그들의 담론은 대립과 갈등을 넘어 인류의 연대를 통한 평등과 조화의 이념을 지향하고 있다는 점에서 한 가닥의 가능성을 열어 준다. 이는 바로 양자에게 발견되는 융섭(融攝)의 메커니즘을 확인하는 것에 의해 가능하다. 로티와 의상에서 발견되는 융섭의 메커니즘은 '자유'이다. 의상의 사유세계를 로티를 통해 다시 읽기를 시도하는 본 글의 머리말을 화이트헤드의 말로 시작할 수밖에 없는 이유는 로티가 그의 박사학위 논문을 화이트헤드와 아리스토텔레스에 관해 썼다는 사실만으로도 충분할 것이다.11)

10) 안동림 역, 『莊子』, 서울, 현암사, 1993, 63쪽.

본 연구는 화이트헤드를 통해 읽어낼 수 있는 로티의 과정철학적 함의를 확인하는 데서 시작할 것이며, 이를 의상의 화엄적 사유세계와 조응시켜 볼 것이다. 특히 의상의 성기론(性起論)과 로티의 신실용주의가 만날 수 있는 지평을 열어 보이는데 관심을 가질 것이다.[12]

의상을 포함한 화엄사상에 대한 사상사적 접근은 우선 화엄사상의 원융사상을 신라 중대의 중앙집권적 왕권강화에 부합하는 사유체계라고 인식하는 것이다. 화엄의 一卽多의 논리는 결국 多보다는 一을 통일원리로 우선하는 전제정치의 이념적 대안이 되어 왔다는 지적이다. 이기백이나 김두진과 같은 학자들은 의상의 화엄사상이 바로 전제정치의 왕권강화의 이념적 대안으로 기능했다는 사실을 지적한다. 이기백은 의상의 법계도 사상을 일심에 의하여 우주의 삼라만상을 통섭하려는 것으로 전제왕권의 중앙집권적 통치이념을 뒷받침하기에 적절하다고 지적한다. 의상의 화엄사상은 모든 존재의 유기적 통일성을 강조하는 원리이기에 오히려 조화와 평등을 이념으로 하고 있다. 따라서 김상현처럼, 의상의 화엄사상을 전제왕권에 연결시키는 것은 지나친 왜곡이라는 지적도 있다. 한편 정병삼은 화엄사상을 당대의 정치적 상황과 전혀 무관한 것

---

11) 홀(David L. Hall) 역시 ≪리처드 로티≫에서 로티와 화이트헤드의 사상적 연대성을 확인시켜 준다(이광세, "로티와 동양사상", ≪로티와 사회문화≫, 김동식 엮음, 철학과현실사, 1997, 329쪽 참조).

12) 의상의 性起論을 과정철학으로 읽어낼 수 있는 가능성은 다음에서 확인할 수 있다. 오딘은 그의 저서, 『과정형이상학과 화엄불교』에서, 그의 논의를 진행시키기 위한 화두를 의상의 『화엄일승법계도』에서 찾는다. 그리고 보조국사 지눌을 과정철학과 비교하기 위한 전략 역시 의상의 성기론에서 그 실마리를 찾는다(특히 Kang, S ungdo, *The potential contribution of Korean Buddhism: Updating Pojo Chinul through mutual transformation with Alfred North Whitehead*, Claremont Graduate School, 1992).

으로 보는 것은 가능하지 않다고 전제한다. 하지만 화엄사상을 신라중대의 정치적 상황과 연관시켜 다루기에는 많은 문제점들이 있다고 말한다. 그는 의상이 화엄사상의 평등과 조화의 이념이 당시 신라의 신분제를 뛰어넘을 수 없는 세속적 한계성을 인식하면서, 화엄사상의 실천성에 주목하고 주로 교단을 중심으로 한 구도적 실천을 역설한 점을 제시한다. 특히 기층민들의 현세 구복적인 실천을 지향하는 경향으로 나가게 된 배경을 밝혀주고 있다.[13] 본 글은 이러한 기존의 연구성과를 고려하면서 특히 의상의 화엄사상의 실천 지향적 함의를 사적 자아의 자유와 창조의 메타포로 로티식으로 읽어내는 데 초점을 맞춘다.

## 1. 실용주의적 진리관

로티의 생각을 처음부터 끝까지 관통하고 있는 신념은 반정초주의(anti‒foundationalism)이다. 진리나 본질을 언어 외적 세계에서 정당화해 온 전통적 진리관이나 인식론에 대한 로티의 비판은 철저하다. 즉 사회적 관행이나 실행을 떠나 진리를 논리적‒개념적으로 정초하려는 근대적 모험에 대한 로티의 불신은, 전통적 화엄의 교학중심적 경향에 대한 의상의 불신과 맥을 같이한다. 장황한 논리적 체계로 구축된 교리보다 대중을 위한 종교적 실천을 강조하는 의상의 태도는 그의 『화엄일승법계도』(華嚴一乘法界圖)의 절제된 언어 사용에서도 잘 나타난다. 이 속에 흐르고 있는 의상의 성

---

13) 정병삼, ≪의상화엄사상연구≫, 서울대학교출판부, 1998, 서론 참조.

기론 역시 진리정초주의에 대한 저항을 담고 있다. 의상의 몇 안 되는 짧은 저서 속에는 사회적 실천과 동떨어진 거대한 진리에 대한 이론적 설명보다 주어진 사회에 잘 대처하고 사회적 합의를 가능하게 하는 실천지향적 성향을 담고 있다. 그는 언어의 본질적 한계를 알고 있기 때문에 거대(meta)담론에 대한 불신을 표출한다. 그의 이러한 입장은 그의 글쓰기 방식이 주로 축약된 언어로 만들어진 게송류(偈頌流)의 글이라는 점에서도 잘 드러난다. 이는 바로 거대담론에 대한 로티의 불신이 철학적 구원 대신 문학적 구원을, 논리적 개념 장치 대신 레토릭을, 그리고 논증 대신 대화를 목적으로 한 교화를 우위에 두는 것으로 나타나는 것과 무관하지 않다.

주어진 사회적 실행을 떠나 거대한 진리를 정초해 왔던 모던적 기획은 진리의 사회적 성격을 간과한 데서 실패했다. 현실심을 등지고 앉아 더 이상 철학적, 종교적 구원이 있을 수 없다는 생각이 로티와 의상에게 공유되어 있다. 반정초주의에 토대한 로티의 실용주의와 相卽相入의 원리가 집약되어 있는 의상의 성기론은 모두가 주어진 사회적 혹은 종교적 실천을 강조하는 실천지향적 의미구조를 가지고 있다.

우리는 로티의 실용주의적 진리관을 통해 의상의 중도적 진리관을 엿볼 수 있다. 로티는 전통적 진리관과 자신의 실용주의적 진리관을 비교하면서, 진리의 사회적 성격을 강조한다. 그가 진리개념과 연관시켜 말하는 '사회적 실행'은 바로 그 진리 자체를 규정하고 있는 사회적 관행을 의미한다. 진리는 바로 즈어진 사회적 관행을 떠나 존재하지 않는다. 진리는 그 자체 내에 논리적 근거나 존재론적 근거를 갖지 않고 다만 당대의 규범에 부합하는 이상의 어띤 것을 갖지 않는다.[14] 진리는 그때그때의 주어진 맥락 안에서 재서술 내지 재해석될 뿐이다. 즉 진리란 그 시대를 함께 살고 있는 모든 사람에게 좋은 것으로 합의된 것 이상의 의미를 갖지 않는다.

이러한 로티의 진리관은 의상에서도 그대로 나타난다. 그의 『법계도』는 法으로부터 출발하여 佛로 되돌아오는 모양을 도식으로 상징화하고 있다. 法과 佛이 똑같이 한 가운데 배치되어 있다. 이는 현실(법)로부터 부처(불)에로 이르는 길은 두 길이 아닌 하나의 길(中道)임을 깨우치기 위한 메타포이다. 이는 바로 모든 존재의 실상을 잘못 읽고 극단적 대립으로 논리화하고 추상화해 온 전통에 대한 실천 지향적 대안이다. 범부든 부처든 어떠한 맥락에서 읽혀지는가에 따른 두 얼굴일 뿐, 성기의 과정 철학적 관점에서 보면 동일자이다. 一卽多와 多卽一의 화엄적 구조가 바로 의상의 『법계도』의 요체이다. 말하자면 범부와 부처가 다름이 아니기에 범부의 五尺身이 다름 아닌 法身임을 깨닫게 하기 위한 실천 강령이다. 生滅과 眞如가 다름이 아님을 일깨워 준 화엄의 요체가 이 『法界圖』 안에 절제된 메타포로 함축되어 있다. 이러한 의상의 절제된 메타포는 바로 그의 性起論에서 잘 나타난다. 그에게 있어서 성기란 바로 중도이다. 극단적 분별심에서 자유로운 관점에서 읽힌, 있는 그대로의 세계가 바로 성기이다. 있는 그대로의 세계란 바로 '지금 그리고 여기'라는 현실을 뜻한다. '지금 그리고 여기'란 현실을 떠나 열반이 따로 없음은 바로 번뇌가 열반임을 깨우치기를 주문한다. 그러기에 진리란 바로 주어진 사회적 실행의 관점에서 그때그때 새롭게 읽혀야 할 가능성의 지평이다. 이는 바로 진리를 언

14) 김동식, ≪로티의 신실용주의≫, 철학과현실사, 1994, 235쪽 참조.

어적 질서로 짜인 사회적 실행의 관점에서 읽은 로티와 맥락을 같이한다.

## 2. 사적 자아의 확대: 一卽多

의상의 화엄사상이 그 당시의 상황하에서 어떠한 정치적 함의를 가지는가를 해석하기에는 여러 가지의 한계가 있다. 상즉상입의 논리가 당시의 강인한 골품제도하에서 그대로 적용될 수도 없었을 것이고, 의상 역시 그대로 적용하지는 않았을 것이다. 동시에 그의 一卽多의 논리가 一중심의 전제정치의 이념적 실마리로 작용할 가능성도 배제할 수 없다. 따라서 의상의 一卽多의 상즉상입의 논리가 지닌 사회-정치적 함의에 대한 논의는 다양하게 제시될 수 있을 것이다. 그러나 거의가 의상의 一中一切 一切中一을 一중심의 절대권력-이데올로기로 해석하는 경향이 많다.[15]

그러나 분명한 것은 의상으로서는 그 당시 사회신분제도하에서는 불가능했던 화엄의 이념을 자신의 교단 안에서 실현할 수밖에 없었다는 사실이다.[16] 자신의 교단의 구성원은 주로 기층민 출신의 계급이었다. 이들에게 있어서는 온갖 교리적 대립으로부터 자유로워져 진정한 실천을 지향하는 것만이 가능했던 것이다. 이러한 맥락에서 우리는 의상의 一卽多 혹은 一中一切 一切一中의 논리를 일(一)보다는 다수의 개개인(多)을 더 중요하게 인식하는 것으로 해

---

15) 정병삼, 위의 책, 188쪽 참조.
16) 같은 책, 200쪽 참조.

석할 수 있을 것이다. 현실의 고통을 안고 살아가는 사람들의 실천적 해탈을 더욱 강조한 것이다. 그러기에 그의 『법계도』는 장황한 논리적 설명이기보다는 게송류(偈頌流)의 실천적 강령의 성격을 띠고 있다.

그러므로 의상의 화엄사상의 특징은 하나의 원리에 잡다한 여러 가지 현상을 융해시키는 데 있지 않다. 다양한 사상들 하나하나가 그대로 절대적인 전체가 되면서 서로 걸림이 없이 융해되는 것을 말한다. 화엄사상의 핵심은 오히려 다양한 부분, 즉 중생 하나하나에 긍정적 가치를 부여하는 데 있다. 다양한 부분들을 전체라는 논리적 질서 속에 용해시키는 것이 아니라, 중생 한 사람 한 사람이 어느 객관적 질서에도 포섭될 수 없는 우연적 존재로서 절대적 가치를 갖는다는 것을 역설한다.[17] 범부가 바로 부처이고 五尺身이 바로 불신임을 깨닫는 것이 진정한 실천이다. 이처럼 의상은 전체보다는 부분을, 하나의 통일성보다는 다수의 다양성을 그리고 객관성보다는 우연성을 역설하는 특징을 지닌다.

이 글의 목적은 의상의 一卽多의 논리를 一중심의 권력−이데올로기로 해석하려는 입장에 대해 개개인의 신앙적 자유를 강조하는 다원주의적 실천강령으로 읽어내는 것이다. 의상의 화엄사상을 개인의 신앙적 실천을 강조하는 강령으로 읽어내기 위해 로티의 자유주의적 전략을 사용할 것이다. 法性이라고 부를 그 어떤 실재도 多로 존재하지 않기에 법성이 여러 다양한 현상으로 되는 性起가 바로 실재임을 깨닫도록 주문하는 의상의 입장을, 거대담론, 즉 하나의 진리를 정초하려 했던 근대의 형이상학에 대한 불신을 표출

---

17) 정영근, "義相의 화엄학의 실천적 지향", ≪종교연구≫, 180쪽 참조.

한 로티의 자유주의를 통해 새롭게 읽어낼 수 있다.

필자는 의상의 一卽多를 전제정치의 이념적 구실로 끌어대는 입장에 저항하기 위해, 중생의 자유로운 신앙적 실천에로 무게 중심을 옮긴다. 의상에 있어서 중요한 것은 정치한 이론적 교설이 아니라, 바로 개개인의 종교적 실천이다. 이는 바로 로티의 리버럴한 자유주의적 성향을 통해서도 드러난다. 로티는 자기실현이 자유주의의 가장 높은 가치라는 전제에서 출발한다. 자아는 사적이고 우연적인 변화의 소산일 뿐, 인간의 삶을 존재론적으로 미리 결정하는 도덕적 혹은 보편적 기준은 따로 없다. 로티의 우연적 존재로서의 자아는 스스로 자기확대와 자기창조를 통해서 자신의 우연적 개성을 실현시켜 나간다. 여기에 자아의 개성과 우연성을 통제할 그 어떤 이념적 원리도 필요하지 않다. 자아와 사회 그리고 도덕, 정치 모두가 우연성의 산물일 뿐이다.

의상은 중생의 자유로운 종교적 실천을 강조하면서, 그 실천을 강제할 그 어떤 이론적 원리나 규제적 이념도 요청하지 않는다. 一도 一切도 무자성임을 깨닫는 순간 우리는 로티식의 자유주의자가 될 수 있을 것이다. 온갖 언설상(言設相)이 빚어낸 경계를 자유롭게 넘나드는 순간, 범부가 부처와 다르지 않음을 깨닫는 진정한 자유주의자가 될 것이다. 있는 그대로가 부처임을 깨닫는 순간 중생의 자유로운 자기 확대와 자기창조를 통한 자신만의 삶이 가능해진다. 一과 多가 서로 自性을 갖지 않기에 분리될 경계 역시 따로 없음을 깨닫는 진정한 자유는, 로티에 있어서는 자유주의가 합리적 근거 위에서 정초될 수 있다고 믿어온 '자유주의적 형이상학'으로부터 자유로워질 때 가능해진다. 인간의 본성이 따로 없고 사회와 정치의 본성이 따로 없기에 합리적 근거 위에서 인간의 자유를 정초해 왔던 정초주의적 자유론자들에 대한 로티의 저항은 이러한 맥락에서 이해된다. 그러므로 로티는 공적 영역과 사적 영역을 통합하거나 조화시키려는 시도는 성공할 수 없고 또한 필요하지도 않다고 한다. 각 영역은 독자적 정당성을 가지며, 따라서 이 구분이 불편할 이유가 없는 것이다. 이러한 구분으로부터 자유로워질 때 진정한 '리버럴 아이러니스트'가 된다. 이것은 분별지로부터 자유로워져 중도가 실재임을 깨닫는 순간 가능해진다. '아이러니스트'는 미리 결정된 보편적 질서에 저항하면서 자아는 항상 새로운 것으로 창조될 수 있는 우연적 존재임을 깨닫는 자이다. 로티의 '리버럴 아이러니스트'는 온갖 언설상에 의해 조작된 이론적 가설로부터 자유로워져 진여와 생멸을 자유롭게 넘나드는 자일 것이다. 로티가 "철학은 사회적 임무가 아니라, 사적인 [개인의] 완성의 추구를 위해 더 중요하게 되었다."[18]고 말하는 이유도 바로 여기에 있다. 그렇기에 로티는 민주주의를 철학보다 우선시킨다.

우리가 의상의 一卽多에 대한 전제주의적 해석을 거부하면서 로티를 거명하는 것은 홀(D. Hall)이 로티에 대해 다음과 같이 지적하는 것을 인정하기 때문이다. 홀은 로티를 심미적 다원주의자로 규정한다. 그리고 민주주의자로 규정한다. 홀은 논리적 질서와 심미적 질서를 구분한다. 논리적 질서가 획일적 균일성을 의미하는 반면, 심미적 질서는 개별적이고 구체적인 사물들이 갖는 차이성과 다양성을 존중한다.[19] 이러한 맥락에서 의상의 一卽多의 화엄적

---

18) 리처드 로티, 김동식·이유선 옮김, ≪우연성 아이러니 연대성≫, 민음사, 181쪽.
19) 이광세, "로티와 동양사상", ≪로티와 사회와 문화≫(김동식 엮음, 철학과현실사, 1997,

진수를 로티의 심미적 다원주의를 통해 들여다볼 수 있다. 심미적 다원주의를 통해 들여다본 의상의 화엄의 얼굴이 전제주의와 절대주의와는 거리가 멀다.

　이러한 사실은 로티의 종교관에서도 잘 드러난다. 로티는 사적 영역이 공적 영역에 의해서도 침해당하는 것에 저항한다. 자아의 진정한 자유는 사적인 영역의 문제이기에 이것을 사회정의라는 공적 영역과 일치시키는 것은 바람직하지 않다. 로티는 사적 영역의 다양성이 그 어떤 공적 원리에 의해 침해당하는 것을 거절한다. 그러나 공적 영역이 사적 영역보다 우선해야 한다고 동시에 말한다. 이는 공적 영역이 사적 영역보다 우선해야 하지만 동시에 사적 영역의 다양성이 침해되어서는 안 된다는 이중적 의미를 담고 있다. 즉 아무리 사적 영역의 다양성과 우연성이 존중되어야 한다고 하더라도 타인과의 연대가 우선되어야 한다. 이러한 로티의 생각은 그의 종교관에도 그대로 나타난다. 특정한 종교적 신념을 진리로 간주하는 정초주의적 이데올로기는 종교적 경험의 사적 다양성을 침해한다. 종교적 영역은 하나의 공적 원리에 의해 저울질 되어야 할 것이 아니라 사적 영역으로 그 자율성이 보장되어야 한다. 이 사적 영역의 자율성은 무한한 자아창조의 길을 열어준다. 공적 연역과 구분된 사적 영역의 종교적 경험의 다양성은 존중되어야 하지만, 동시에 공적 영역과 구분된 사적 영역으로 제한되어야 한다. 그렇기에 민주주의가 종교에 우선한다.[20] 이렇듯 로티는 종교의 다양성을 사적 영역에서 인정해 주어야 하면서도, 이 다양성이 사회

---

317 - 318쪽 참조.).
20) 김동식, ≪로티의 신실용주의≫, 188쪽 참조.

적 연대라는 공적 영역을 해치는 반민주적 잡다성으로 연결되어서는 안 된다는 사실을 역설한다. 이 연대는 바로 타인에 대한 잔혹함을 최소화하려는 욕망의 산물이다. 로티가 말하는 연대는 미리 결정된 합의나 보편적 원리하에 질서화됨으로써 가능한 객관성이나 합리성과는 달리, 사적 영역 속에서 타인에 대한 배려를 통해 이루어지는 심미적 차원의 연대성이다. 민주주의가 가능하기 위한 최소한의 조건이 바로 타인에 대한 배려를 통한 사회적 연대인 것이다. 이것만은 포기할 수 없다. 따라서 그는 '객관성을 향한 욕망'을 버리고 대화와 설득을 통한 '연대성을 향한 욕망'을 갖도록 주문한다. 특정한 신이나 이념을 정초 지우기 위한 논증적 대화(dialogue)보다, '강제되지 않은' 대화(conversation)를 통한 연대성의 회복이야말로 진정한 자유주의자의 희망이다.


## 3. 중도와 우연성

의상의 중심사상은 중도(中道)이다. 모든 존재의 본래 모습은 분별이 없는 것이기에 모든 존재는 항상 그 중도에서 파악되어야 한다. 중생에게는 깨달음이 이미 완성되어 있음으로 범부의 오척신이 바로 그대로 법신이다. 일체의 법은 분별이 없고 평등하여 중도에 있다. 분별이 없는 법은 자성을 고수하지 않으므로 연에 따라 끝이 없고 또한 머무르지 않는다. 중생심과 불심이 그 본성을 본래부터 가지고 있지 않기에 서로 일치하지도 다르지도 않는 중도에 있다. 붙들 진리가 따로 없기에 '지금 여기'가 그대로의 진리이다. 중생심이 본래 불심과 다르지 않기에 한 껍질 벗기고 만나야 할 심오한 자아의 본질도 따로 없다. 현실심이 그대로 부처인데, 더 이상 걷어내고 만나야 할 자아의 심오한 본질은 없다. 그렇기에 현실을 등지고 앉아 있는 부처를 만나기 위한 먼 길을 돌아가야 할 길도 따로 없고 또한 그럴 필요도 없다. 그러므로 '지금 여기'에서 현실의 고통을 짊어지고 살아가는 중생은 지속적인 자기창조와 확대를 통해 새로운 눈으로 세상을 보고 세상사에 잘 대처할 수 있는 대안을 자유롭게 창조해 나가야 한다.

의상이 간결한 ≪법계도≫를 통해 중생에게 던진 메시지는 바로 자유이다. '진리'란 이름하에 조작된 온갖 대립을 넘어 중도에 이른 자의 자유를 강조한다. 온갖 형이상학적 대립을 넘어 진정한 깨달음의 자유를 얻은 그 중생이 바로 부처이다. 언어가 마치 밖으로 나갈 수 없는 피부와 같은 것이라면, 주어진 시대의 언어적 질서에 제약될 수밖에 없는 자아는 다만 언어적 그물로 짜인 조각에 지나지 않는다. 그러므로 인간을 상징하는 최종 어휘는 따로 없고 끊임없는 자아창조만 있을 뿐이다.

우리는 의상의 화엄사상이 지니는 실천적 지향성을 이해하기 위해, 그의 『법계도』에 나타나는 중도설을 정독할 필요가 있다. 이론적－논리적 대립을 벗어나 자유로운 실천을 역설한 의상의 생각이 바로 절제된 언어로 각인되어 나타나는 곳이 『법계도』이다. 7언 30구의 절제된 형태로 일종의 게송류의 양식으로 짜여 있는 이 『법계도』는 210자를 4면 4각으로 도인화하여 형상화하고 있다. 法字로 시작하여 佛字로 다시 돌아오는 원융회통의 이념이 그대로 녹아들어 있다. 즉 현실적 존재(法)로부터 출발하여 부처(佛)에 이르는 길이 한 길로 이어져 있고, 법과 불자가 똑같이 한가운데 배치되고 있다. 이것은 현실적 존재의 모습 그대로가 깨달은 자의 모습임을 상징화해 준다. 현실과 이상은 별개의 것이 아니라 하나로 융합되어 있음을 강조한다. 生死와 涅槃, 凡夫와 부처, 理와 事의 이원적 대립을 넘어 존재의 실상(중도)에로 돌아오기를 주문하는 실천강령적인 메타포이다. 극단적인 이론적 혹은 교조적 대립에 휘둘리어 진정한 존재의 실상을 놓치고 있는 자들에게, 모든 것은 본래가 분별이 없음(無自性)을 깨우쳐주는 메시지이다. 의상은 존재의 실상이 무분별이기에, 독백의 이데올로기로부터 자유로워져 대화의 문을 열도록 주문한다.

의상의 이러한 입장은 당시의 메타담론에 대한 불신으로 나타난다. 의상은 삼국통일을 전후하여 중국과의 교류 그리고 고구려와 백제의 불교 수용 등을 거치면서 중관파와 유가파의 교리적 대립이 극심해지기 시작한다. 그리고 불교를 통한 국가의 통일과 왕권의 강화가 달성되면서, 차츰 국가불교에 대한 회의도 심화되어 세속적 가치와 출세간적 가치의 대립이 증폭되었다. 이러한 상황에서 의상은 국가권력으로부터 자유로워져 진정한 종교적 실천을 지향하는 정토신앙의 방향을 잡아 나간다. 의상에게는 더 이상 무엇이 진리이고 어떤 것이 진정한 깨달음인지를 이론적으로 정당화하는 거대담론에는 관심이 없다. 오히려 온갖 형이상학적 논쟁에 의해 야기된 메타담론적 대립을 넘어 불교의 본래 얼굴인 현세 구복적 이야기로 전환해 간다. 우리는 메타담론의 독백을 해체하여 새로운 대화적 채널을 열어가려는 의상의 행보를 거대담론의 논증적 대화(dialogue)를 해체하고 교화적 대화(conversarion)의 장으로 안내하는 로티의 포스트모던적 행보를 읽어낼 수 있다.

　로티의 이러한 행보는 그의 '우연성 - 테제'에서 발견할 수 있다. 로티의 화엄철학적 함의는 우선 그의 반정초주의적 입장에서 단적으로 드러난다. 로티의 공격대상은 '전통'이란 이름으로 수행해 온 모든 철학이다. 그 철학들은 한결같이 모든 것을 정초 지우는 궁극적 토대가 실재한다는 신념에서 출발한다. 어디에서 새롭게 출발해야 할 절대적 단초인 '아르키메데스적 기점'은 없다. '철학이 자연의 거울'이라는 모던적 명제는 결국 인간과 자연을 대립시키고, 인간의 본질인 이성이 대립하고 있는 자연을 있는 그대로 비추어 줄 투명성의 장이라는 전제에서 출발한다. 인간의 본질을 이성으로 참칭(僭稱)하고 그곳에다 지식의 보편성을 구축하려는 근대적 모험은 인간 역시 그들 둘러싸고 있는 거대한 질서의 소산인 우연적 존재임을 인정하기를 거부한다. 인간 그리고 언어의 본질이나 세계의 본질이 다 허구적인 것이기에, 모든 것은 다른 것과의 관계 속에서 그 나름의 의미를 가질 뿐이다. 모든 것이 우연적인 것이기에, 어디에도 진리나 본질을 정초할 근거는 따로 없다. 이와 같은 로티의 '우연성 - 테제'는 정초를 위한 정당화 전략으로서의 논증적 대화방식을 배제한다. 진리를 정초하기 논증적 대화(d:alogue)는 상대를 논파하려는 전략이다. 언어든 세계든 진리든 본질이든 모든 것이 우연성일 뿐이기에, 결국 모든 것은 끊임없는 언어적 해석에 지나지 않는다. 어떤 파일로 짜깁는가에 따라 여러 개의 진리로 해석될 수 있다. 그렇기에 상대를 논파하는 전략보다 교화를 위한 설득적 대화(conversation)가 더 실용적이다. 무엇이 우리 모두에게 도움이 되는지를 새롭게 찾아가는 실용적 지식이 더 필요하다.

로티의 '우연성 – 테제'는 결국 화이트헤드의 '보편적 상대성' 원리에 잇대어 있다. 화엄적 사유패턴에 가장 닮아 있는 화이트헤드는 "다른 모든 현실적 존재자들을 포함한 우주의 온갖 사항들은, 임의의 한 현실적 존재자의 구조 속에 들어 있는 구성요소가 되고 있다."고 말한다.[21] 이 화이트헤드의 '보편적 상대성'은 로티에 의해 '모든 것이 상대적으로만 타당하다'는 우연성으로 읽힌다. 이것은 바로 의상이 연기를 공으로 말한 바로 중도와 다름이 없다. 이러한 맥락에서 소련 불교학자 체르바츠키는 아래와 같이 기술한다.

> 대승불교의 중심개념은 상대성(空)이다. 우리는 '상대적'이란 용어를, 하나의 사물은 그 외의 어떤 것과 가지는 관계를 언급함으로써 확인될 수 있고, 이러한 관계가 없으면 무의미해진다는 사실을 기술하기 위해 사용한다……. 그렇기 때문에 우리는 좀 더 나은 해답이 없는 관계로 '공'(空性, śūnya)이란 단어를 상대적 또는 우연적이라 번역하고, 공성(śūnyata)이란 용어를 상대성 또는 우연성으로 번역해도 좋을 것이다.[22]

어차피 모든 것은 언어적 해석일 뿐이기에, 어떠한 해석이 우리 모두에게 더 유익한 것인지 그 현금가치를 평가하는 것이 더 중요하다. 영원한 보편적 진리를 마치 키메라 사냥하듯 추적해 온 모던적 행보는 이제 새로운 어휘에 의해 죽임을 당한다. 어차피 최종 어휘가 실재하는 않는 이상, 새롭게 해석, 재해석, 재 – 재해석할 수 있는 참신한 어휘를 창안하는 것이 더욱 실용적이다. 이렇게 창안된 어휘는 일종의 메타포이다. 로티의 우연성 테제는 자연스럽게 자문화 중심주의와 연결된다. 보편문화는 하나의 허구일 뿐이다.

---

21) 안형관, 위의 책, 169쪽.
22) 위의 책, 같은 곳.

문화에 관한 최종 어휘는 실재하지 않기에 문화는 어차피 역사적 -사회적 제약을 받지 않을 수 없다. 그러면 지역어휘들 사이의 합의는 불가능한가? 로티는 강제되지 않은 합의가 가능하다는 신념을 갖는다. 타 문화에 대한 교화적 설득을 통해 지역어휘들 사이의 연대가 가능하다고 믿는다. 자신만의 어휘의 우연성을 넘어 강제되지 않은 합의를 통해 연대성(solidarity)에로 이르게 된다는 신념을 포기하지 않는다. 이 연대의 가능성은 우리 모두에게 무엇이 더 좋은 것인가에 대한 강제되지 않은 합의이다.

무엇이 우리 모두에게 더 실용적인가를 평가하는 참신한 어휘인 메타포의 기능은 반정초주의를 넘어 연대성에 대한 욕망을 담고 있다. 이러한 맥락에서 보면, 의상의 ≪법계도≫ 역시 쓸데없는 논쟁적 대립을 넘어 중생의 이득을 지향하는 참신한 메타포이다. ≪법계도≫는 수행을 강조하고, 自利行과 利他行을 통해 중생이 이득을 얻는 것을 궁극적인 목표로 하고 있다(雨寶益生滿虛空 衆生隨器得利益).


## 4. 실용주의적 언어관

로티의 언어관을 지배하는 주된 생각은 주체가 언어를 도구로 하여 객관(세계)에 대한 그림을 그린다는 낡은 생각이다. 언어는 주관과 객관 사이의 매개물이 아니다. 언어는 세계에 대한 그림이 아니다. 그렇기에 언어는 언어사용자로부터 분리시킬 수 없다. 언어를 사용하지 않고 세계나 목적을 생각할 수 있는 길이란 없다. 소위 로티의 언어편재성 명제이다.[23] 이러한 로티의 언어관은 언어를 언어 바깥의 실재에 대한 그림으로 보려는 전통에 대한 비판을 담고 있다. 이러한 언어관은 언어에 집착하여 온갖 망념을 지어낸 오랜 형이상학적 전통에 대한 저항이다. 로티는 인간지성의 한계를 언어의 한계로 읽는다. 언어 바깥의 세계에 대해서는 침묵하기를 주문한다. 실재에 대한 언어적 해석이 아니라 언어적 해석에 의해 그때그때 실재가 규정될 뿐이다. 이것은 바로 언어의 우연성을 말한다. 언어는 고정된 등록상표를 달고 다니지 않기에 사회적 실행과 관련해서 의미를 가질 뿐이다. 로티가 언어의 사회적 실행성을 강조하는 것은 언어의 우연성에 대한 자각과 함께 언어의 실용성을 강조하는 것이다.

실용주의는 진리에 차별적 구분이 있어야 한다는 공통의 전제를 의문시하고 초월주의와 경험주의가 내세운 구별을 타파한다. 실용주의자는 진리를 언어와 실재의 대응으로 보지 않기에 언어를 참인 것으로 만들어 주는 것으로 생각하는 실재로부터 자유롭다. 그러므로 언어를 참이게 만들어 줄 것이라는 실재에 대한 무관심으로부터 실용주의자는 하나의 진리로부터 자유롭다.[24] 실용주의자는 **철학**이 되어야 한다는 전제로부터 자유롭다.[25] 탈철학함의 자유가 소중한 것은 철학보다 민주주의가 더 소중하기 때문이다. 이러한 로티의 실용주의적 언어관은 의상의 언어관에도 그대로 나타나고 있다. 박태원은 다음과 같이 쓰고 있다.

---

23) 리처드 로티, 김동식 옮김, ≪실용주의의 결과≫, 민음사, 1996, 31쪽 참조.
24) 같은 책, 26쪽 참조.
25) 같은 책, 64쪽 참조.

일심(一心) 사상에 입각한 화쟁(和諍) 사상으로 이 언어분열을 수습하고자 한 원효에 비해, 의상은 화엄일승의 언어관에 의해 그 화쟁을 시도한다. 의상은 우선 불교언어(敎)의 실용주의적 성격을 강조한다. 그에 의하면, 언어는 상황과 맥락에 따라 그 형식과 내용이 제약없이 결정되는 것이지 존재의 본성을 언어로 기술(表現)하려는 것이 아니다. 중생의 오해를 반성, 교정시켜 올바른 이해로 유도하기 위한 수단(方便)이 언어이므로, 오해를 바로 잡는 교정 효과(이하의 강조는 필자에 의한 것임)만 있다면 언어의 형식이나 내용은 어떤 것이라도 무방하다. 교정에 유효한 언어형식과 내용은 불교언어(敎)를 듣는 중생의 이해능력과 관련된 상황에 따라 결정될 뿐이다. 말을 하는 것이 오해교정과 이해 증진에 효과적이라면 말을 하는 것이 옳고, 말을 하지 않아야 그런 효과가 생긴다면 말을 하지 않는 것이 옳다.[26]

의상은 언어의 우연성에의 자각은 바로 중도에 이른다는 사실을 다음과 같이 두 가지 언어를 구분하여 설명한다. 언어와 존재의 실상을 별개로 분별하여 마치 언어바깥에 존재의 실상이 따로 있다는 생각에서 자유로워지기를 강조한다. 즉 모든 언어가 실상 그 자체임을 깨달은 자에게는 "말할 때나 말하지 않을 때나 실상을 여의지 않고 있으므로, 이런 점에서는 '종일토록 말하는 것'이나 '아예 말하지 않는 것'이 동일하다. 하나의 말이나 일체의 말이 모두 동일한 실상일 뿐이니, '하나의 말이 곧 일체의 말이고 일체의 말이 곧 하나의 말'이다……이처럼 존재의 실상에 계합하여 모든 것을 실상대로 이해하고 경험할 수 있게 된 자의 언어(一乘의 正義)는, 각 언어의 뜻이 실상과 하나된 채 자유롭게 상통되는 것이다.[27]

의상은 다음과 같이 말한다.

---

26) 박태원, "신라의 화엄학", ≪자료와 해설: 한국의 철학사상≫(고격대민족문화연구원 한국사상연구소), 예문서원, 2001, 134쪽 이하 참조.

27) 같은 책, 135쪽 참조.

> 바르게 설하는 법 중에는 말 이외에 다시 다른 뜻이 없고 말이 뜻이 된다. 바른 뜻의 법에는 바른 뜻 이외에 다시 다른 말이 없고 뜻이 말이 된다. 뜻이 말이 되므로 말에는 뜻이 아닌 것이 없다. 말이 뜻이 되므로 뜻에는 말이 아닌 것이 없다. 뜻이 말 아닌 것이 없기 때문에 뜻은 곧 뜻이 아니다. 말이 뜻이 아닌 것이 없는 까닭에 말이라고 하지만 말이 아니다. 말이 곧 말이 아니고 뜻이 곧 뜻이 아니므로 이 둘 다 얻을 수 없다. 이러한 까닭에 일체의 법은 본래 중도에 있다. 중도는 말과 말 아닌 것에 통한다.[28]

그러므로 하나를 듣는 것은 일체를 듣는 것이다(一聞則 一切聞). 존재의 실상에 계합하지 못한 자는 언어를 통해 존재의 실상에 접근하고자 한다. 언어와 실상이 서로 원융 자재하여 결코 나누어질 수 없음을 알지 못하는 자에게 뜻은 단지 언어로 나누어 놓은 것에만 있다. 언어는 단지 깨달음을 위한 하나의 방편에 지나지 않기에, 언어에도 언어의 바깥 그 어디에도 실상은 실재하지 않는다. 언어와 언어 바깥의 실상 어디로부터도 자유로운 자에게는 모든 언어가 뜻의 언어이고, 뜻이 곧 언어의 뜻이기에, 모든 뜻이 언어의 뜻이다. 그렇기에 언어를 실상에로 이르는 매개물로 생각하는 자에게는 언어와 뜻이 나타내는 것과 나타내지는 것이 나뉘어 섞이지 못한다(語義能詮所詮 分齊不參也).[29] 언어에도 언어 바깥에도 존재의 실상이 실재하지 않음을 깨달은 자는 중생이면서 그 대로가 부처인 것이다. 여기에서 의상의 실용주의적 언어관이 드러난다. 언어는 단지 깨달음의 정도에 따라 중생을 깨달음에로 이르게 하는

---

28) 正說法中 言說以外 更無別義 以言爲義 正義法中 正義以外 更無別言 以義爲言 以義爲言故
言無非義 以言爲義故 義無非言 義無非言故 言卽不言 言卽非義故 二俱不可得 是故一切法
本來在中道 中道者通言非言(『一乘法界圖』, 韓國佛敎全書, 二-五 上)
29) 박태원 위의 논문, 138쪽 참조.

그때그때의 우연성의 메타포일 뿐이다. 의상 역시 로티와 같이 언어를 실재에 대한 매개물로 여기는 것을 멈추게 할 의도를 가지고 있기에, 언어의 메타포적 기능을 강조한다. 언어는 중생을 깨닫게 하는 데 이득이 되는 방편이기에, 언어의 메타포적 효과를 강조하는 것이다. 이런 의미에서 우린 의상의 ≪一乘法界圖≫를 '깨달음을 위한 메타포'로 읽을 수 있을 것이다.

그렇기에 언어는 실재를 있는 그대로 그려내는 신적인 매개물이 아니다. 로티의 언어우연성 논변은 바로 언어를 [실재를] 표현이나 표상하기 위한 매개물로 여기는 것에 대한 저항을 담고 있다. 로티는 실재를 고스란히 담아내는 최종 어휘는 따로 없기에 언어를 실재에 대한 표상으로 가정하면서 생긴 모든 논쟁으로부터 자유로워진 새로운 언어의 창안자가 되기를 주문한다. 어차피 언어가 실재를 표상하는 고정된 도구가 아닌 이상, 참신한 어휘의 창안을 통한 사적 자아의 창조와 확대를 강조한다.

로티는 바로 언어와 언어 바깥의 경계를 구획하고 언어와 실상을 아직 하나로 자유롭게 읽어내지 못하는 전통 **철학**에 대한 비판을 한다. 로티의 "철학은 자연의 거울이 아니다"는 메타포는 언어적 해석을 넘어서는 실재나 자연은 한갓 개념적 추상물임을 지적하는 것이다. 모든 것은 언어적 해석의 산물이기에 언어로부터 자유로운 실재는 없다. 그리고 모든 언어적 의미는 해석의 산물인 한에서 언어 자체 역시 해석으로 떠나 있는 실재는 아니다. 이처럼 언어를 언어 외적 실재로부터 자유롭게 함과 동시에 언어적 실재로부터 자유로운 무한한 해석을 동시에 강조한다. 언어에 대립해 있는 실재도 동시에 실재에 대립해 스스로 하나의 실재로 굳어 있는 언어도 자유로운 해석의 산물에 불과하다. 이것은 바로 언어와 실재에도 어디에도 자유로운 중도의 언어관을 드러낸다.

로티의 언어관이 의상과 같이 실용주의적 언어관이라는 사실은 언어를 기본적인 욕구충족의 도구로 보는 데 있다. 어떤 형태의 언어든 언어사회적 규약에 의해 그 쓰임새가 인정이 되면 모두 언어이다.30) 의상이 언어와 실상을 분리함으로 수반되는 혼란과 대립을 넘어 언어와 실상의 원융무애를 이루는 길을 모색한 것처럼, 로티의 거울 – 메타포 역시 언어의 우연성에 때한 깨달음을 통한 자유자재의 지평을 지향한다. 화엄논사로서의 법장이 화엄교학의 '합리적 기초를 구성하는 데'31) 일차적 관심을 두는 것과 달리, 의상은 중생 각자의 깨달음을 위해 효과적인 실천적 대안을 마련하는 데 관심을 둔다. 이는 바로 로티의 반정초주의적 입장과도 유사하다. 하나의 보편적 원리(dharma)하에, 즉 최종 어휘하에 모든 것을 합리적으로 정초하려는 통상철학에 관심을 두기보다 모든 것은 우연적인 것일 뿐이기에 언어든 진리든 사회적 실행의 결과일 뿐임을 강조한다. 이처럼 의상과 로티는 체계나 이론보다 실천적 자유를 더 앞세운다. 하나의 체계로 정초됨으로써 야기되는 이론적 논쟁과 대립을 넘어 모든 것은 우연적인 것일 뿐이기에 대화를 통한 화쟁과 통합 혹은 연대에의 욕망을 강조하는 점에서는 공통적이다.

의상 역시 언설과 언설이 아닌 본의에 두루 통하는 것을 중도라 한다. 명색이나 본의나 그것을 드러내는 방편이 다를 뿐, 중생을

---

30) 김동식, ≪로티의 신실용주의≫, 190쪽 참조.
31) 프란시스 쿡 저, 문찬주 옮김, 『화엄불교의 세계』(만다라총서14), 불교시대사, 1994, 115쪽 참조.

이끌어 무명진원에 이르게 하고자 하는 방의 도리는 서로 다를 바
없다.

> 理와 事가 그윽하여 하나의 분별도 없고 體와 用이 운융하여 항상 中道
> 에 있다. 事의 밖에 어느 곳에서 理를 얻을 것인가.[32]

이처럼 의상과 로티는 다 같이 언어와 언어 밖의 경계를 자유자
재로 넘나드는 중도의 자유를 말하고 있다. 특히 이 양자는 실용주
의적 언어관을 공유하고 있다. 의상의 중도적 언어관은 중생이 언
설과 언설 밖의 어디에도 구속되지 않고 깨달을 수 있도록 도움이
되게 함이다. 언설의 법이 진실한 성품에 있지 않음은 근기를 이익
되게 하는 데 있기 때문이다. 로티의 언어의 우연성 논제 역시 언
어의 사회적 실행을 위한 도구로 보는 것과 연결되어 있다. 세계에
잘 대처하기 위해 더 좋은 도구를 창안한다. 이것은 도르래를 착상
하였기 때문에 지렛대와 받침대를 버리는 것과 흡사하다.[33] 언어의
현금가치는 이런저런 목적을 위해 세계를 다뤄가는 더 좋은 도구
라는 데 있다.[34] 로티의 우연성 논변은 바로 그의 진리관과도 연결
된다. 진리란 문장의 속성이고, 문장은 어휘의 존재에 의존적이며,
어휘는 인간들에 의해 만들어지는 것이므로, 진리도 그렇듯 만들어
지는 것이다.[35] 이와 같은 로티의 실용주의적 언어관과 진리관은
언설과 본의 사이를 相卽의 관계로 읽은 의상과 흡사하다. 모든 것

---

32) 『一乘法界圖』, 韓國佛敎全書, 第二册, 동국대학교출판부, 1979, 二一六 上.
33) ≪우연성 아이러니 연대성≫, 45쪽.
34) 위의 책, 59쪽.
35) 위의 책, 60쪽 참조.

이 우연적이기에 이 우연성에 대한 자각은 모든 것은 상대적으로만 타당하다는 중도와 무분별에의 깨달음으로 우리를 안내한다.


## 5. 자유의 메타포: 性起論

화엄의 관심사가 이론이 아니라 구원에 있듯이, 로티 역시 하나의 절대적 철학체계를 구축하려 했던 정초주의에 대한 불신과 함께, 이제 더 이상 철학적 구원에 향수를 품지 않는다. 하나의 진리를 이론적으로 정초하는 전통에서 벗어나 다양한 관점과 우연성을 존중하는 반정초주의적 자유를 강조한다. 이것은 우주에 관한 형이상학적 체계를 구축하는 일보다 깨달음을 성취하기 위한 구원적 방편을 제시하는 데 더 관심을 보이는 화엄과 궤를 같이한다. 이론적 체계에 대한 이해보다는 믿음을 통한 자유로운 실천과 이를 통한 깨달음의 성취를 더 우선적으로 제시하는 화엄의 길은 통상적 메타담론에 대한 비통상적인 창조와 자유의 메타포이다. 화엄불교는 우주가 어떻게 체계적인 상호 인과관계로 형성되어 있는지를 이론적으로 정식화하는 일보다는 실천적이고 경험적 차원에 강조를 두는 구원론이다.[36] 이것은 모든 정초주의적 형이상학으로부터 자유로워져 진리 대신 자유를 우선하는 로티의 입장과 유사하다.

우리의 관심은 의상의 화엄사상이 가지는 자유주의적 함의를 읽어내는 것이다. 말하자면 의상의 화엄구도 안에서 "이미 존재하는 **진리**를 향한 수렴의 과정이 아니라 **자유**의 실현이 증식되는 끝없

---

36) 안형관, 앞의 책, 151쪽.

는 과정"37)을 확인하는 것이다. 의상의 성기론은 이러한 사실을 단적으로 대변한다.

정통적인 화엄에 대한 비통상적 아이러니를 강조한 한국화엄의 전통은 성기론에서 구체화된다. "중생 그대로가 부처"라는 참신한 메타포는 점진적 수행을 통한 깨달음에로의 이름이라는 통상적 담론에 대한 저항을 담고 있다. 理事와 事事 나아가 理事의 無碍를 형이상학적으로 정당화해야 하는 체계지향적 정통 화엄에 대한 의상의 저항은 바로 실천적 신앙을 체계 앞에 두어야 한다는 메시지이다. 이러한 의상의 실천지향적 메시지는 통상적이고 교조적인 정통화엄에 대한 창조적 메타포이다. 이러한 의상의 입장은 전통적인 철학의 탈철학화를 통한 새로운 문학적 구원의 메시지를 확인시켜 준 로티의 입장과 유사하다.

깨달음을 향한 중생의 무한한 실천적 자유를 강조한 의상의 의도를 읽어낼 수 있는 곳이 바로 그의 성기론이다. 물론 그의 스승 지엄의 세례를 받은 의상이기에 지엄의 성기론에 이념적 고리를 대고 있다. 번뇌를 끊고서야 열반에 이른다는 명제는 본래의 진실성을 등지고 앉아 있는 중생들에게는 그 자체가 깨달음을 향한 자유에 대한 구속이다. 언어가 바로 뜻이기에 언어를 떠난 실상이 따로 없음을 깨닫지 못한 중생에게는 언어를 통해 실상에로 접근하라는 요구는 지나친 주문이다. 중생들이 붙들고 있는 그 지역적 어휘가 바로 최종 어휘이지 지역적 어휘를 초월한 수퍼 어휘는 따로 없다. 미리 주조된 최종 어휘에 휘둘리어 자유를 담보받지 못한 중생들에게 진정한 자유주의자가 되기를 주문하는 의상의 메타포는

---

37) ≪우연성 아이러니 연대성≫, 25쪽.

그의 성기론 속에 잘 드러나고 있다.

심재룡은 연기와 성기를 비교하면서, 다음과 같이 말한다.

> ……성기설(性起說)은 이(理, 공)와 환영 같은 현상(dharma, 법)을 동일
> 시하기 위해 어떠한 중간단계도 필요로 하지 않는다. 그에 반해 "연기"설
> 은 중생의 망상과 부처의 깨달음 사이의 틈을 메우기 위해 동일시와 상입
> 이란 매개적인 개념적 도구를 필요로 한다. "연기"이론은 인디라 망의 수
> 많은 보석처럼 상이한 실체들이 있다는 무언(無言)의 가정을 기초로 하지
> 만, "성기"(性起)는 겉으로 보기에 다른 수많은 현상적 사건들이란 자기동
> 일실체(體) 즉 마음의 근원(根源)에서 일어나는 작용에 지나지 않는다는
> 것을 깨달음으로써 수많은 사건들 사이의 모든 관계를 거부한다.38)

의상에 의하면 性起는 '緣을 따르지 않음'이다. 성기가 연에 따르지 않음은 분별심에 빠져 실상을 잘못 읽는 것이 아니기 때문이다. 그러나 중생은 연에 따라 휘둘리면서 살아간다. 중생은 근본적으로 분별심에 빠져 실상과 등지고 살아간다. 그러나 중생이 깨닫고자 하는 마음을 가진다면, 모든 것이 연에 따른 것임을 알게 된다. 그것을 깨닫는 것은 연기는 바로 본성(法性)이 현현하는 것, 즉 생겨난 것 혹은 이루어진 것(性起)임을 깨닫는다. 그러므로 중생에게는 연기에 따른 수행은 바로 연기는 다만 성기에 이르는 방편임을 알게 한다. 모든 것이 연에 의해 생겨난 것임을 알면, 존재의 실상을 어느 한 곳에서 정당화하려는 정초주의적 발상은 위험한 도박일 뿐이다.

묻습니다: 성기와 연기라는 두 말에는 어떤 차이가 있습니까? 답하겠다.

---

38) 안형관, 앞의 책에서 재인용, 152쪽.

성기란 것은 곧 자체自體이니 연緣을 다르니 않는 것을 일컫는다. 연기라고 하는 것은 여기(성기)에 들어가는 가까운 방편이니, 모든 것은 자성自性이 없기 때문에 연을 따라 생겨나는데, (생겨난다고 할지라도 본래 자성이 없다는 관점에서 보아) 이 생겨남이 아닌 차원으로 들어가 깨닫게 하는 것을 말한다. 성기라고 하는 것은 곧 그 법성 法性이니, '생겨남이 없음'을 본성으로 삼기 때문이다. 즉 '생겨남이 아님'을 가지고 생겨남으로 삼는 것이다.[39]

의상의 성기론에서 로티식의 자유주의적 구상을 확인하기 위해서, 그의 성기 중 기(起) 쪽으로 무게 추를 옮겨 보자. 존재의 실상(性)이나 중생의 깨닫고자 하는 마음에 생겨난 것(起)이나 다름이 아니기에, 언어와 자아 저편에 미리 주어져 있는 실상에 휘둘리지 않는 깨달음을 향한 지향성, 즉 자유를 강조한다. 즉 실상과 등지고 앉았던 중생의 자리에서 실상에로 향하는 자리로 전환할 자유를 강조한다. 그 자유는 결국 등지고(背) 앉았을 때나 향해(向) 앉았을 때나 다른 것이 아님을 아는 자유이다. 의상은 중생이 연기에 의거해 연기가 바로 성기임을 깨닫게 하여, 체지─불교에 대해, 부처, 열반, 실상(性) 대신, 중생 그 대로가 부처이고 '번뇌즉열반'(煩惱卽涅槃)이며, '성기즉연기'(性起卽緣起)라는 자유주의자의 메타포를 던진다.

이처럼 의상의 성기론은 중생의 실천적 수행과 관련시켜 그 의미를 파악해야 한다. 연기와 성기는 다르지 않음은 바로 연수(緣修), 즉 연에 따른 수행을 떠나 성기가 따로 없기 때문이다. 연수를 통해 분별심을 떠나 성기로 이르면 연기가 곧 성기가 되며, 성기

---

39) 問: 性起及緣起 此二言有何別耶? 答: 性起者卽自是, 言不從緣. 言從起者, 此中入之近方便, 謂法從緣而起, 無自性故, 卽其法不起中, 令入解之. 其性起者, 卽其法性, 卽無起以爲性故, 卽其以不起爲起.

또한 머물지 않는 것이어서 연기성을 따르므로 연에 의한 수행, 즉 연수를 가능하게 하는 실마리가 된다. 그런데 의상이 이 둘 사이의 관계를 불가분의 관계로 설명함으로써, 연기와 성기를 상즉상입의 관계로 규정한다. 여기에서 의상의 일즉다의 전략은 성기론에서도 그대로 적용된다. 즉 性은 그 본체론적 측면에서 보면 일이요, 그 현상론적 측면(생겨남, 起)에서 보면 다일 뿐, 이 둘은 다르지 않음을 논증하는 전략이다.

   그러므로 의상의 일즉다의 원리는 오딘이 지적하듯, 총체론적 결정론이 아니다. 의상은 일이 다로 다가 일로 단순히 환원된다는 주장을 하지 않는다. 의상 역시 로티처럼 보편과 개체 사이의 공약 불가능성을 읽어낸다. 그렇기에 의상 역시 환원주의와 타협하지 않는다. 의상에게 새로움과 창조성이 허용될 공간은 충분히 마련되어 있다. 특히 성보다는 기에 무게 중심을 옮겨 기, 즉 일어난 일에 의거한 수행을 강조한다. 이것은 그의 스승 지엄으로부터 물려받은 유산이다. 의상이 本有와 본유수생(本有修生)의 관계를 설명하는 전략이 단순한 총체적 결정론과는 다르다. 의상은 本有와 신생(新生)의 관계를 다르지 않음(不異)으로 설명한다. 신생은 '연에 의한 수행' [緣修]을 통해 새롭게 생겨난 것을 의미한다. 수생은 본생과 인과적 연속성을 유지하면서 항상 새로움을 깨닫는 과정이다. 이 수생은 본유와 다르지 않다(不異). 본유와 수생은 다르지 않으면서 그렇다고 같지도 않다. 의상의 일즉다의 전략이 가지는 역동성을 서구적 메스로 성급하게 재단하는 것은 매우 위험하다. 연에 의한 수행의 결과로 생겨난 새로움은 본유와 인과적 연속성을 갖기에 새로움과 창조와 자유란 어휘들이 연대성을 위한 매듭들로서 기능을 하는 것이다.

## 맺음말

지금까지 의상의 화엄을 '총체론적 결정론'으로 규정한 스티브 오딘에 동의하지 않으면서, 의상의 화엄사상이 가지는 자유와 창조의 메커니즘을 확인하였다. 국가불교에 의해 세속화된 가치관에 대한 의상의 불신(不信)은 교단을 중심으로 한 중생의 실천적 자유를 역설한다. 제도로서의 불교에 대한 의상의 불신은 체계철학에 대한 로티의 불신과 궤를 같이한다. 이들은 메타담론에 대한 불신과 함께 중도와 우연성에 대한 자각을 통한 자유의 메타포를 역설한다. 의상은 상즉상입의 융섭의 형이상학을 통해 중도와 무자성을 강조하고, 이것에 대한 자각을 통한 실천적 자유를 역설한다. 진리보다 자유를 그리고 철학보다 민주주의에 우선적 가치를 두어 거대담론의 질곡으로부터의 진정한 자아의 자유를 역설한 로티와 그 사상적 동기의 측면에서 유사성을 갖는다.

물론 우리는 오딘의 분석에 따라 의상과 로티의 사유 정체성이 지니는 변별적 차이성을 확인할 수 있다. 로티 역시 화이트헤드처럼 자아의 자유로운 창조와 확대를 강조한다. 의상 역시 국가불교의 세속적 가치보다 중생 각자의 자유로운 종교적 실천을 강조한다. 이런 맥락에서 본 연구는 의상의 화엄형이상학을 '로티식 신실용주의'로 읽는 데 초점을 맞추었다.

그러나 이들 사이에는 통약 불가능한 지역성이 존재한다는 점 역시 고려되어야 한다. 의상은 中道와 無自性에 근거한 평등과 조화의 이념을 강조하여 상대적으로 각 부분들의 자유를 제한하지 않을 수 없다. 하지만 미국식 민주주의와 자유주의를 대변하는 로티의 담론은 자아의 창조성과 자유를 전체의 조화와 평등보다 우선한다. 물론 로티 역시 연대를 통한 조화의 이념을 지향하지만 어디까지나 자아의 무한한 창조와 확대를 강조한다. 의상과 로티의 지역적 담론이 가지는 역사적 지평을 이해함으로써 이들 사이의 피할 수 없는 간격을 확인하지 않을 수 없다. 다양한 인종들이 모여 사는 미국을 대변하는 로티에게는 하나의 전체적 진리보다 다수의 자유가 더 중요한 가치일 수밖에 없다. 미국식 자본주의가 양산한 다양성과 우연성을 하나의 원리하에 전체적으로 조화시키려는 것은 가능하지도 않고, 동시에 필요 없는 것이다. 보다 더 중요한 것은 '연대성에 대한 욕망'을 포기하지 않으면서 일자를 구성하는 있는 다수 각자의 무한한 자기창조를 통한 결단의 자유를 더욱 강조하지 않을 수 없다. 그러나 민족의 정체성을 담보로 한 의상의 화엄적 사유체계는 어차피 다수보다는 전체적 조화를 더욱 강조할 수밖에 없고 또한 그것을 지향할 수밖에 없다는 단서를 달지 않을 수 없을 것이다.

# VI.
# 성철과
# L. 비트겐슈타인

활짝 열어 놓은 저 문은 마다하고(空門不肯出)
굳게 닫힌 창문만을 두드리는 구나(投窓也大痴)
백 년 동안 경전만을 들여다본들(百年鑽古紙)
어느 때에 깨치기를 기다릴 건가(何日出頭期)[1]

철학적 혼돈에 빠져 있는 사람이란 방에서 나가고 싶은데 어떻게 나가야
할지를 모르는 사람과 같네. 그는 창문으로 빠져 나가려 하지만 그건 너무
높고, 굴뚝으로 나가자니 그건 너무 좁단 말이야. 그런데 만일 그가 주의를
돌아보기만 한다면 문은 항상 열려 있다는 것을 알게 될 텐데 말일세.[2]

철학에서 당신의 목적은 무엇인가? - 파리에게 파리통에서 빠져나갈 출구
를 보여주는 주는 것[3]

---

1) 계현법사는 나이 80이 가까우되 평생을 경전만을 보아 왔는지라 한결같이 서창 아래 놓인 책
   상 앞에 단정히 앉아 종이가 뚫어지도록 경전만을 보고 있는 것이었다. 어느 날 따뜻한 봄날
   꿀벌 한 마리가 방 안에 날아 들어와 다시 나가려는데 반쯤 열린 곳은 비켜 놓고 꼭 닫혀 있
   는 창을 향해서 나가려고 문에 부딪히며 애를 쓰고 있었다. 이를 보고 제자 신찬이 스승 계현
   법사가 들으라는 듯 지은 시이다. 백장선사 문하에서 공부하고 돌아온 제자가 참공부에는 뜻
   이 없고 아직도 문자에만 매달려 있는 스승이 듣기를 주문하는 내용이다(해인편집실, ≪海印≫,
   1986. 12, p.8).
2) N. Malcolm, *Ludwig Wittgenschtein, A Memoir*, London, 1962, p.51.
3) L. Wittgenstein *Philosophical Investigation*(이하 *PI*), trans. G. E. M. Anscombe, Basil
   Blackwell Oxford, 1978, § 309.

## 1. 깨달음을 위한 동행

본 글은 비트겐슈타인과 성철의 사상적 유사성을 읽어내는 데 그 일차적인 목적이 있다. 그러면서 그 목적을 완성하기 위한 전략적 채널을 후설의 현상학적 메커니즘을 인용할 것이다.[4] 후설이 당대의 과학제국주의적 반(反)문화(Unkultur)에 저항하면서, 생활세계의 복권을 강조한 것처럼, 비트겐슈타인 역시 철학과 삶에 대해 철저하지 못했던 영국철학자들에게 실망한다. 즉 열망과 헌신 그리고 도덕적 성실성이 결여된 것에 대해 실망한다. 비트겐슈타인에 있어서 철학과 삶에 대한 물음은 키르케고르의 실존적 결단만큼이나 철저하다. 비트겐슈타인은 "한 시대의 병은 인류의 삶의 양식을 바꿈으로써 치유된다. 그리고 철학적 문제의 병은 사유와 삶의 양식을 바꿈으로써만 치유될 수 있다."고 말한다.[5] 비트겐슈타인은 *Remarks* 서언에서 '하나님의 영광'을 위해 바친다는 미스터리한 말을 하고 있다. 이는 당시의 평범한 정신으로는 이해할 수 없다. 다소 혁명적인 메타포이다. 이는 바로 그 당시의 과학주의와 실증주의의 편

---

4) 비트겐슈타인과 후설을 비교하는 논문이나 저서는 적지 않게 발견된다. 스피겔버그는 비트겐슈타인의 *Philosophical Remarks*에서 나타나고 있는 현상학적 전환을 다루는 논문을 제시했다. 특히 비트겐슈타인이 후설의 현상학적 방법을 수용하고 있다는 사실을 누구보다도 먼저 인식한 스피겔버그는 비트겐슈타인의 후기 사상을 생철학적 관점으로 이해하고, 그 방법론이 현상학적 방법과 유사하다고 강조한다. 본 글에서는 주로 N. F. Gier의 *Wittgenstein and Phenomenology: A Comparative Study of Later Wittgestein, Husserl, Heidegger, and Merleau-Ponty*(State University of New York Press Albany, 1981)를 참조했음. 성철은 현상학 자체에 대한 특별한 언급을 하지 않지만, 본 글의 목적은 성철의 메시지를 현상학자의 목소리로 다시 읽어내려고 한다. 그러면서 이 양자는 근본적으로 '현상학적 수행의 동반자'라는 사실을 강조한다.

5) L. Wittgenstein, *Remarks on the Foundation of Mathmatics*, trans. Anscombe, New York: Macmillan, 1956, p.57.

견에 사로잡혀 있는 문화에 대한 저항을 담고 있으며, 인간적 가치가 사물처럼 취급되는 당대의 반(反)문화에 대한 비판을 담고 있다. 이는 바로 후설의 「비엔나 강연」의 주제와 같은 것이다.[6]

우리는 언어적으로 표현된 비직관적 추상물에 의해 깨달음을 방해받아서는 안 된다는 성철의 메시지를 비트겐슈타인과 후설의 사유 속에서도 확인할 수 있다. 우리의 삶의 실천과 거리를 두고 있는 한갓 형식적이고 논리적인 객관적 명증성의 장인 언어로부터 구체적 삶의 터인 선(先)언어적 생활세계(Lebenswelt)나 혹은 삶의 형식(Lebensform)으로 돌아가려는 비트겐슈타인과 후설의 사유 속에서도 깨달음을 위한 성철의 메시지를 들을 수 있다. 특히 과학에 의해 추상화된 생활세계를 회복하기 위한 환원의 과정은 즉각적이고(sofort) 단번에(mit einem Schrage) 그리고 철저한 방법으로 수행되어야 한다는 후설의 입장은 환원이 함의하는 돈오(頓悟 die durchbrechende Einsicht)의 성격을 강조하는 것으로 보인다. "먼저 행함이 있고(Anfang ist die Tat)"[7] 후에 방법적 반성이 필요하다는 후설의 말 속에서 우리는 깨달음을 위한 실천을 강조하는 성철의 頓悟頓修的 태도를 읽어낼 수 있다. 우리가 비트겐슈타인과 성철의 '실천 지향적 근본주의'(Radikalismus)의 메시지를 현상학적 채널로 다시 읽어낼 수 있는 것은, "모든 것을 단념하는 것이 모든 것을 얻는 것이다."는[8] 후설의 '철저한 근본주의' 역시 구도적 실천을 함의하고 있기 때문이다.

---

6) N. F. Gier, *Wittgenstein and Phenomenology*, State University of New York Press Albany, 1981, p.15.

7) E. Husserl, ≪위기≫, p.158 참조.

8) E. Husserl, ≪제일철학≫ 제2권, p.166.

비트겐슈타인의 출발점은 바로 자신의 전기 언어관, 즉 언어의 의미를 실재와의 고정적인 대응관계에서 확인하려고 했던 자신의 잘못된 언어관에 대한 해체이다. 그는 언어는 항상 유동적이고 다양한 용도로 사용되는 일종의 기능적 기호라는 사실을 새롭게 인식하면서 사상적 전환을 이룬다. 물론 비트겐슈타인이 언어의 한계를 설정함으로써 언어의 한계를 넘어서 있는 것을 드러내려는 의도 자체를 불교의 선수행의 목적과 동일시할 수는 없을지도 모른다. 왜냐하면 불교는 어디까지나 깨달음을 목적으로 하는 종교적 행위이기 때문이다. 그러나 이 양자 사이의 방법적 유사성은 충분히 읽어낼 수 있다. 우리는 양자의 입장을 후설의 현상학적 방법으로 수렴하면서 그 유사성을 확인하려고 한다. 왜냐하면 후설은 선술어적 환원이 지향하는 것은 논리와 개념적 사유에 의해 추상화되어 버린 실재를 그 원본적 소여(originäre Gegebenheit) 속에서 직관적으로 파악하기 위한 일련의 방법적 수행이기 때문이다. 만약 개념과 논리가 모두 참다운 실재와 거리가 멀다면 그리고 더욱이 논리적 추상에 의해 참다운 실재가 굴절된다면, 참다운 실재에로 도달하는 방법은 선술어적 직관이다. 이 선술어적 직관은 단순히 언어 이전의 구체적 경험으로 돌아간다는 소박한 의미보다 언어적 편견에 의해 비롯된 망념으로부터 해방되어 참다운 실재를 단적으로 붙들려는 구도적 수행으로 읽어야 할 것이다. 언어적 마력으로부터 벗어나 참다운 실재를 파악하는 것은 선술어적 경험에로 단적으로 되돌아감이 없이는 불가능하다. 원본적 소여를 포장하고 있는 언어적 베일을 벗겨내어 그 실상을 폭로하기 위한 일련의 조치가 환원이라는 사실에 의해 우리는 비트겐슈타인의 행보가 지닌 현상학적 함의를 읽어낼 수 있다.

비트겐슈타인 스스로 말하듯, 그의 사유행보는 유럽이나 미국 문명의 주류를 이루고 있는 정신과는 다르다.[9] 특히 비트겐슈타인은 불교의 선수행과 유사하다. 선이 언어를 통해 인간지성의 한계를 드러내는 방편을 사용하듯, 비트겐슈타인 역시 언어를 통해 언어의 한계, 즉 인간 지성의 한계를 드러내려는 전략을 구성하고 있다. 비트겐슈타인의 철학의 목적은 바로 잘못된 언어에 붙들려 온갖 형이상학적 편견을 주조해 내는 사람들에게 '완전한 명료성'을 성취하도록(깨닫도록) 도와주는 것이다.


## 2. 사적 언어로부터의 자유

아마 인간에게 있어서 '고통'만큼 원초적이면서 사적인 경험은 없을 것이다. 고통은 서로 공유할 수 없는 사적 경험이다. 기쁨의 공동체는 있을 수 있으나 고통의 공동체는 없다. 왜냐하면 고통은 '주관성의 원형'(archetype of subjectivity)[10]이기 때문이다. 이런 이유로 '고통'이란 사적 언어에 마치 그것에 대응하는 심적 경험과 같은 사적 실재가 존재하리라 생각하는 것은 너무나 당연할지도 모른다. 그러나 비트겐슈타인은 바로 이러한 잘못된 생각에서 벗어날 것을 주문한다. 이 주문 속에는 '고'(苦)라는 말마디가 어떤 보편적 징표나 속성을 갖는다는 오래된 생각을 떨쳐버리지 않고는

---

9) L. Wittgenstein, ≪문화와 가치≫, G. H. 폰 리히트 엮음, 이영철 옮김, 천지, 1998, p.25.
10) 손봉호, "고통의 현상학", ≪생활세계의 현상학과 해석학≫, 한국현상학회 편, 1992, p.50.

'고'에 대한 깨달음을 얻을 수 없다는 불가적 주문이 담겨 있다. 즉 '고'란 낱말이 어떤 실재나 대상을 지칭한다고 생각할 경우, '고'란 말마디에 집착하는(苦執) 어리석음을 떨쳐 버리지 못한다는 불가적 메시지를 담고 있다.

비트겐슈타인은 '고통'과 같은 사적 감각에 대해 다음과 같이 말한다.[11]

그것은 어떤 무엇이(something) 아니지만 무(nothing)도 또한 아니다.[12]

나는 나의 고통에 대한 내적 감각에 주의를 기울이고 그것을 내적으로 지칭하면 '고통'에 상응하는 지시체를 생각할 수 있다는 오래된 선입견을 가지고 있다. 그 '고통'이란 낱말이 지칭하는 것을 통해 그 낱말에 대한 이해가 가능하리라고 생각한다. 그러나 한 낱말로 지칭하는 사적 감각이 그것에 대한 나의 이해와 실제로 일치하는지에 대해서는 그렇게 말할 기준이 없다. 내가 사적 감각을 지칭하는 경우에 있어서 정말로 올바른 지칭과 내가 올바르다고 생각하는 지칭을 판별할 방법이 없다.[13]

---

11) '고통'이란 말마디에는 정신적 아픔(苦)과 육체적 아픔(通)을 함께 함축하고 있다. 비트겐슈타인에 있어서 '고통'의 의미를 명확하게 구분할 필요가 없다. 어차피 '고통'이란 낱말은 그것이 지칭하는 대상을 확인할 수 없기에, 그 의미 역시 명확하게 경계를 지울 수 없다. 이런 점에서는 불교(대승불교) 역시 마찬가지다. 따라서 우리는 여기에서 비트겐슈타인의 '고통'을 불교의 '고'와 같은 맥락으로 사용할 수 있다.

12) *PI.* § 304.

13) 비트겐슈타인은 다음의 예를 든다. 모든 사람들이 저마다 상자를 하나씩 가지고 있다. 그 안에 '딱정벌레'라 불리는 어떤 것이 들어 있다고 하자. 아무도 다른 사람의 상자를 들여다볼 수 없다. 따라서 모든 사람들은 저마다 자신의 상자 안을 들여다봄으로써만 '딱정벌레'가 무엇을 의미하는지 알 수 있다. 그러나 아무도 다른 사람의 상자 안에 무엇이 있는지 알 수 없기 때문에, 사람들이 딱정벌레에 관해 말하고 있을 때, 그것이 상자 안에 있는 것일 수 없다. 이 경우 각자의 상자 안에 각기 다른 것이 들어 있을 수 있다. 사실상 상자가 비어 있어도

'고통'이란 낱말이 그 어떤 무엇을 지칭하지 않는다는 점에서 '공'이라 불러도 좋을 것이다.[14] '고통'이란 낱말은 그것이 다른 낱말과의 관계 속에서 상대적으로 어떤 기능으로 사용되는지를 이해함으로써 그 의미를 알 수 있다. 우리가 비트겐슈타인의 '고통'을 대승불교의 '공'과 연결시킬 수 있는 가능성이 바로 여기에 있다. 화이트헤드의 '보편적 상대성'의 원리를 이와 관련해서 떠올리지 않을 수 없다. 체르바츠키는 '상대성'을 '공'이라 번역한다.[15] 모든 언어는 어느 하나의 고정된 의미에 닻을 내리지 않고 항상 상대적이고 우연적인 기호로 다양하게 맥락적으로 사용되기에 아무 의미도 갖지 않으면서 동시에 어떤 의미도 가질 수 있는, 말하자면 유이면서 무이고 무이면서 유인 '공'과 연결된다. 그러므로 '고통'이 '공'임을 깨달을 때 언어적 집착으로부터 참된 실재에로 이르는 구도적 채널을 읽어낼 수 있을 것이다.

苦가 독자적으로 존립하는 자성을 갖출 수 없는 것도 바로 이런 이유에서이다.[16] 생멸(生滅)도 진여(眞如)도 독립적 자성을 갖지 않기에 양변(兩邊)이 존재할 수 없다. 모든 언어는 그 나름의 독립적 징표나 自性을 갖지 않기에, 모든 언어는 다른 언어와의 관계 속에서만 의미를 가질 수 있다. 온갖 분별심에 의해 각각 독립적 실재를 가진 것으로 이해된 언어는 다만 다른 것과의 관계 속에서만 그 고유한 기능을 할 뿐이다. 고를 깨닫는 것은 바로 '고'에 의해 지칭

---

문제가 될 것은 없다(PI, § 293). 이 예는 바로 '고통'이란 낱말이 지칭하는 대상이 있든 없든 관계없이 의미를 갖는데, 이것은 그 낱말이 어떤 맥락에서 사용되는가를 이해할 수 있기 때문이다.

14) 크리스 거드문센/윤홍철 옮김, ≪비트겐슈타인과 불교≫(다르마총서24), 고려원, 1991, p.87.
15) 스티브 오딘 지음, 안형관 옮김, ≪과정형이상학과 화엄불교≫, 이문출판사, 1999, p.169.
16) 크리스 거드문센, 위의 책, p.85.

되는 어떠한 대상도 실재하지 않기에 영원한 의미를 갖지 않는 무상(無常)을 깨닫는 것이다.[17] '고통'이란 낱말이 아무것도 지칭하지 않기에 공이다.[18]

비트겐슈타인은 언어의 의미를 그것이 지칭하는 대상과의 관계 속에서 투명하게 논리적으로 정의할 수 있다는 자신의 초기 ≪논고≫의 생각에서 벗어나, 더 이상 논리적으로 그 경계를 그을 수 없을 정도로 서로 가족처럼 얽혀 하나의 텍스트를 형성하고 있는 삶의 형식에로 돌아가기를 주문한다. 거친 대지로 되돌아가기를![19]

이런 이유로 비트겐슈타인은 과학적 설명을 포기하고 오직 기술(記述)만이 그 자리를 대신할 수 있다고 강조한다. 그렇기에 우리는 어떤 이론을 세워서도 안 되고 그 이론을 정리하기 위한 가설을 세워서도 안 된다. 철학은 바로 언어를 수단으로 우리의 지성이 마법에 걸려드는 것에 대항하는 투쟁이다.[20] 철학의 성과는 지성이 언어의 한계로 달려가 들이받을 적에 얻은 그 뻔뻔한 무의미와 혹들을 발견하는 것이다.[21]

성철 역시 부처란 마음속에 있는 것인데 마음 밖, 언어문자 속에 있는 것처럼 찾아다니는 헛고생을 하지 말기를 주문한다. 그러므로 성철은 言句를 의심하지 않는 것이 큰 병이라고 강조한다. 언구에 의해 잘못 지어진 온갖 경계를 허물고 모든 사량 분별의 근원인 제8아뢰야식까지 허물 때 비로소 성불할 수 있다.[22]

---

17) 같은 책, p.86.
18) 같은 책, p.87.
19) *PI*, § 107.
20) *PI*, § 109.
21) *PI*, § 119.

이런 맥락에서 우리는 비트겐슈타인과 성철은 다 같이 언어문자로 생긴 병을 치유하는 데 목적을 두고 있음을 알 수 있다. 사랑하는 사람과 이별하는 아픔도 미워하는 사람과 단나는 아픔도 모두가 '사랑', '미움'이라는 말마디에 휘둘리어 온갖 망념을 짓기 때문이다. 철학은 그리고 불교는 거대한 체계를 구축하여 그것을 문자적으로 이해하는 것이 목적이 아니라, 언어에 으해 잘못 지어진 형이상학적 편견과 망념을 허물어 내는 것이 목적이다. 이런 점에서 양자는 수행의 목적과 관련하여 유사성을 지니고 있는 것이다.

> 부처님께서 아난에게 말씀하셨다. "네가 비록 시방여래의 십이부경의 청정하고 묘한 이치를 항하수 모래알같이 기억하여도 다만 戱論만 더할 뿐이다. 네가 비록 결정코 명료하게 인연과 자연을 설명하므로 사람들이 네가 多聞第一이라고 칭찬할지라도, 여러 겁 동안 쌓아온 多聞의 훈습으로는 마등가의 난을 면할 수 없으리라. 이런 까닭에 아난아, 네가 비록 억겁 동안 여래의 비밀스럽고 미묘한 법문을 기억하더라도 하루 동안 무루업을 닦아서 세간의 미워하고 사랑하는 두 가지 고통을 멀리 벗어남만 같지 못하느니라."23)

현상학적 관점에서 '고통'이란 말마디가 지니는 의미를 이해한다면, 즉 그것이 주어지는 그대로 아무런 편견 없이 여실하게 단적으로 직관한다면, '고통'은 유와 무를 떠나 있는 공과 같은 것이다. '고통'이란 말마디는 단순한 육체적 아픔이 아니기에 정신적 아픔과 분리될 수 없는 것이다. 즉 '고통'이란 고통을 표현하는 육체적 행동을 통해 그 원인을 마음이나 의식으로 연역할 수 있는 것이 아

---

22) 성철, 《百日法門 上》, 장경각, 불기 2536, p.237.
23) 성철, 《百日法門 下》, p.240.

니다. '고통'이란 말마디에는 이미 주체 – 객체를 분리할 수 있는 경계를 확인할 수 없다. '고'에 무게중심을 두면 정신적 아픔을, '통'에 무게중심을 옮기면 육체적 아픔으로 구분할 수 있을지 몰라도, '고통'이란 메타포는 이미 의식과 분리된 육체라는 이원론적 — 데카르트적 — 교설을 용납하지 않는 하나의 텍스트이다. 그러므로 우리가 현상학적 관점에서 '고통'은 바로 신체를 통해서 드러난다고 말할 때, 의식이 바로 신체라는 이해를 가능하게 한다. 신체가 의식의 소유물이 아니라 신체 자체가 이미 육화(肉化)된 의식이고, 의식과 분리되어 있는 육체성만을 함의하지 않는 채널이라는 사실이 강조되어야 한다. '나'의 실재성에 대한 오래된 편견을 넘어 중도의 관점에서 그 실상을 읽어내려는 성철 역시 주 – 객 분리의 근대철학의 이원론을 철학적 스캔들로 읽어내고 있다. 결국 주관과 객관이란 양변은 모두 마음이 지은 허상일 뿐, 그 어디에도 참다운 실재는 존재하지 않는다.[24)]

그러므로 비트겐슈타인의 사적 언어 불가능성 논변은 '나'라는 표현의 의미를 신체적 행동을 통해서 드러나는 것과 별개로 비신체적인 사고의 주체인 의식으로부터 연역하려는 논변에 대한 비판을 담고 있다. 언어의 의미는 주체에 의해 그 의미가 불어넣어져야 한다는 오래된 편견은 주체도 의미도 그리고 언어도 모두 공이라는 사실을 깨닫지 못하게 한다. 주체 – 객체의 구별의 초월성이 공이다. 주체도 공이요 객체도 공이고 해탈은 삼라만상이 모두 공임을 깨닫는 것이다. 세친은 다음과 같이 말한다.

---

24) 같은 책, p.226.

의식을 파악하려는 시도를 포기하는 바로 그때, 수행자는 자신의 사고(思考)의 진정한 본성을 깨닫는다. 객관적 대상이 사라지면 곧바로 단순히 주체를 파악하려는 시도뿐만 아니라 주체 자체도 사라진다. 이렇게 하여 주-객의 구분이 없으며 분별도 없는 지고하고 순수한 깨달음이 얻어진다. 주체와 객체가 따로 떨어져 있는 대상들이라는 생각을 버린다면, 우리의 정신은 그 진정한 본성을 드러내게 된다.[25]

비트겐슈타인 역시 말하는 것으로부터 사고를 분리해 내는 것이 가능하다는 신화를 허물어야 한다고 말한다. 사고를 비신체적 과정으로 신화화하는 것이 잘못이다. 어떤 문장을 발화할 때 그에 수반되는 심리적 과정과 함께 사고라고 부르지만, 과연 말하는 것에 수반되는 고유한 심리적 과정이 있는가? 도대체 우리는 무엇을 '사고'라 부르는가? 비트겐슈타인의 "기계는 생각할 수 없는가" 하는 다소 엉뚱한 질문은 인간만이 언어를 사용한다는 평범한 사실로부터 인간은 사고로서의 이성 또는 양식을 가지고 있다는 데카르트적 논증에 던지는 선사의 화두처럼 들린다.

이러한 맥락에서 우리는 비트겐슈타인과 불교의 언어관이 가지는 유사성을 발견할 수 있다. 언어가 사용되는 다양한 맥락 속에서 언어의 의미를 읽어 내는 것이 중요하다. 만약 하나의 언어가 하나의 의미를 전달한다는 오랜 가설을 허문다면, 하나의 언어가 어떤 맥락에서 사용되는가를 발견함으로써만 단지 그 의미를 이해할 수 있다는 생각이 가능해진다. 고통과 같은 사적 감각이 무가 아닌 것은 고통스러워하는 행위를 통해 드러나기 때문이요, 그것을 대상이라 할 수 없는 것은 타인이 그것을 확인할 수 없기 때문이다. 공은

---

25) 크리스 거드문센, 위의 책, p.143에서 재인용.

무가 아니기에 이름을 갖지만 공은 유가 아니기에 그 이름에 상응하는 대상은 갖지 않는다.

이와 같은 양자 사이의 언어관이 지향하는 근본적인 목적은 무엇인가? 그 목적은 언어와 실재 사이에 일치적 대응관계가 있다는 잘못된 선입견에 의해 지적으로 병든 사람들에게 올바른 깨달음의 길을 제시하는 것이다. 말할 수 있는 것만 말하고 말할 수 없는 것은 침묵하기를 주문하는 비트겐슈타인의 침묵의 메타포는 언어나 문자에 매달려 알음알이를 앓고 있는 병든 구도자를 언어적 선입견으로부터 해방시키려는 대승불교와 그 궤를 같이하고 있다. 언어는 단지 진리를 전달하기 위한 방편일 뿐 언어 자체가 진리는 아니라는 생각이 비트겐슈타인의 '말할 수 없는 것'의 메타포이다.

이 '말할 수 없는 것'으로서의 진리는 다만 언어적 질서 속에서 그때그때 맥락적으로 드러나는 것일 뿐, 언어를 통해 지칭되는 대상이 아니다. 언어가 항상 그것이 지칭하는 대상이 실재해야 한다는 오래된 편견은 결국 언어나 문자에 매달려, 언어 바깥에 실재하는 그 무엇에 집착하는 병을 앓게 된다. 진리는 다만 언어적 질서 속에서 다양한 방식으로 생생하게 살아 있을 뿐이다. 물론 그렇다고 해서 진리가 고정된 체계로서 굳어져 있는 언어적 질서에 예속되어야 한다는 의미는 아니다.

이러한 비트겐슈타인의 언어관은 바로 그의 철학관에서도 여실히 드러난다. 철학은 언어가 다양하게 사용되는 방식에 대해 기술할 수 있을 뿐 그 어떤 이론적 체계도 정립할 수 없다. 왜냐하면 이론적 혹은 언어적으로 체계화할 수 있는 어떤 고정된 질서도 존재하지 않기 때문이다. 철학은 모든 것들을 있는 그대로 놓아둔다.

다만 있는 그대로 기술할 뿐이다.[26] 철학은 모든 것들을 그저 우리 눈앞에 놓아두고 아무런 설명이나 논증도 하지 않는다. 모든 것들이 환히 드러나 있으므로 아무런 설명도 필요하지 않다.[27] 이러한 비트겐슈타인의 입장은 후설의 현상학적 입장과 매우 유사하다. 후설 역시 이론과 개념에 의해 추상되기 이전에 이미 그리고 항상 우리 앞에 주어져 있는 생생한 현실로 돌아갈 것을 주문한다. 소위 그의 현상학적 에포케는 바로 문자에 의해 매개되어 굴절되기 이전의 문자 이전의 생생한 현실로부터 새롭게 시작함으로써 언어적 편견에 의해 굴절된 온전한 실상을 되가져오는 수행을 강조한다. 후설의 사유 역시 잘못된 언어관에 의해 병든 지성을 치료하는 것이 그 목적이다.

그러므로 비트겐슈타인이나 성철은 언어적 표현에 상응하는 외적 실재나 심리적 대응물을 찾으려는 모든 노력들이 헛된 실상을 만든다고 강조한다. 이처럼 비트겐슈타인이나 성철은 언어에 대한 편견에서 망념 지워진 온갖 실상을 허물고 오로지 직접적 진리를 단적으로 직관할 수 있도록 마음을 닦아야 한다고 강조한다. 비트겐슈타인에 있어서도 '실재'는 바로 직접적인 경험이다.[28] 언어는 이 직접적 경험을 담아낼 수 있는 온전한 그릇이 아니다. 다만 언어는 실재를 담아내는 온전한 그릇이 아님을 언어를 통해서 폭로하기 위해 언어는 그 수단으로서 존재할 따름이다. 그렇기에 언어는 주관적 실재나 객관적 실재에 대한 이름표가 아니라 다만 깨달

---

26) *PI*, p.§ 124.
27) *PI*, § 126.
28) Gier, 위의 책, p.89.

음을 위한 도구로서 기능을 할 뿐이다.[29] 그러기에 언어는 사람들에 의해 만들어진 것일 뿐이다.[30]

비트겐슈타인의 이러한 언어관은 언어를 실재를 지칭하는 이름으로 생각해 온 오래된 선입견으로부터 해방되어 언어에 의해 혼란스러워진 지성을 치료하려는 데 그 목적이 있다. 의미를 대상에서 확인하려는 오래된 실증주의적 언어관으로부터 해방되어 언어는 단지 하나의 도구일 뿐이라는 사실을 알려주는 데 목적이 있다. 언어는 하나의 기능적 효용성을 지닌 도구로서 언어 체계 외부의 어떤 대상들을 지칭함으로써 의미를 획득하는 것은 아니다.[31] 로티의 말처럼 언어는 피부와 같아서 그 밖으로 나갈 수 없기에 어차피 언어적 표현을 통해 무엇을 지칭하기는 하지만 언어적 맥락을 벗어나 있는 실재를 지칭하지는 않는다.

이러한 언어관은 대승불교와 언어관과 유사하다. 언어의 배후에 숨겨진 실재에 집착함으로써 반야를 실천하는 데 방해받는 보살들을 구제하기 위한 대승불교의 언어관은 비트겐슈타인의 언어관과 유사하다. 모든 언어적 표현에는 그것에 상응하는 다르마가 존재한다는 오래된 선입견을 허무는 것이 중요하다. 다르마는 그저 하나의 언어적 표현일 뿐이다.[32] 익히 알듯이 손가락은 달을 가리키는 수단일 뿐 손가락이 달은 아니다. 뗏목은 강을 건너기 위한 방편이고 통발은 고기를 잡기 위한 방편일 뿐이다.

언어적 표현의 배후에 숨겨진 실재나 다르마를 인정하지 않는

---

29) 크리스 거드문센, 위의 책, p.107.
30) 같은 책, p.105.
31) 같은 책, p.70.
32) 같은 책, p.65.

점은 비트겐슈타인이 대승불교의 입장과 유사하다. 특히 이 양자의 언어관은 중도적 언어관을 공유한다. 중도적 언어관이란 언어를 떠나 있는 실재 자체를 부인하지만, 언어적 맥락 안에서 이해되는 실재 자체까지 부인하지 않는 입장이다. 중관의 중도가 다르마의 존재를 부인하지도 않으면서 또 승인하지도 않는 입장이다.[33] 언어적 표현이 지시하는 다르마의 존재 혹은 비존재에 집착하는 것 역시 극단의 사유이기 때문이다. 언어는 다만 하나의 기능적 효용성을 가진 방편이라는 점을 인식한다면, 언어와 언어 바깥의 대상과의 관련성을 논하는 것은 잘못된 것이다.

## 3. 일상언어로의 환원

> 원돈신해의 진실한 말씀이 갠지스 강의 모래같이 많으나 그것을 죽은 말[死句]이라 하니, 학인들에게 알음알이의 장애를 내게 하기 때문이다. 이것은 모드 처음 발심한 학인은 경절문의 산 말[活句]을 참구하지 못하기 때문에 자성에 일치하는 원만한 말을 보여주어 그의 믿고 이해함이 물러나지 못하게 하기 위해서이다.[34]

성철은 문자언어에 매달려 온전한 실상을 읽어내지 못한 수도자들의 병을 치유하기 위해 그의 ≪선문정로≫(禪門正路)를 저술했다. 진정한 깨달음을 얻지 못하고 망심을 떨쳐버리지 못한 채 깨쳤다고 공언하는 고금의 수도인들의 공통적인 병을 지적하고 치료해주기 위한 메시지를 담고 있는 저술이다.[35]

---

33) 같은 책, p.66.
34) 성철, ≪禪門正路評釋≫(法語集 1집 3권), 장경각, 1993, p.231.

우리는 성철의 돈오돈수(頓悟頓修)가 지향하는 바가 무엇인지를 잘 파악할 필요가 있다. 성철은 문자적 이해가 見性의 장애가 되는 것을 비판한다. 중생이 부처임을 단박에 깨달은 후 또 다른 닦음이 불필요하다. 깨친 후 닦아야 할 또 다른 단계가 있다는 것은 근본적으로 중생과 부처를 이분법적으로 실체화하는 형이상학적 편견에 지나지 않는다. 이것은 언어를 떠나 실재하는 대상이 따로 존재한다는 오래된 편견에서 유래하는 것이다. 그렇기에 성철은 처음부터 언어는 하나의 전달의 기능적 도구에 지나지 않는 것이기에 오히려 견성의 장애로 생각한다.

돈오점수(頓悟漸修)의 길은 누구나 이해할 수 있는 길이지만, 근본적 해탈이 없는 길이기에 죽은 말이다. 이 돈오점수의 죽은 말에 의존하여 깨달음을 얻을 수 없기에, 실지로 살아남는 길인 활구(活句)를 의지하여 확실히 깨치는 것만이 옳은 길이다.[36] 성철은 모름지기 활구를 참구하여 진정한 깨달음을 성취할 것을 주문한다. 성철의 보조에 대한 비판은 돈(頓)과 점(漸)을 이분법적으로 갈라놓고 어느 한쪽에 무게 중심을 옮기려는 극단적 사유에 대한 비판을 담고 있다. 견성 자체가 성불이기에 견성 후 성불이라는 이분법적 교설이 따로 필요 없다. 이러한 성철의 생각 속에는 '돈'과 '점'이 그 기호적 맥락을 벗어나 지시하는 실재가 따로 존재하지 않기에 다만 '돈'과 '점'은 주어진 맥락에서 기능적으로 사용되는 상대적 기호일 뿐이라는 생각이 들어 있다. 언어문자를 통해 이해된 내용이나 언어문자 바깥의 실재 어디에도 깨달음의 길이 없다면, 돈이든

---

35) 같은 책, p.153.
36) 성철, ≪百日法門 下≫, p.355.

점이든 한갓 주어진 맥락에서 상대적으로 읽혀야 할 동일한 것의 다른 메타포들이다. 우리는 이러한 성철의 언어관을 비트겐슈타인의 언어관 속에서 발견할 수 있다. 성철이 말하는 '살아 있는 언어', 즉 활구(活句)란 바로 비트겐슈타인이 언어를 생생한 도구적 기능성에서 그 의미를 확인하려고 한 것과 흡사하다. 말하자면 언어와 실재 사이의 고정된 일치적 관계 대신 언어가 다양하게 사용되는 맥락 속에서 언어의 생생한 기능적 활동을 강조한 입장과 유사하다. 성철이 말하는 사구(死句), 즉 '죽어 있는 말'이란 바로 하나의 언어가 하나의 실재에 대응하기 때문에 고정된 하나의 의미를 가질 수 있다는 오래된 잘못된 언어적 편견에 사로잡혀 있는 경우를 일컫는 메타포이다.

비트겐슈타인은 ≪탐구≫ 서언에서 다음과 같이 쓰고 있다

> 나는 나의 소견들을 미심쩍은 느낌을 가지고서 세상에 공개한다. 이 작업의 빈약함과 이 시대의 어둠 속에서 이 작업이 어떤 한 사람 또는 다른 어떤 사람의 머리에 빛을 던지도록 하는 몫을 부여받았다는 것은 불가능하지 않다. 그러나 물론 그럴 법하지 않다.

그의 ≪탐구≫ 전체를 통해 흐르고 있는 비전(vision)의 메타포를 읽을 수 있다. '빛과 어둠'이란 메타포를 통해 그는 어떤 새로운 주장을 제기하는 것이 아니라 언어적 혼란에 의해 초래된 어두움에서부터 자유로워질 수 있는 길을 보여주는 것이 목적이다. 파리를 파리통으로부터 자유롭게 해 줄 수 있는 길을 보여주는 것이 목적이다. 이 '보여 준다'는 의미의 시각적 메타포는 '통찰', 즉 '깨달음'이란 의미와 유사하다. 이러한 그의 철학은 바로 문헌이 이해되

는 방식과는 근본적으로 다르게 이해될 수 있다.[37] 그러므로 비트겐슈타인의 철학, 아니 철학함은 바로 철학적 혼란이 초래된 원인을 제거함으로써 깨달음을 성취하고 평화로움에 도달하는 것이다. 이것은 각자가 스스로 발견해야 할 그 어떤 것이다. 책들은 단지 수행자를 위한 방편일 뿐이다.[38]

그러므로 그는 자신의 생각을 철학적으로 정돈된 체계로 정립하는 형식보다는 압축된 경구적 표현이나 일상적인 혹은 시적인 표현을 통해 보여주려고 한다. 그는 어떤 종류의 이론을 세우기보다는[39] 명제적 형식으로 담아 낼 수 없는 것들을 경구적으로 보여주려고 한다. 그는 자신의 글로써 다른 사람들이 자신의 사고에 이르도록 하는 것이 목적일 뿐, 물론 이것도 가능하리라고 생각은 하지 않지만, 어떤 이론도 가설하지 않는다. 그리고 자신의 생각이 다른 사람에게 잘 전달되리라 확신도 못 하면서도 마치 선사가 제자들에게 던지는 화두처럼 경구적 표현으로 표현하고 있다. 그가 자신의 생각을 오해할 수 있음을 인정하면서도 ≪탐구≫에서 일상적인 표현, 즉 순진무구한 일상적 언어로 표현하는 것은 결코 우연적이거나 아마추어적인 것이 아니다.[40] 그러므로 비트겐슈타인의 ≪탐구≫는 깨달음을 위한 고려되어야 할 스케치들로 이루어진 앨범으로서 읽어내는 것이 중요하다.

특히 그는 일상언어로 자신의 생각을 스케치한다. 그는 일상언어에 대한 정의도 없이 사용하고 있다. 물론 그에게 있어서 일상언어

37) T. Binkley, *Wittgenstein's Language*, Martinus Nijhoff, The Hague, 1973, p.168.
38) 같은 책, p.197.
39) *PI*, § 109.
40) T.Binkley, 위의 책, p.169.

의 개념을 정확하게 제시하는 것이 그리 중요하지 않은 일일 것이다. 그는 전문적인 학술언어보다는 일상언어 혹은 통상적 언어를 사용한다. 그에게 있어서 일상언어란 바로 살아 있는 언어, 즉 활구(活句)이다(language at work).[41] 물론 그가 일상언어로 돌아가기를 주문한 것은 단지 일상언어에 의해 초래된 문제들을 근본적으로 해소하려는 절차일 뿐이다. 일상언어로 돌아가는 것은 단지 하나의 치료적 도움을 얻기 위한 것일 뿐 그것이 만능해결사는 아니다.[42]

스케치 혹은 앨범이란 단어들과 관련하여 사용하는 메타포가 바로 '풍경'이다. 그는 자신의 ≪탐구≫를 길고 얽히고설킨 여행에서 생겨난 다수의 풍경스케치라고 말한다. 자신의 사고들을 하나의 방향으로 체계적으로 구성한 것이 아니라 종횡무진으로 경험한 것을 그것이 보이는 대로 그대로 자연스러운 경향에 따라 일상언어로 스케치한 것이다. 그렇기에 잘못 그려지거나 특색 없는 것들로 채워져 있다. 그러므로 이 책은 결론도 요약도 추론도 주장도 그에 대한 반박도 없는 단지 일어난 그대로의 사고-스케치이다. 이 책은 이리저리 짜 맞추어 놓은 철학적 구조물이 아니라 이것저것을 일정한 방향 없이 모아 놓은 것에 지나지 않는다. 그러므로 '쥐', '도구상자', '빗자루', '엔진', '자동차', '바퀴' 등과 같은 일상언어를 예로 들거나 비유로 사용한다. 그러나 그는 바로 이러한 일상언어로 된 예를 통해 범상하지 않은 것을 지칭하기 위해 종종 사용한다. 그가 우리에게 일상언어로 돌아갈 것을 원한다고 한다면, 그는 우리가 일상적인 혹은 통상적인 방식으로 그렇게 생각하기를 항상

---

41) 같은 책, p.176.
42) 같은 책, p.177.

원하지 않는다. 왜냐하면 항상 우리 눈앞에 있기 때문에 단순하고 친숙한 것이어서 우리에게 중요한 사물들의 측면들은 숨겨져 있기 때문이다.[43] 스케치는 이 숨겨진 것들을 깨닫도록 짜여 있다. 따라서 일상적이지 않은 상상적인 스케치가 필요하다. 그에게 있어서 일상언어는, 비록 분석이 필요할 정도로 애매하기는 하지만, 우리의 표현양식에 의해 초래된 문제들의 그 원인을 탐색하는 데 유용한 기능을 할 수 있다. 구체적이고 원시적이고 일상적인 것들이 종종 주문을 풀어줄 수 있기 때문이다.[44] 일상언어로 돌아가는 것이 모든 철학적 문제를 해결해 주는 만능해결사가 아니라 단지 문제 자체가 일어난 원인을 탐색하는 데 유용한 기능을 할 수 있을 뿐이다. 일상언어는 어쩌면 수행자의 귀 속의 귀를 열고 눈 속의 눈을 열게 하는 기능을 갖고 있을지도 모른다. 일상언어가 학문적이거나 전문적 언어는 아닐지라도 이상적 언어들에 의해 숨겨진 중요한 의미를 깨달을 수 있도록 귀 속의 귀를 열고 눈 속의 눈을 열게 하는 열쇠와 같은 기능을 할 수도 있다. 그러나 일상언어로의 환원은 다만 깨달음을 위한 하나의 방편일 뿐이다.

성철은 원돈신해의 돈오점수를 참된 선이 아닌 지해(知解)의 병으로 규정한다. 그것이 知解의 병인 것은 사구를 붙들고 깨달음을 주문하는 어리석음 때문이다. 돈오점수란 사구에 취해 활구인 화두를 붙들고 정진하는 일에 게을리한다. 비록 원돈의 이치가 가장 원묘하나 모두 식정이 듣고 알며 생각나는 헤아림으로 선문에서 화두를 자세히 참구하여 경절의 깨쳐 들어가는 문에서는 하나하나

---

43) *PI*, § 129.
44) T. Binkley, 위의 책, p.25.

모두가 불법에서는 지해의 병이다.[45] 해오(解悟)의 단계에서는 아직 주체의 분별망상을 완전히 걷어내지 못한다. 언어가 지칭하는 실재가 있을 거라고 집착하는 것은 결국 사구에 매달리는 것이다. 살아 있는 언어란 어느 하나의 본질이나 실재를 지칭하는 죽은 언어가 아니라 그때그때의 맥락 속에서 생생하게 그 기능을 충분히 발휘하는 살아 있는 화두를 붙들고 정진해야 한다. 사려 분별하는 주체가 살아 있는 한 어디까지나 죽은 언어에 집착하는 단계를 넘어서지 못한다. 사려 분별하는 주체에 의해 망념 지워진 언어와 실재 사이의 분리는 언어의 생생한 기능과 쓰임서를 죽이는 이데올로기이다.

이런 맥락에서 스트랭은 ≪공: 종교적 의미에서의 연구≫에서 비트겐슈타인과 용수의 중관학파를 비교한다. 언어는 언어 바깥의 사물들과 대상적 관계를 맺음으로써 또는 자기 존재를 지닌 절대적 존재자에 대응함으로써 의미를 얻는 것이 아니라, 주어진 '언어 게임' 내에서의 다양한 쓰임새에 따라 다른 언어들과의 관계 속에서 그때그때 의미가 생성된다고 말하는 비트겐슈타인의 언어관은 의미의 동시 상호성립이라는 화엄적 구조와 일치한다.[46] 스트랭에 의하면, 나가르주나 역시 모든 존재는 상호 의존적이며, 그 어느 것도 자존적인 실재성을 갖고 있지 않다고 말한다. 모든 언어는 항상 주어진 언어적 관계, 즉 문맥 안에서 그때그때 의미를 갖는다는 상대성을 상징화하기 위해, 그는 '공'이란 메타포를 사용한다. 만약

---

45) 此(圓頓)義理 雖崔圓妙 總是識情聞解思想邊量故 於禪門話頭參詳徑截悟入 門 ――全揀佛法知解之病也(≪百日法門 下≫, p.354).

46) 스티브 오딘, 위의 책, p.90.

언어가 주어진 맥락 안에서 그때그때 의미를 다양하게 갖는다면 '언어 – 지칭 – 실재의 모델'은 언어의 생생한 기능을 차단하려는 주체의 음모에 의해 가설된 ─ 선험적 ─ 틀일 뿐이다. 그때그때마다 어떤 의미로도 기능할 수 있기에 多者이면서도 주어진 문맥 내에서는 어느 하나의 의미를 지시한다는 점에서는 일자이다. '주체'란 단어는 '대상'이란 단어와 분리해서 사실상 무의미하며, 마찬가지로 '일자'는 '다자'란 단어와 분리되어서는 의미가 없다. 이와 같은 비트겐슈타인의 일상언어로의 전환 속에서 화엄의 중도적 언어관을 읽어낼 수 있다. 이는 성철이 화엄의 요체를 바로 중도로 읽어낸 것과 궤를 같이하고 있다.

화엄의 요체를 법장은 다음의 예를 들어 기술한다.

> 서까래 자체가 그대로 집이다. 왜냐하면 모든 서까래(지붕, 벽) 자체로 집을 세울 수 있기 때문이다. 서까래 등등을 떼어내면 집은 세워질 수 없다. 서까래가 세워지는 순간에 집도 동시에 세워지는 것이다.

이것은 집이라는 전체와 서까래라는 부분이 상호 인과적으로 존재론적 사슬을 이루고 있음을 말한다. 모든 존재는 존재론적 상대성(공)을 그 보편적 원리로 가지고 있음을 말하는 메타포이다.

이를 비트겐슈타인의 언어적 관점으로 바꾸어 말하면, '서까래'란 단어나 '집'이란 단어는 각각 그것이 지칭하는 자존적 본질이 없고 다만 이 양자가 사용되는 문맥 속에서 상호 그 의미를 잇대고 있다는 것이다. 비트겐슈타인 역시 건축가와 조수 사이에 일어나는 언어놀이를 예로 들면서, '벽돌', '기둥', '석판' '들보' 등등의 일상적 어휘들을 인용한다. 이 모든 어휘들은 그 스스로 의미를 갖는 것이 아니라 주어진 언어놀이의 맥락 안에서 의미를 갖는다. 모든 것은 상호 동시적 의미사슬 속에서 비로소 의미를 가질 수밖에 없다. 그는 다음의 예를 든다.

> "막대를 지레와 결합함으로써 나는 브레이크를 걸었다."—그렇다. 나머지 메커니즘 전체가 주어져 있다면. 오직 이것과 더불어서만 그것은 브레이크 페달이다. 그리고 그것을 떠받쳐 주는 것으로부터 분리되면, 그것은 지레조차도 아니다. 그것은 가능한 모든 것이 될 수 있거나 아무것도 아니다.[47]

즉 그 어휘들은 다자이면서 일자이고 다자가 아니면서 일자가 아니기에 단지 그 자체로서는 '공'일 뿐이다.[48] 모든 실재가 하나의 '의미'(색)를 가질 수 있음은 아직 특정한 이름을 갖기 이전의 열린 지평(공)과의 관련 속에서일 뿐이다. 비트겐슈타인은 바로 삶의 형식을 열린 지평으로 읽었고, 후설은 생활세계로 읽었다. 모든 언어는 그 스스로 자족적 의미를 가질 수 없고, 다만 상호 동시적 의미연관 속에서 비로소 특정한 의미를 가질 수 있을 뿐이다.

---

47) *PI*, § 6.

48) 더는 이 현상학의 역동적 모델로 중도적 언어관을 해석할 수 있는 계기를 제시하고 있다. 우리가 하나의 사물의 특정한 부분을 형상들(색)에 주목한다. 그러나 이 부분은 하나의 지각장에서 지각된다. 하나의 사물의 특정한 부분에 주의력을 모음으로써 특정한 대상으로 주어지지만, 이것은 그 특정한 부분을 둘러싸고 있는 열린 장으로서의 지평(공) 속에서 가능하다. 이 지평으로 주어진 배경은 이미 지각장 주변에 함께 현전하고 있다. 다만 특정 부분에로 주의력이 모아졌기에 희미하고 애매하게 배경으로 주어져 있을 뿐이다. 그러므로 색과 공은 의식의 지향성이 어디로 향해져 있는가에 따른 구분일 뿐, 전체적으로 하나의 텍스트를 이루고 있다. 켄더는 사물의 특정한 부분(색)으로부터 그것을 둘러싸고 있는 장(場) 또는 공의 경험을 특징짓는 열림의 지평으로 주의력이 이행하거나 초점을 넓히는 것을 반야 혹은 의식의 깨달은 양태와 관련짓는다. 그러므로 현상학적 용어로 말하면 반야와 공은 지향적 상관자이다. 즉 색이 공과 다름이 아님을 깨닫는 노에시스와 이에 상응하여 모든 것이 공임을, 즉 중도임을 깨닫는 것이 노에마적 극이다(스티브 오딘. 위의 책. pp.104-106).

## 4. 수행방편의 유사성: 인언견언

> 나의 명제들은 다음과 같은 방식으로 어떤 의의를 가지고 있다. 나의 명제
> 들을 이해하게 된 누구든지 이 명제들을 발판으로 사용하여 그 명제들을
> 극복하여 넘어설 때 결국 이 명제들이 헛소리라는 것을 알게 될 것이다
> (말하자면 그는 사다리를 끝까지 올라간 후 그 사다리를 버려야 한다.).
> 그 명제들을 초월해야 하며, 그때에야 비로소 그는 세계를 올바로 볼 수
> 있게 될 것이다(≪논고≫, 6.54).

비트겐슈타인은 "철학은 말할 수 있는 것을 분명하게 묘사함으
로써 말할 수 없는 것을 의미할 것"(≪논고≫, 4.115)이라는 자신
의 생각을 ≪논고≫ 마지막 부분에서 다시 강조하고 있다. 이 6.54
절은 우리들을 어리둥절하게 하는 선사의 화두처럼 들린다. 그는
자신의 사상이 진리라는 것을 명제들의 형식을 통해 말할 수밖에
없지만 자기 명제들은 헛소리라고 선언한다. 매우 모순적이다. 자
신의 ≪논고≫ 서언에서 "여기서 제시되는 사상이 진리임은 나에
겐 논쟁의 여지가 없고 확고부동한 것으로 보인다."고 말하면서 동
시에 자신의 명제들이 헛소리라고 선언한다.[49]

---

49) 이에 대해 러셀은 ≪논고≫ 서론에서 비트겐슈타인의 강력한 논증에도 불구하고 선뜻 받아
들이기에 망설여지는 이유를 비트겐슈타인은 말할 수 없는 것에 관해 상당히 많은 것을 말하
고 있다는 사실 때문이라고 비판조로 쓰고 있다. 많은 주석가들은 비트겐슈타인이 이 언급
(6.54)을 자기모순적인 것으로 간주하여 그것을 해소해 버리기 위한 방식을 생각해 내려
하였다. 비트겐슈타인의 사다리비유에 관한 비판은 많다. 그는 자신이 책에서 표현하려는
"정신이 유럽과 미국문명의 큰 흐름을 이루는 정신과는 다르다."라고 쓰고 있다(≪문화와
가치≫, p.25). 아마 과학주의적 사고에 익숙해져 있는 사람들에게는 비트겐슈타인의 사다
리 비유는 좀처럼 이해될 수 없었을 것이다. 카르납은 1935년 비트겐슈타인에 대해 "그는
철학적 명제들을 진술할 수 없다고 우리에게 말한다. ……그리고 나서 그는 침묵을 지키는
대신에 하나의 완전한 철학서를 저술하였다."라고 쓰고 있다(판, p.59). 그리고 바네스나 핏
처 역시 비트겐슈타인은 자신의 명제들에 대해 해명적인 혹은 계몽적인 헛소리라고 말하기
보다는 차라리 침묵하는 것이 더 낫다 혹은 헛소리라고 말하는 것은 이미 말할 수 있는 것
이라는 식으로 비판한다(pp.59-60). 그러나 이에 대해 판은 비트겐슈타인에 있어서 '침

우리는 서양정신에 익숙해져 있는 주석가들을 어리둥절하게 한 비트겐슈타인의 이 언급이 성철에게는 깨달음을 위한 건강한 메타포로 들릴 것이라고 추측할 수 있다. 비트겐슈타인은 ≪논고≫에서 명제들로 표현할 수 없는 것을 보여주기 위해 명제들로써 표현할 수밖에 없지만 그것이 명제들로 표현되는 한 한갓 헛소리라고 생각한다. 그의 의도는, 판(K. T. Fann)에 의하면, 독자들이 자신의 책이 진리를 내포하고 있는 것으로 바랐지만, 결국 독자들이 ≪논고≫에서 다루어진 명제들이 헛소리임을 깨닫고 이 명제들을 초월하여 세계를 올바로 보도록(깨닫도록) 주문하는 의도가 담겨 있다.[50]

우리는 비트겐슈타인의 이 언급을 불교의 언어관과 비교할 수 있다. 특히 언어적 이해보다 깨달음을 더욱 강조한 성철의 돈오돈수와 비트겐슈타인의 생각이 닮아 있음을 알 수 있다. 문자적 이해는 하나의 방편일 뿐이다. 명제들로 표현할 수밖에 없어서 명제들로 표현하지만 표현된 동시에 그것은 이미 헛소리이다. "언어는 모든 사람들에 대해 동일한 덫을 준비하고 있다. 쉽게 빠져들 수 있는 미로들의 어마어마한 그물……나는 그러니까 잘못된 길이 분기되는 모든 장소에 그 위험한 지점들을 무사히 넘어가도록 도와주는 표지판을 세워 놓아야 할 것이다."[51] 이처럼 비트겐슈타인 역시 잘못된 언어관에 의해 미로를 헤매는 사람들에게 하나의 표지판을 세우기 위한 방편으로 그의 생각을 명제들로 표현할 수밖에 없는

---

묵'은 어떠한 소리도 발언하지 않는다는 일상적 의미에서의 '완전한 침묵'이 아니라 (특별한 의미에서) '말하지 않는 것'을 의미한다고 덧붙이고 있다(p.57). 이런 의미에서 비트겐슈타인의 '침묵'을 유마거사의 '묵연무언'(黙然無言)이란 의미로 받아들여도 좋을 듯하다.

50) K. T.판 지음, 황경식, 이운형 옮김, ≪비트겐슈타인의 철학이란 무엇인가?≫, 서광사, 1989, p.58 이하 참조.

51) L. Wittgenstein, ≪문화와 가치≫, p.47.

것이다.

언어적 표현이 불가능한 실재를 마치 참 혹은 거짓인 사실적 진술로 표현하려는 데서 비롯된 문제들을 극복하려는 것이 비트겐슈타인의 철학적 활동의 목적이다. 불가사의한 것은 언설상으로 표현될 수 없다. 진여는 언어 이전에 주어져 있는 절대지평으로서 모든 言說과 言句를 넘어서 있다. 그러나 진여가 언어 이전의 절대지평이라고 하더라도 어차피 언어를 방편으로 지시할 수밖에 없다. 진여 자체는 모든 언설을 떠나 있지만(絕言眞如) 언어의 방편에 의지하여 진여를 언설할 수밖에 없다(依言眞如). 그러므로 진여는 언어를 떠나 있으면서도 언설로 표현할 수밖에 없다. 말에 의해 말을 버리는(因言遣言) 것이다. "진여는 말을 떠나 있다는 것" 역시 말일 수밖에 없는 것이듯!

> 절대진리는 바로 절대적이기 때문에, 離言絕慮 - 不立文字 - 言語道斷임이 분명하지만, 동시에 離言眞如도 依言眞如일 수밖에 없다는 바로 그 근거에서 因言遣言하는 하는 한, 절대실재 - 절대진리는 어떠한 명제로도 진술될 수 없으나, 바로 그 때문에 또한 여하한 文言으로도 지시될 수는 있는 것이기도 하다.52)

문제는 행동이고 활동이고 깨달음이다. 비트겐슈타인에 있어서 철학은 바로 언어를 무기로 언어와 싸워 언어에 의해 초래된 혹을 때내는 활동이다. 문제는 언어적 혼란에서 생긴 문제들을 해결하는 것이 아니라 혼란스러움이 생겨나기 이전의 직접적 소여에로 돌아

---

52) 신오현, "현대철학의 한계와 원효의 화쟁논리: 선험적 의미론의 관점에서", 《철학연구》, 대한철학회, 제78집, 2001, pp.238 - 239.

가 문제 자체를 해소해버리는 활동이다. 철학은 혼란스러움을 치료하는 활동이다. 성철 역시 온갖 희론에 의해 생겨난 형이상학적 대립을 해결하기보다 그것들에 의해 이념적으로 포장되기 이전의 직접적 경험으로서의 진여를 단적으로 읽어낼 것을 주문한다. 의상은 언어와 존재의 실상을 별개로 분별하여 마치 언어 바깥에 존재의 실상이 따로 있다는 생각에서 자유로워지기를 주문한다. 의상은 이런 맥락에서 모든 언어가 실상 자체임을 깨달은 자에게는 "말할 때나 말하지 않을 때나 실상을 여의지 않고 있음으로, '종일토록 말하는 것'이나 '아예 말하지 않는 것'이 동일하다고 말한다.[53]

물론 성철의 돈오돈수는 모든 유형의 점수(교)를 제거한다는 의미는 아니다. 교는 하나의 방편일 뿐이기에 언어에 집착하여 언어를 넘어 만나야 할 존재의 실상에로 이르지 못하는 지해의 병을 치료할 것을 강조한다. 비트겐슈타인도 성철도 말할 수 있는 것을 통해 말할 수 있는 것의 한계를 넘어 말할 수 없는 존재의 실상을 읽어내도록 주문하고 있다. 왜냐하면 진정한 깨달음은 "교라는 것이 말할 수 있는 곳으로부터 말할 수 없는 곳에 이르는 것임을 아는 것"(敎也者 自有言至於無言者也)이기 때문이다.[54]

---

53) 비트겐슈타인의 언어관에 세례를 받고 있는 리차드 로티 역시 언어는 실재를 있는 그대로 그려내는 신적 매개물이 아니라고 말한다. 언어를 실재를 표현하거나 표상하기 위한 매개물로 여기는 것을 넘어서서 모든 언어는 우연적 기호에 지나지 않음을 강조한다. 실재를 고스란히 담아내는 최종 어휘가 따로 없기에 언어를 실재에 대한 표상으로 가정하면서 생긴 모든 논쟁으로부터 자유로워지기를 주문한다.
54) 서산대사, 「선교결」 ≪돈황본단경≫, 1권, 부록.

## 5. 깨달음을 위한 정진

비트겐슈타인은 ≪탐구≫에서 다음과 같이 말한다.

> 규칙에 따라 행해졌는지 아닌지에 관해서는 아무런 논쟁이 벌어지지 않는
> 다. 거기에 관해서는 예컨대 치고받는 일이 벌어지지 않는다. 그것은 우리
> 의 언어가 그 위에서 작용하는 틀에 속한다.[55]

비트겐슈타인은 6년간(1920~1926) 초등학교에서 어린이들과 함
께 생활하면서 자신의 생각을 점차 바꾼다. 어린이들에게 언어를
학습하는 과정을 통해서 그는 이상적 언어로부터 삶의 형식에 기
반을 두고 실천에 토대를 둔 일상언어에 대한 관심을 가진다. 그의
관심은 ≪논고≫에서 관심을 기울였던 상아탑적인 이상언어의 허
울을 벗고 언어는 결국 놀이이며 놀이이기에 정해진 규칙에 따르
는 것을 배우는 일상적 실천의 장으로 전환한다. 정해진 규칙에 맹
목적으로 따른다면, 쓸데없는 형이상학적 논쟁은 사라질 것이다.

우리는 이미 언어활동이 일어나는 기반으로서 주어진 규칙에 따
라 의사소통을 한다. 마치 우리가 장기놀이를 하면서 정해진 규칙
에 따라야만 치고 싸우는 일이 사라지듯이 그렇다. 그러므로 규칙
을 따른다는 것은 이론적 논쟁과는 거리가 먼 하나의 실천(practice)
이다.[56] 그 규칙을 따른다는 것은 사적인 문제가 아니다. 하나의
명령에 따르는 것이다. 그러므로 그 규칙은 맹목적으로 따르고 선
택하지 않는다.[57] 이 규칙은 바로 사용규칙이다. 그러므로 이미 오

---

55) *PI*, § 240.
56) *PI*, § 202.

랫동안 사용규칙으로 전승되어 온 항구적인 관계, 관습이다.[58] 이 관습에 익숙해지는 것이 언어를 잘 이해하는 것이다. 사량 분별하는 주체에 의해 이해된 것은 곧 오해이다. 이 오해의 주체인 생각하고 표상하는 주체가 사라질 때,[59] 언어를 가장 잘 이해한다. 바로 그때 "사고 속에 평화가 깃든다. 이것이 철학하는 자가 열망하는 목표이다."[60]

비트겐슈타인에 있어서 언어를 잘 이해한다는 것은 언어가 지칭하는 내적 외적 대상, 즉 사유나 인상 혹은 사물 등등에 대한 집착에서 자유로워져서 언어가 사용되는 맥락을 잘 파악한다는 것이다. 캔필드(J. V. Canfield)는 이런 점에서 비트겐슈타인의 실천, 즉 언어규칙(관행)을 따르는 데 익숙해지기 위한 실천을 선적 수행과 연결시킨다.[61] 우리의 삶의 형식 속에서 오랫동안 익숙해져 온 언어규칙에 잘 따른다는 것은 언어가 지칭하는 대상에 집착하여 이론적-사변적 논쟁으로부터 자유로워지는 유일한 대안이다. 그는 이런 점을 예로 들면서 주로 색깔의 예를 든다. 이것은 아마 색채만큼 그 의미를 명확하게 경계 지우기가 쉽지 않을 것이기 때문이다. 우리의 일상언어, 즉 '불그스레한', '검붉은', '붉디붉은' 등등의 낱말은 그것이 지칭하는 대상을 명확하기 구분하는 사유가 없이도 이미 사용규칙에 따라 사용하고 있으며 서로 이해하고 있다. 이처

---

57) *PI*, § 209.
58) *PI*, § 198.
59) 《논고》, 5.631.
60) 《문화와 가치》, p.99.
61) 존 캔필드, "비트겐슈타인과 선", 《서양철학과 禪》, 김종욱 편역, 민족사, 1993, p.262 이하 참조.

럼 비트겐슈타인은 우리의 일상언어, 예컨대 '붉은', '고통' 등과 같은 언어를 예로 들어 언어적 편견을 치유하려고 한다. 우리는 사유나 인상 없이도 이미 '붉은 것을 가져오라'는 명령에 따르면서 서로 이해한다. 이것은 바로 삶의 형식이라는 존재론적 기반 위에서 익숙하게 이루어지는 언어놀이다.

비트겐슈타인이 초등학교교사로 활동하는 시절, 그는 어린이들과 함께 생활하면서 오로지 배운 대로 실천하는 그들을 통해 많은 것을 깨달은 것 같다. 전문적 학술적 논쟁에 휘둘리어 철학함의 실천과 등을 지고 있는 어른들의 삶보다는 주어진 규칙과 관행에 따르는 방법을 배우고 실천하는 어린이의 순진무구한 삶 속에서 진정한 깨달음을 위한 방편을 찾은 것일지도 모른다. 캔필드는 이런 점에서 비트겐슈타인의 실천(practice)을 불교의 '그냥 하는 것', 즉 모든 이론적 논쟁과 거리를 두고 오직 깨달음을 위한 정진에 비유한다. 사유에 의한 논쟁을 목적으로 한 어른들의 죽은 언어(死句)에 비하면, 학습을 통해 규칙을 배워 사유 없이도 언어를 이해할 수 있는 어린이의 살아 있는 언어(活句)가 깨달음을 위한 유효한 방편이다. 말하자면 '붉은 꽃을 가져오라'는 명령에 추론과 논증이 없이 따르기만 하면 될 뿐이다. 비트겐슈타인이 '철학교수들에 의한 직업적 철학을'[62] 혐오한 것은 바로 철학은 활동임을 강조하는 것이다. 그렇기에 그에 있어서 '말은 행위이다.'[63] 성철은 이런 점에서 점수론자들의 죽은 언어로써는 견성할 수 없다고 말한다. 진정

62) K. T. 판, 황경식, 이윤형 옮김, ≪비트겐슈타인의 철학이란 무엇인가≫, 서광사, 1989, p.146.
63) ≪문화와 가치≫, p.104.

한 깨달음을 위한 언어적 방편은 선수행을 위한 화두와 같은 생생한 언어이다. 이처럼 비트겐슈타인은 철학적 발견에 의해 평화에로 이르는 방편으로서, 순진무구한 것(innocence)에 의한 깨달음을 강조한다.[64] 그는 어린이나 원시인들에 대한 언급을 한다. 이것은 철학적 사변에 의해 포장되기 이전의 직접적 소여로 단적으로 돌아가기 위한 그만의 방편이다. 언어는 어차피 하나의 방편이라면, 깨달음을 위한 가장 유효한 기능을 하는 언어는 살아 있는 일상언어이다.

후설 역시 유사한 언어관을 제시한다. 그는 고통과 같은 사적 감각을 비지향적인 것으로 규정한다. 느낌이란 것에도 감각 자체와 그 감각을 느끼는 작용은 구분되어야 한다. 즉 감각 자체는 비지향적인 심적 계기이지만, 그 감각을 느끼는 지각은 지향적 작용이다. 말하자면 지각은 감각 자체에 대한 지향적 의미부여 활동인 데 반해 감각 자체는 지각의 내용으로서 기능한다. 감각 자체가 지향적인 것은 아니지만 모든 지향적 구성의 선지향적(vor – intentional) 토대로서 기능한다. 감각은 작용이 아니라, 작용들이 그 감각을 통해 구성된다.[65] 그러므로 고통이란 사적 감각은 의식의 지향적 의미부여에 의해 비로소 대상적 성격을 부여받을 수 있는 그 자체로서는 사유 이전의 직접적 경험이다. '지향 – 지향된 대상'이라는 분별적 사유가 일어남으로써 마치 '고통'이란 낱말에 상응하는 지향적 대상이 구성될 뿐, '고통'이란 낱말은 선지향적 생활세계의 경험 연관 속에서 이해되어야 할 사적인 직접적 경험일 뿐이다. 후설

---

64) T. Boinkley, 위의 책, p.197.

65) E. Husserl, *Logische Untersuchungen*, II, § 15 b.

역시 '고통'과 같은 사적 경험은 의식에 의한 지향적 의미부여가 없이도 이해될 수 있게 하는 '생활세계'란 존재론적 틀을 강조하고 있다.

후설은 이미 ≪논리연구≫에서 '나', '그것', '지금', '여기', '휴우!', '예컨대', '느린', '붉은' 등등의 기호들을 '기회적(okkasionell)' 표현으로 지칭하면서, 이 낱말들의 의미는 항상 그때그때마다 변하기 때문에 주어진 맥락 속에서 그 낱말들의 쓰임새를 의미로 이해해야 한다는 비트겐슈타인적 언어관을 드러내고 있다.[66] 후설 역시 사유는 정상적으로 언어적으로 수행된다고 말한다.[67] 이것은 언어가 단순히 사유와 언어가 분리될 수 없다는 것을 넘어, 사유 없이도 언어는 이해될 수 있다는 것으로 해석할 수 있다. 언어는 이미 민족공동체로부터 생겨나고 전통 속에서 지속되어온 습득적 부호 체계이다.[68] 이 기호체계에 익숙해진다는 것은 바로 언어의 관행, 즉 정상적 쓰임새를 안다는 것이다. 이러한 맥락에서 우리는 후설의 생활세계로의 환원 역시 일상언어의 장으로의 환원과 유사한 것으로 인식할 수 있다.

우리가 비트겐슈타인의 일상언어로의 전환을 깨달음을 위한 방편으로 읽을 수 있듯이, 후설의 생활세계로의 환원 역시 깨달음을 위한 수행이다. 이 생활세계는 사유에 의한 모든 구성적 활동이 일어나기 이전에 직접 주어져 있는 근원적 현사실(Urfaktum)로서 그 스스로 열린 장이면서도 동시에 모든 대상적 구성이 이루어질 수 있는 지평이다. 이 생활세계에로의 철저한 환원을 수행한 자에게는 이

---

66) 위의 책, p.81.

67) E. Husserl, *Formale und Transzendentale Logik. Versuch einer Kritik der logischen Vernunft*, hrsg. P. Jassen, 1974, p.23.

68) 같은 책, p.24.

제 더 이상 색과 공이 다를 수 없다. 이 생활세계 안에서 더 이상 사유와 언어와 실재 사이의 분리는 가능하지 않다. 생활세계는 모든 의식의 구성적 활동의 가능지평으로서 주어져 있다는 의미에서는 아직 이름을 갖지 않는 공의 지평이며, 동시어 의식에 의해 구성된 의미와 함께 현전한다는 점에서는 이름을 갖는다. 그러므로 생활세계는 의식의 지향성에 의해 작용과 대상으로 분별되기 이전에 주어져 있는 존재의 실상을 읽어낼 수 있는 텍스트이다. 이 텍스트 안에서 이제 색과 공은 다름이 아니다. '사물을 있는 그대로 바라보는'(如實之見) 中道正見의 존재론적 무차별성이란 지점에서 비트겐슈타인과 성철은 '현상학적 수행의 동반자'란 이름으로 만난다.

## 맺음말

우리는 ≪논고≫에서 ≪탐구≫에로 이른 비트겐슈타인의 사상적 전환 내지 혁명을 어디에서 확인할 수 있는가? 비트겐슈타인이 ≪논고≫에서 수행한 작업은 결국 말할 수 없는 것을 보여주기 위한 하나의 사다리 역할을 한 것이다. 그가 명제들의 형식으로 자신의 생각을 표현하면서, 동시에 명제들로써는 표현할 수 없는 것들에 대한 화두를 던지고 있다. 그러므로 그의 초기 명제에 관한 생각은 하나의 요청이다. 모든 명제가 하나의 의미를 가져야 한다는 요청을 통해 결국 모든 명제는 하나의 의미를 갖지 않는다는 사실을 전해 주려고 한다. 이제 그는 선험적으로 요청된 명제형식의 언어들로부터 현실적 언어에로의 전환을 수행할 필요가 있다고 생각한다.

왜냐하면 선험적으로 요청된 가설에 의해 생생한 현실이 굴절될 수밖에 없기 때문이다. 그러므로 거친 대지로 돌아가기를 촉구한다.[69] 더 이상 논리적이고 개념적으로 명확하게 한계가 그려질 수 없을 정도로 이미 그리고 항상 애매하게 얽혀 있는 삶의 형식에로 돌아가, 거기에서부터 언어의 실상을 건져 올리려는 비트겐슈타인의 전회와 후설의 현상학적 에포케는 매우 유사한 길을 걷는다. 후설 역시 자신의 정적 현상학기에 요청했던 선험적 자아로의 환원이 — 이를 '데카르트적 길'이라 부른다. — 하나의 선험적 가설임을 강조한다. 그러므로 그의 후기 소위 비데카르트적 길은 생활세계라는 현실로 단적으로 돌아가는 길을 택한다. 이 생활세계로의 환원은 어중간한 태도로는 이루어질 수 없는 총체적 – 인격적 – 실존적 혁명과 같으며, 종교적 개심만큼이나 단호하지 않으면 안 된다.[70] 그러므로 철저한 깨달음, 즉 돈오적 수행을 강조한다.

우리는 성철에게서도 이러한 길을 확인할 수 있다. 참다운 실상을 알기 위해 선험적으로 요청된 것이 명제이고 선험적 의식이다. 요청은 말 그대로 무엇을 위해 필요해서 임의적으로 가설된 틀이다. 즉 성철은 구경각에 이르는 것만이 견성이고 성불일 뿐이다. 그 외의 모든 방편들은 수행을 위한 하나의 도구일 뿐이다. 견성은 하되 아직 미세망념을 걷어내지 못한 것은 깨달음이 아니다. 그러므로 제8아뢰야의 미세망념까지 완전히 벗어나야 한다. 제8아뢰야식이란 것도 깨달음을 위한 방편으로 요청된 하나의 선험적 가설일 뿐이다. 그러므로 성철에 있어서 견성과 성불은 별개의 것이 아

---

69) *PI.* § 107.
70) E. Husserl, ≪위기≫, p.166; 187.

니다. 깨침은 단박에 깨치는 것 이외의 다른 것이 아니다. '식'이란 낱말에 집착하여 존재의 실상이 잘못 읽히기 이전의 직접적 소여로 단박에 돌아가는 것이 중요하다.[71]

제8아뢰야식은 존재의 실상을 단적으로 일어내기 위한 하나의 방편이다. 성철이 보기에 제8아뢰야식은 구경각에 이르기 위해 선험적으로 요청된 심층의 무의식이다. 이것은 다만 그 의식의 지평으로 이미 주어져 있는 실재를 직관하기 위한 사다리에 지나지 않는다. 비트겐슈타인이 ≪논고≫에서 명제들은 그 명제들을 통해 말할 수 없는 것을 보여주기 위한 사다리일 뿐이라고 말한 것과 같다.[72]

그가 ≪논고≫에서 언어와 대상 간의 논리적 관계를 투명하게 그림 그릴 수 있다고 말한 것도 결국 언어의 다양한 용도를 드러내기 위한 선험적 작업이다. 그는 단어들이 용법을 '표층문법'과 '심층문법'으로 구분한다. 그는 모든 경우에 있어서 "전면[표층문법]에는 하나의 그림이 있지만, 의미는 훨씬 후면에 놓여 있다. 즉 그것의 용도[심층문법]는 쉽게 드러나지 않는다."[73] 그는 언어표층 구조 배후에 주어져 있는 언어놀이의 엄청난 다양성을 드러내기 위해 ≪논고≫를 통해 말할 수 있는 것과 말할 수 없는 것 사이의 경계를 긋는 작업을 수행한 것이다.

후설에 있어서 순수 의식에로의 환원 역시 선험적으로 요청된 하나의 방법이다. 1923년에 쓴 한 초고에서 다음과 같은 심정을 밝힌다.

---

71) 성철, ≪百日法門 下≫ p.250.
72) ≪논고≫, 6.54.
73) *PI*, § 422.

그러나 이제는 올바른 형식과 지침을 발견하도록 이미 오래전부터 나를
재촉해 온 다른 길이 가능하지 않을까?[74]

순수 의식에로의 환원, 즉 데카르트적 환원은 보편적 현상학의
이념을 완성하기 위해 취해진 하나의 절차상의 우선적인 길
(Vorrang)일 뿐이기에 보다 나은 새로운 길(Vorzug)이 필요하다. 순
수 의식에로의 환원을 통해 열린 맑은 수정 같은 거울을 통해 이미
생생하게 주어져 있는 생활세계의 지평을 드러내기 위한 하나의
방편일 뿐이다. 순수 의식에로 이르는 궁극적 목적은 그것을 넘어
이미 그 의식의 배경지평으로 주어져 있는 생활세계를 드러내기
위한 선험적 전향의 절차이다. 철저한 환원을 통해 '의식 – 대상'이
라는 이원적 분화가 일어나기 이전의 근원적 지평으로서 생활세계
를 단적으로 읽어내기 위한 절차로서 요청된 것이 데카르트적 길
이다. 이것은 결국 생활세계적 존재론으로서의 현상학의 이념을 실
현하기 위해 요청된 선험적 사다리일 뿐이다.[75]

---

74) E. Husserl, *Erste Philosophie* Ⅱ, p.283.
75) 김영필, ≪현상학의 이해≫, 울산대학교출판부, 1998, p.157.

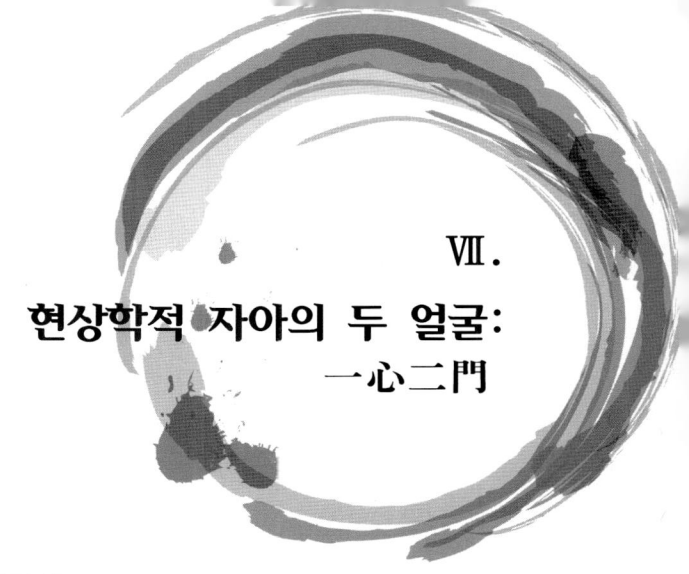

# 현상학적 자아의 두 얼굴:
## 一心二門

## 1. 선험적 자아의 현사실성

    현상학은 어차피 자아론의 형태를 띠지 않을 수 없다. 후설이 ≪논리연구≫ 이후 자신에게 퍼부어진 '심리학주의'란 비난을 피하기 위해 마련한 선험적 방법이 '현상학적 환원'이고, 이 환원을 통해 자신의 선험적 현상학을 자아론(Egologie)으로 형성해 나간다. 데카르트나 칸트의 선험철학 속에는 근절될 수 없는 소박성이 내재해 있다. 왜냐하면 자아나 자아의 인식적 삶으로부터 외부 세계의 존재를 추리할 수 있다는 생각이 당연시되고 있으며, 이에 대한 어떠한 이의도 제기되고 있지 않기 때문이다. 그리고 이들은 자아론적 존재영역에 관련해서 외부 세계가 도대체 의미를 가질 수 있는지 어떤지를 충분하게 문제시하지 않은 채, 선험적 소박성에 빠져 독단의 잠을 자고 있다.[1] 물론 자아의 섬으로부터 외부 세계가 어떻게 의미를 가질 수 있는가 하는 것은 모든 수수께끼 중의 최고의 수수께끼이다. 그러나 후설은 이 가장 풀기 어려운 수수께끼를 해결될

---

1) ≪위기≫, 82면 참조.

수 없는 신비로서 남겨두지 않는다. 풀릴 수 없는 수수께끼는 모순이기 때문에 후설은 이 가장 풀기 어려운 문제를 자신의 현상학적 자아론으로 풀려고 한다. 자아의 섬으로 되돌아가서 거기로부터 세계의 의미를 길어내려는 선험철학이 이 어려운 문제를 방법론적 자명성으로 엄폐하려고 할 때, 선험적 소박성은 절정을 이룬다. 데카르트나 흄과 칸트는 스스로 선험철학의 문에 들어서고 있으면서도 그들은 스스로 자신들의 방법론적 전제에 묶여서 선험철학이 안고 있는 문제를 철저하게 그리고 진정으로 해결할 수 있는 통로를 스스로 차단하고 말았다. 이제 후설의 자아론은 이들에 의해 차단되어 버린 자아와 세계 사이의 지향적 통로를 개시하는 데로 나아감으로써 진정한 의미의 선험적 자아론을 정초하려고 한다.

후설이 자신의 선험철학의 이념을 자아론으로 규정할 때, 이전의 전통적인 선험적 자아론과 구분될 수 있는 것은 무엇인가? 후설이 선험적 자아에 관한 학으로서 자신의 현상학의 이념을 실현하려고 할 때 다음과 같은 점들에서 데카르트나 칸트와 구분된다. 후설에 있어서는 데카르트의 경우처럼 코기토의 확실성을 확보하는 것으로만 끝나지 않는다. 후설은 이런 데카르트를 마치 신대륙을 발견하고도 인도에 이르는 항로를 발견했다고 믿는 콜럼버스와 같다고 말한다.[2] 따라서 후설에 있어서 '선험적'이란 술어는 칸트에서처럼 인식을 가능하게 하는 조건이란 의미만을 갖지 않는다. 후설의 '선험적 자아'는 선험적 통각으로서의 아프리오리한 형식만이 아니라 '세계'라는 상관자를 자신 속에 함축하고 있는 현사실적(faktisch) 자아이다. 후설은 ≪논리연구≫에서 심리학주의적으로 이해된 자

---

2) ≪제일철학 Ⅱ≫, 63면, 참조.

아로부터 자신의 현상학적 의미의 자아를 구분하기 위해, '현상학적인 의식흐름'3)으로 부른다. 그리고 《이념들 I》에서는 환원 이후의 잔여인 '순수자아'로 부른다. 그리고 《성찰》에서는 이 자아를 '선험적 자아'로 부른다. 그런데 후설에 있어서 '순수'(rein) 혹은 '선험적'(transzendental)이란 술어는 칸트적인 의미와는 구분되어 이해되어야 한다. 칸트에 있어서 순수의식은 자신 속에 어떠한 경험적 연관도 가질 수 없는 순수극으로서 이해된다. 그러나 후설에 있어서 '순수한'이란 의미는 '모든 전제나 편견으로부터 자유로워짐'을 의미한다.4) 따라서 **모든 전제를 걷어치우고 들여다 본 자아는 이미 세계라는 상관자를 자신의 지향적 켤레로 짊어지고 살아가는 현사실적 자아이다.** 그러므로 후설에 있어서 '순수자아'란 개념은 그 자신 속에 이미 세계적인 계기를 포함한다는 사실을 배제하지 않는다.5) 그리고 '선험적'이란 개념은 이런 의미를 더욱 강하게 지니고 있다. 후설의 '선험적'은 '미리 주어져 있는'이란 의미를 갖는다. 그러므로 선험적 자아는 모든 구성이나 추상 이전에 이미 세계 속에서 구체적으로 살아가고 있는 자아 이외의 다른 것이 아니다. 후설의 선험적 자아는 모든 세계적 계기를 추상해 버리고 남는 창 없는 순수한 극이 아니다. 후설의 현상학적 환원은 데카르트의 사유하는 의식처럼 창 없는 영혼으로 돌아가는 환원이 아니다. 즉 세계의 의미를 다 토해내어 버린 세계의 자투리로 되돌아가

---

3) 《논리연구 II-2》, 353면.

4) 이선관, "'현상학적으로 사유함'이란 무엇을 말하는가?", 《현상학의 근원과 유역》, 한국현상학회 편, 철학과현실사, 1996, 18면 참조.

5) J. M. Broekman, *Phänomenologie und Egologie*, Martinus Nijhoff, Den Haag, 1963, 88면 참조.

는 연역적 환원은 아니다. 오히려 세계의 현사실성(Faktizität)을 지니고 일상적으로 살아가는 구체적인 자아를 증시하기 위한 선험적 절차이다. 그러므로 후설의 선험적 자아는 세계성을 지니고 살아가는 인간적인 자아와 동일한 것이다.[6]

## 2. 의식의 지향성

의식은 부단히 자신을 넘어 세계로 외출한다. 의식의 외출 통로는 지향적 채널이다. 후설이 의식의 세계성이 방법적으로 추상되는 것을 방지하기 위해 끌어들인 개념이 바로 의식의 '지향성'(Intentionalität)이다. 의식과 세계 사이의 지향적 구속성을 간과하고 세계의 구체적인 의미를 합리적 방식으로 추상하는 데카르트적 합리주의를 극복하고 동시에 경험의 실증성을 단순히 심리적 사실로 소박하게 환원하는 입장을 극복하기 위해 의식의 지향성을 강조한다. 그러므로 '지향성'이란 의식의 임의적인 활동을 일컫는 개념이 아니라, **의식은 이미 대상에 의존적이고 대상은 의식에 대한(für) 대상임**을 지칭하는 개념이다. 이 의식의 대상에 대한 지향적 상관성을 간과할 때 의식의 본질 내용을 단순히 귀납적 방법에 의해 심리적 체험의 내실적(reell)[7] 요소로 환원하는 심리학주의적 실증주의가 힘을 가

---

6) ≪위기≫, 268면 참조.

7) 후설이 의식과 관련해서 자주 사용하는 이 '내실적'(內實的)이란 표현은 '실질적'(real)이란 술어와는 다르다. 대상이 의식 속에 체험 내용으로서 실재하는 상황을 나타내기 위해 이 '내실적'이란 술어를 사용한다. 마치 잉크병 속에 잉크가 실질적으로(real) 들어 있듯이, 그렇게는 아니지만, 어떻든 대상이 체험 속에 체험된 내용으로써 실재하는 상황을 표현하는 것으로 후설이 특이하게 사용하는 술어 중 하나이다.

진다. 지향성은 합리주의적 독단성과 심리학주의의 소박성을 극복하려는 진정한(echt) 실증주의자의 고유 개념이다.

후설은 의식과 대상의 관계를 마치 두 개의 대립된 주관 - 객관이란 실체 사이에서 일어나는 실제적인 상호 이행의 과정으로 규정하지 않는다. '대상이 의식 속에 나타난다'는 것은 대상이 의식이란 실질적인 용기 속에 마치 실재적인 심적 내용물로서 주어지는 것으로 해석하여 의식과 대상의 관계방식을 실재적인 과정으로서 오해하지 말아야 한다는 것이 후설의 지적이다. 19세기의 신칸트학파, 딜타이나 브렌타노에 이르기까지의 실증주의적 경향은 **의식의 자연화**(Naturalisierung des Bewußtseins)[8]와 물상화(物象化, Verdinglichung)[9]를 초래했으며, 의식 자체를 심리적인 영혼으로 변조시켰다. 의식과 대상 사이의 관계를 심적 사실과 의식 밖의 현실적 대상 사이의 일치관계로 이해하게 될 때, 대상에 관한 인식은 심적 활동의 주관적 구성물에 지나지 않는다. 대상에 관한 인식이 물론 심적 인식작용에 발판을 두고 있지만, 그렇다고 심적 활동 자체의 산물만은 아니다. 체험으로서의 인식작용과 인식된 대상 사이를 혼동할 때 인식의 보편성은 마련될 수 없다. 의식과 대상 사이의 관계를 의식과 의식 밖의 실질적 대상 사이의 실질적인 대응관계로 해석할 때 의식과 대상의 일치로서의 인식이 이루질 수 없다. 의식과 대상 사이의 관계는 대상의 실질적 현존이나 비현존과는 관계없이 그 자체가 지향적이다. 지각이든 상상이든 기억이든 간에 모든 체험은 본질적으로 이미 '대상으로 향함'이란 구조를 가진다.

---

8) ≪엄밀학≫, 제18절.

9) 같은 책, 제45절 참조.

이 '대상으로 향함'이란 단순히 대상으로 시선을 돌리는(指向) 임의적인 의식활동이 아니라 대상에 관한 완전한 인식을 성취하려는 (志向) 의식(이성)의 합목적적 활동이다.

따라서 '지향성'이란 의식과 대상 사이의 아프리오리한 보편적 구조연관이다. 모든 체험은 무엇에 대한 체험이다. 즉 판단은 무엇에 대한 판단이고 표상은 무엇에 대한 표상이며 기억은 무엇에 대한 기억이라는 말은 독단적이고 형이상학적 편견을 가진 사람들에게는 지극히 평범하고 진부한 것으로 들릴지 모르지만, 현상학적인 공리이다. 의식과 대상의 지향적 관계를 임의적으로 변형·조작할 때 독단적인 합리주의와 상대적인 경험주의에 빠진다. **의식은 이미 대상에 관한 의식이고, 대상은 이미 의식에 대한 대상이다.** 의식은 이미 대상으로 뻗어 있고, 대상은 이미 의식에로 얽혀 있다. 온갖 형이상학적 사변과 실증주의적 가설을 걷어 내고 들여다 본 자아의 실상은 텅 빈 허공이 아니라 작용하는 자아로서 이미 사물과 교섭하고 있다.

이 지향적 그물을 초월해 있는 어떤 대상도 있을 수 없다(이런 의미에서 플라톤의 이데아나 칸트의 물자체는 초지향적 침범자이다). 의식은 이미 무엇에 관한 의식(Bewußtsein von Etwas)이다. '의식은 대상으로 뻗어 있고 대상은 의식에 얽혀 있음'이란 아프리오리한 지향적 네트워크가 심리적 관계로(그 당시의 심리학주의자들, 특히 Brentano) 그리고 수학적 혹은 연역적 관계로(Descartes, 이 점에서는 Kant 역시 마찬가지다) 혹은 물리적 관계로(Avenarius, Mach), 혹은 변증법적 중재관계로(후설은 Hegel이야말로 철저한 인식비판이라는 현상학의 이념에서 가장 멀어진 사람으로 부른다) 해석되지 말아야 한다. 의식과 대상 사이의 이러한 지향적 본질관계를 간과함으로써 의식을 고정된 영혼과 같은 실체로 생각하게 된다. 이렇게 세계와 무관한 고정된 실체로서 파악된 선험적 자아는 현사실성을 상실한 공허한 극에 지나지 않는다.

## 3. 의식에 대한 근대적 신화

의식의 절대성과 순수성은 의식 자체를 자연과학적 편견을 가지고 들여다 본 근대적 유산을 철학적으로 청산하는 작업에서부터 길어낸다. '절대성'과 '순수성'은 의식의 자연화를 초래한 자연과학적 태도로부터 해방되어 단적으로 읽힌 자아의 모습이다. 이 단적으로 읽힌 자아는 다름 아닌 이미 '세계'라는 상관자를 자신 속에 함축하고 있고 부단히 세계에로 지향적으로 뻗어가는 의식이다. 소위 지향적 의식이다. 따라서 후설의 환원이 창 없는 순수의식과 같은 요새로의 환원이 아니라 오히려 자아와 세계 사이의 지향적 통로를 마련하기 위한 환원이라면, 의식을 세계와 무관한 형이상학적 실체로 규정하는 데카르트나 칸트의 연역적 절차는 보다 철저하게 수행되어야 한다. 모든 주관－객관의 관계가 정립되기 이전의 영역에로의 보다 철저한 환원이 데카르트나 칸트에게는 결여되어 있다. 이것은 후설이 보기에 일종의 의식의 자연화이다. 후설에 있어서 선험적 주관성(Subjektivität)이란 의식의 활동을 지향적으로 구성하는 기능 자체를 의미하는 것이지 이 기능의 배후에 형이상학적으로 추상된 실체와 같은 주관(Subjekt)은 아니다. 후설에게는 이 기능의 근저에 구축된(sub‐struktiert) 어떠한 형이상학적 주관도 들어설 공간은 없다.

의식의 절대적 경험이 상대적이거나 우연적인 경험으로 변조되거나 아니면 또 다른 초월적 경험에 의해 한갓 상대적인 경험으로 변조될 수도 없다. 모든 여타의 경험들이 그것으로부터 생겨나야 하는 절대적 경험은 그 어떤 방법적인 절차에 의해서도 추상되거나 상대화되어서는 안 된다. 데카르트가 절대적 경험 이외의 신학적 원리를 끌어들여서 절대적 경험 자체를 일종의 심리학적 경험으로 상대화시키는 '신학적 심리학주의'라고 한다면, 이에 대한 반동으로 출발한 로크(J. Locke, 1632~1704)는 이 신학적 전제를 제외시키고 철저한 경험으로 되돌아가려고 하지만 그 역시 홉스(Th. Hobbes, 1588~1679)와 같은 '자연주의적 심리학주의'[10)]에 머무른다. 로크는 데카르트와 달리 경험의 영역을 인식의 근원적 토대로 삼은 것은 사실이지만 그 역시 자연과학적 방법을 전형으로 하여 절대적 경험을 영적인(seelisch) 경험으로 변조시켰다. 데카르트에서처럼 로크에 있어서도 절대적 경험인 선험적 의식이 일종의 영혼과 같은 실체로서 규정되어 상대화되었다. 로크의 타불라 라사(tabula rasa)이론은 내적 경험의 절대적 소여를 자연화하는 심리학적 전제이다. 이와 같은 심리학주의는 버클리의 내재철학 혹은 내재적 실증주의로 발전한다. 이것은 결국 흄(D. Hume, 1711~1776)의 실증주의로 발전한다. 흄에게 있어서 절대적 경험의 영역인 의식은 일종의 지각의 다발 이상이 아니다. 그에게 있어서 의식은 고정된 실체가 아니라 현상적 흐름이다. 그의 이런 입장은 버클리(J.

---

10) ≪제일철학 Ⅰ≫, 86면 참조.

Berkeley, 1685~1753)가 물질을 감각주의적으로 해석한 것을 넘어서 의식 자체도 감각주의적으로 해석하는 마하와 아베나리우스의 실증주의로 발전한다. 후설은 버클리의 내재적 실증주의나 흄적인 실증주의를 극복하고 의식의 절대적 경험을 철저화하는 진정한 의미의 실증주의를 완성하는 데로 나아간다.

이 심리학주의적 전제들하에서 데카르트와 토크에 있어서 절대적 경험은 실체화되었으며, 이 실체의 배후에 보다 절대적인 경험인 체험의 흐름이 존재한다는 사실을 간과한다. 이들에게는 선험적 반성이 결여되었기 때문에, 절대적 경험 자체를 주제화하는 대신에 형이상학적 실체로 전제되었다. 이들은 절대적 경험의 영역인 의식을 고정된 실체로 생각하기 때문에, 기능하는 비실체적 극이라는 사실을 간과한다. 이들에 의한 의식의 자연화는 의식과 대상 사이의 지향적 관계를 자연과학적으로 차단시킨다. 로크는 데카르트적 성찰이 지닌 본래적인 의도를 충분히 계승하지 못한다. 로크는 경험 자체의 객관성이 경험하는 인식 주관의 작용에 근거해서 해명되어야 한다는 사실을 간과하고 있다. 그는 객관적 인식 일반의 해명을 추구하면서 이 객관성이 인식하는 주관성과 무관하게 성취될 수 없다는 사실을 근본적으로 의식하지 못한다. 물론 로크는 인식이 경험으로부터 출발한다는 경험론적 명제를 후설에게 남겨 주었지만 그는 소박한 객관주의에 머무른다. 모든 경험이 선험적 지평 속에서 해명되어야 한다는 근본적 태도가 로크에게는 결여되어 있었고, 따라서 경험을 심리학이란 경험과학의 귀납적 방법에 의해 추상화하고 말았다.

현상학적 경험 개념은 근대 경험론자들의 경험 개념에 대한 비판을 통해 얻어진다. 물론 19, 20세기의 심리학주의적 경험론을 비판하기 위한 자신의 추진력을 그의 스승 브렌타노(F. Brentano, 1838~1917)로부터 빌려 온 것임을 후설은 분명하게 말한다.[11] 후설은 브렌타노를 통해 근대 경험론에 접촉한다. 물론 후설이 반심리주의적 입장을 취하게 된 ≪논리연구≫에서 근대 경험론의 유명론적 입장에 대한 철저한 비판을 수행하긴 하지만, 후설이 근대 경험론으로부터 받은 영향은 생각보다 훨씬 크다.

로크가 모든 관념의 기원을 경험에 둔 점이나 흄이 신념(belief)을 중시한 사실은 후설이 지각의 신념을 모든 인식의 근원적 양상으로 규정한 사실과 무관하지 않다. 후설이 후기 '수동적 분석'을 수행할 때, 연상(Assoziation)을 강조하는 점은 흄으로부터 받은 유산이다. 후설이 로크로부터 받은 유산은 로크가 의식의 내용(관념)을 궁극적이고 단순하게 주어진 것으로 환원해서 설명하려는 것이다. 감각과 반성이란 두 경험에 근거하여 인식을 설명하려고 한 점이다. 그러나 후설은 로크가 데카르트의 영향 아래에서 감각과 반성, 외적 경험과 내적 경험을 구분함으로써 의식의 자연화를 초래하였고 이 때문에 모든 관념의 기원을 철저하게 경험에서 찾으려는 자신의 의도를 실현시키지 못했다고 비판한다. 이 구분 자체가 합리주의적 전통 속에 머무르는 태도이며 철저한 경험론자의 입장을 제시하지 못하는 것이다. 로크는 우리의 모든 관념의 기원은 감각으로부터 주어진다는 사실만 강조했을 뿐, 이 감각된 내용에 관한 반성이 이루어지는 여건에 대하여 고려하지 않았다. 이와 같은 사실은 흄에서도 마찬가지다. 근대의 경험론자들은 우리의 인식이 경

---

11) ≪심리학≫, 33면 참조.

험에 기원을 두고 있다는 사실로부터 그 경험의 타당성이 어떠한 과정을 통해 정당화되는지를 해명하지 않는다. 흄은 인식이 인상 (impression)으로부터 주어지고 이 인상의 복합물로서의 관념이 연상에 의해 결합된다고 주장함으로써 보편적인 인식이 이루어지는 지향적 연관성에 대한 해명을 간과한다. 우리가 후설의 입장을 '선험적 경험론'으로 부를 수 있는 것은 근대 경험론이 수행할 수 없었던 경험의 구조에 대한 현상학적 분석을 수행한다는 사실 때문이다. 인상을 통해 주어진 경험을 근원적 양상으로 하여 일련의 의식의 변양을 통해 그 경험이 보편타당한 경험으로 교정되고 정당화된다는 사실을 해명함으로써 경험 자체의 타당성을 선험적으로 정초하려고 한 것이 후설의 입장이다.

그러므로 심리학주의적 가설을 폭로하고 지향성의 채널을 통해 읽힌 의식과 세계는 아프리오리한 상관관계를 갖는다. 세계는 의식이 임의적으로 조작한 틀에 의해 추상된 기하학적으로 질서 지워진 연장적 실체(res extensa)가 아니다. 세계의 존재는 의식의 틀에 의해 위장되거나 변조될 수 없는 아프리오리한 절대적 구조를 지닌다. 이 세계가 지닌 있는 그대로의 꾸밈없음(Natürlichkeit)을 방법적 절차에 따라 추상해 버리는 선험적 소박성(Naivität)이 문제이다. 이제 후설은 진정한 의미에서의 의식의 절대성을 확보하는 것이 문제이다. 이 의식의 절대성은 세계의 구체적인 의미를 소박하게 추상해 버리지 않고 그 구체적인 의미를 철저하게 해명할 수 있기 위해 요구된다. 그러므로 의식의 절대성은 구체적인 경험들을 토해 내어 버린 순수한 극과 같은 성격을 가진 것이 아니라 오히려 경험들의 의미 자체를 길어낼 수 있는 충만성을 뜻한다. 의식이 세계와 무관하게 존재한다는 점에서 절대성을 갖는 것이 아니라 세계의 의미가 길어낼 수 있는 충만한 구체성을 갖는다는 점에서 절대성을 지닌다. 후설은 이성의 절대성을 포기하고 경험의 절대성을 확보하거나 혹은 경험의 절대성을 포기하고 이성의 절대성을 확보하는 데카르트적인 배제적 선택을 하지 않는다.

## 4. 현상학적 자아의 존재양식

선험적 자아론으로서의 현상학은 선험적 자아의 자연화를 극복하는 일이다. 이 작업은 현상학적 환원을 통해 철저화된다. 이 '철저화'(Radikalisierung)는 선험적 의식을 심리주의적 의식으로 변조하거나 세계와 무관한 공허한 극으로서 규정하는 선험적 소박성을 극복하기 위한 작업이다. 모든 시간적 양상을 가진 선험적 의식이나 삶 자체는 그 자체 최종적이고 궁극적인 절대자일 수 없다. 모든 시간적인 양상을 갖고 대상화되기 이전의 현사실적인 자아의 본래 모습(自性)을 실증적으로 적극적으로 포착하기 위한 철저화이다. 후설은 철저한 환원의 절차를 통해 개시된 생생한 현전(lebendige Gegenwart)을 모든 존재의 최종적인 절대자로 규정해 나간다. 이 생생한 현전으로서의 절대적 경험은 근대 형이상학 속에서 규정된 절대적 의식과는 근본적으로 달리 성격 지어진다.

### 1) 극성

후설의 선험적 자아는 데카르트적인 실체적 자아로부터 구분된다. 동시에 흄적인 현상적 흐름으로 규정되지도 않는다. 그러면 데카르트적인 실체론과 흄적인 현상론을 극복하려는 후설의 현상학적 자아의 정체성은 무엇인가? 자기동일성에 대한 데카르트적인 집착도 버리고 자기동일성에 대한 흄적인 회의도 극복한 후설의 자아는 어떤 존재구조를 갖는가? 칸트는 연역적－소급적 절차에 의해 선험적 자아의 정체를 선험적 통각으로 발견했지만 이 선험적 자아 역시 데카르트와 같은 고정된 실체로서 남아 있을 뿐 이 선험적 자아가 모든 인식을 가능하게 하는 최종적인 능력의 주관은 되지 못한다. 즉 모든 인식을 수반하는 형식적인 통일성은 될 수 있지만 실질적인 통일성의 주관은 되지 못한다.

후설의 선험적 자아는 세계 속에서 일상적으로 생생하게 기능하면서 살아가는 다른 주관들 중의 사실적인 주관으로서 함께 살아간다. 만약 이 선험적 자아가 사실적 자아와 무관하게 고립적인 자아로서만 남아 있다면 후설 역시 데카르트와 칸트에 있어서처럼 세계와 무관하게 고립해 있는 한 조각의 영혼과도 같은 것이 된다. 후설은 최종적으로 기능하는 절대적 자아를 고정되어 있으면서도 흐르는 두 얼굴로 파악하기 위해 정지와 흐름의 근원적인 통일성으로서 규정한다. 이 통일성은 자아의 기능적 활동 이전의 항상성(Ständigkeit)을 의미하면서도 동시에 기능적 활동을 통해 시화되는(zeitigend) 흐름 속의 항상성이다. 자아의 기능적 활동 이전의 변하지 않는 동일자로서 주어져 있으면서도 기능적 활동을 통해 다양하게 시화되고 반성되는 자아이다. 그러므로 후설에 있어서 절대적 자아의 얼굴은 흐르면서도 흐르지 않는 모순된 모습을 가진다. 우리는 후설의 절대적 자아를 정지(Stehen)와 흐름(Strömen)의 변증법적 통일성으로 파악해야 한다. 그런데 이 변증법적 통일성으로 파악되어야 할 자아의 두 얼굴이 심리학적으로 이해된 영혼과 같은 것으로 일그러질 때 흐름과 무관한 고정된 자아로 성격 지어진다.

데카르트와 칸트처럼 소급적인 방법에 의해 개시된 일종의 공리와 같은 자아는 자아와 세계 사이의 지향적 관계를 차단한다. 후설의 현상학적 환원이 차단된 자아와 세계의 지향성을 재구축하려고 한 것이라면, 선험적 자아는 정지와 흐름을 자신 속에 함축하고 있는 통일성으로 이해되어야 한다. 이와 같은 선험적 자아의 본래 모습은 철저한 현상학적 반성이 결여된 경우에 개시되지 않는다. 후설의 환원은 데카르트나 칸트에 의해 매몰된 선험적 자아의 본래 모습을 직관적으로 증시하는 철저한 절차이다. 스스로 구성하는 근원적인 흐름과 이 흐름 속에서 내재적 시간성을 통해 구성된 의식의 흐름은, 반성 이전의 것으로 규정되는가 아니면 반성의 대상으로 주제화되는가에 따른 현상학적 절대자의 두 얼굴이다. 이것은 철저한 현상학적 반성을 통해 동일한 절대적 자아의 얼굴로 드러난다. 실체로서의 자기동일성은 내재적 시간성 속에서 구성된 것으로 시간적인 것으로 확인되고 반성된 대상으로서의 동일성이며, 내재적 시간을 구성하는 의식 자체는 구성 이전의 근원적 흐름으로서 기능한다. 이 근원적 흐름은 의식의 흐름의 변화 속에서도 지속적으로 흐르는 근원적 흐름이다. 그러므로 절대적으로 기능하는 자아는 흐름과 정지 혹은 지속의 두 얼굴을 갖기 이전의 통일된 모습으로 파악할 때, 데카르트의 실체론이나 흄의 현상론을 극복한 현상학적 절대자의 얼굴을 발견할 수 있다. 데카르트적 실체로서의 자아보다 더 궁극적인 흐름이 존재하는데 이 흐름은 흄의 인상적 흐름이 아닌 원인상적(urimpressional) 흐름으로서 지속하는 자아극(Ichpol)으로서 존재한다. 이처럼 후설은 데카르트와 칸트의 합리주의적 실체론과 흄의 경험론적 현상론을 극복하기 위해 자아를 스스로 흐르면서 흐르지 않는(stehend – strömend) 극으로 규정한다. 모든 노에시스적인 흐름의 동일성의 극으로서 그리고 모든 노에시스적 수행의 극으로서 존재한다. 철저한 현상학적 반성에 의해 직관적으로 증시될 수 있는 이 극은 모든 의식의 노에시스적 흐름을 통일시키는 동일성의 극으로서 기능한다. 이 동일성의 극은 고정된 실체가 아니라 삶의 역사적 흐름 속에서 획득된 선험적 능력을 지닌 습득성(Habitualität)의 기체(Substrat)로서 지속하는 구체적 동일성의 극이다. 그리고 모든 다른 사회적 인격들과 함께 살아가는 모나드적인 인격적 – 사회적 주관으로서의 동일성의 극이다. 그러므로 **후설이 선험적 자아에 부여한 극성은 칸트의 경우와는 달리 현사실성을 자신 속에 함축하고 있는 충만한 극성(Polarität)이다.**

## 2) 선 – 시간성

후설이 선험적 자아를 시간성의 구조와 관련시켜 다룰 때, 이 자아의 존재양식을 생생한 현전으로 규정한다. 최종적 자아의 현전은 그 자체가 모든 시화된 현전에 앞서 존재해야 하면서 동시에 이 현전 자체가 시화된 것이라는 수수께끼를 가진다. 현전은 모든 반성 이전의 원현상이면서도 동시에 반성에 의해 의식 속에서 시간적인 것으로 경험될 수 있다는 모순적인 무한소급에 빠지는 것처럼 여겨진다. 아무리 생생한 현전이라도 그것은 이미 막 지나간 현전으로부터 현전화된 것으로 이행된 것이라면, 생생한 현전에 대한 어떠한 신념도 가질 수 없는 아포리아에 빠지는 것이 아닌가? 그러나 이 무한소급에 대한 위험은 그것이 그렇다고 미리 믿고 사전에 위험을 느끼는 사람에게만 마치 메두사의 머리처럼 나타날 뿐이다. 이 문제는 풀릴 수 없는 모순이 아니라 풀릴 수 있는 수수께끼이다. 풀릴 수 없는 수수께끼는 모순이다. 생생한 현전은 흐르면서 스스로 시화되면서 동시에 끝없이 반성되어야 한다는 수수께끼는 다름이 아니라 의식 자체의 근본 성격이다. 의식은 이미 그 자체가 지향적으로 관계 지어져 있기 때문에 계속적인 반성 속에서 파악될 수 있을 뿐이다. 우리가 생생한 현전의 근원적 현상이 있다고 생각할 때 마치 무한소급에 빠지는 것같이 생각은 되지만 이 무한소급의 위험 때문에 현상학적 반성을 간과하는 사람에게는 끝없이 반복되는 반성의 선시간적인 내용이 탈취되어 버린다. 이 선시간적 현전은 시간을 차지하고 있는 현전일 수 없다. 이 선시간적인 근원적 흐름은 근원시간(Ur-Zeit)으로서 본래적인 시간이 아니라 이 시간의 선단계일 뿐이다. 이 근원적 흐름 속에서 자아가 시간적으로 지속하는 통일체로서 비로소 구성된다. 그러므로 이 흐르는 현전의 선(先)시간(Vor-Zeit)은 모든 시간적 양상들이 가능하고 모든 현상들이 대상화 혹은 주제화될 수 있도록 하는 절대적 근거라는 점에서 선시간성(Vor-Zeitlichkeit)을 가진다. 이것은 단순히 시간적인 앞섬이나 논리적인 앞섬이 아니라 선험적인 근거이다. 이 절대적 자아는 비시간적이고 초시간적인 것이다. 이것은 모든 자아들이 시간적인 것으로 관계하도록 해 주는 비시간적인(unzeitlich) 극이다. 선험적 자아는 가장 원천적인 근원성 속에서는 시간 속에 존재하지 않는다. 이와 같이 선험적 자아는 모든 시간적 양상을 갖기 이전의 절대적 사실(Faktum)로서 주어져 있다. 데카르트나 칸트의 연역을 통해서는 이 절대적 근거에 도달하지 못하거, 이 절대적 사실의 현사실성(Faktizität)을 개시하지 못한다. 이들은 심리적 실재물로서의 자아의 실재성(Realität)에 머무르고 있을 뿐이다.

### 3) 익명성

선시간적 현전은 반성을 통해서만 드러날 수 있다. 그러나 이렇게 됨으로써 그 반성에 의해 현전의 고유한 본질이나 핵이 은폐되게 된다. 이 현전의 선시간적 기능 활동은 실체로서의 자아 이면에서 수동적으로 익명성(Anonymität)을 가지고 잠재적으로 행해진다. 이 기능 자체는 비록 사후적으로 반성을 통해 드러나긴 하지만 그 자체는 반성 이전의 익명적 활동성이다. 이 최종적 자아의 익명성은 자기분열이나 자기소외도 일어나기 이전의 최종적 익명성이다. 최종적 자아는 그 자체가 파악하는 시선이기 때문에, 어떤 반성에 의해서도 드러나지 않는다. 그러므로 현상학적 반성에 의해 해명될 수 있는 일반적 익명성과 최종적 자아의 익명성은 구분되어야 한다. 왜냐하면 이 최종적인 자아는 반성을 가능하게 하는 근원 현전이기 때문이다. 이 최종적 자아는 반성에 의해 반성된 극이 아니라 익명적으로 기능하는 것으로 드러날 수 있는 것이다.

절대적 주관의 시간성은 이름을 갖지 않는다.[12] 그러나 이 이름은 원칙적으로 해명하는 현상학적 반문을 통해 발견되어야 한다.

---

12) ≪시간의식≫, 442면 참조.

그러므로 생생한 현전은 고정된 실체로서 이름을 가지고 존재하거나 아니면 현상적 흐름으로서 이름을 갖지 않는 것이 아니라 기능하는 현전으로서 그 기능 자체는 익명성을 갖는다. 그러나 이 기능 자체의 익명성은 이름을 갖지 않는다는 의미의 무명성(Namenlosigkeit)은 아니다. **아직 이름을 갖지 않고 있으면서 모든 이름을 가질 수 있는 가능성을 지닌 익명적 존재이다.** 이 익명성(Anonymiät)은 절대적 자아의 존재양식을 드러내는 단적인 표현이다. 절대자는 모든 대상화가 일어나기 이전의 근원적 흐름이면서 동시에 현상학적인 반성 속에서 반성되고 소여되어야 할 것으로 해명되어야 하는 수수께끼를 자신 속에 지니고 있다. 절대적 경험은 반성 이전의 필증성을 가지면서도 동시에 시간적 양상 속에서 충전적으로 주어져야 하는 존재이다. 따라서 익명성은 모든 존재의 가능성을 자신 속에 함축하고 있는 여래장(如來藏)과 같은 것을 표현하는 것이다. 익명성은 자아의 능동적인 작용이 일어나기 이전의 이름을 갖지 않고서 수동적으로 수행되는 선구성, 선시간성, 선존재를 지칭한다. 그러므로 절대적 자아는 현상적 흐름과 실체적 자아의 이면에서 이름을 갖지 않고서 기능하며, 이 기능은 모든 인식을 가능하게 하는 최종적인 자아의 절대적 기능이다. 익명적으로 기능하는 자아의 활동은 모든 시간적 양상과 존재 양상들 이전의 근원적인 수동적 활동이다. 이것은 전(前) 반성적이고 선시간적인 수동적 지향성의 활동이며 근원적 통각이다. 이 익명적으로 기능하는 수동성으로부터 모든 흐름이 가능하며 모든 시화(時化: Zeitigung)의 양상들이 일어나게 된다.

후설이 최종적인 자아에 '익명성'이란 표현을 부여할 때, 그는 이 자아를 전혀 반성의 대상이 되지 않는 공허한 극으로서 생각하지 않는다. 이 익명성은 사후의 반성에 의해 제시되어야 할 수수께끼이지 결코 알려지지 않는 채로 남아 있는 신비는 아니다. 이 자아는 반성에 의해 일그러질 얼굴도 아니며 또한 반성 이전의 신비로운 타인으로 남아 있어야 할 얼굴도 아니다. 이 익명성은 선험적 자아를 그 구체적인 충만성 속에서 표현하는 말이다. 스스로는 이름을 갖지 않으면서, 아니 이름을 갖기를 거부하면서 모든 개별적인 사실들과 인식과 타당성의 근거를 간직하고 있는 여래장과 같다. 이 익명성의 자아는 굳이 색깔로 말하자면 백색이기조차 거부하는 무색(無色)의 자아일 것이다. 이 무색의 자아는 스스로 아무런 색깔도 갖지 않으면서 또한 모든 색깔을 가질 수 있는 근원적인 사유 가능성의 자아이다. 이름을 갖지 않는다는 의미에서는 비어(空) 있으면서도 모든 것을 간직하고 있다는(藏＝隱) 의미에서는 충만한 선험적 자아의 모습이 익명성으로 표현된다. "모든 것을 다 버린다는 것은 바로 모든 것을 다 얻는다."[13]는 현상학적 공리가 여기에도 살아 있다. 데카르트나 칸트의 선험적 자아는 모든 개별적 존재들이 그것으로부터 더 이상 이름을 부여받을 수 없는 그 자체 특정한 이름을 가진 자아이다. 후설의 선험적 현상학은 바로 이 익명적 구조를 해명하는(explizieren) 자아론이다. 데카르트나 칸트에 있어서는 이 익명적 구조가 형이상학적 실체하에서 엄폐되었다. 그러므로 선험적 자아의 익명성은 다름이 아니라 선험적 자아의 현사실성을 선험적으로 포착하려는 의도에서 사용된 말이다.

---

13) ≪제일철학 Ⅱ≫, 166면 참조.

## 4) 절대적 현사실

최종적으로 기능하는 자아는 그 자체가 대상으로 반성될 수 없는 것으로서 모든 경험 이전의 현사실(Faktum)로서 전제되어 있다. 이 자아의 기능은 시간적인 대상(개별적 대상)이나 혹은 전(全) 시간적인 대상(이념적 대상)이 구성되기 위한 절대적 사실로서 주어져 있다. 이 현사실로서의 선험적 자아는 모든 개별적 대상과 관념적 대상이 그것으로부터 구성되어야 하는 절대적 근거이다. 따라서 이 '현사실'로서의 자아는 단순히 에이도스나 본질에 대립된 우연적이거나 개별적인 사실이 아니다. 이 '현사실'로서의 선험적 자아는 자유로운 변경에 의해 에이도스로서의 선험적 자아로 추상될 수 있는 우연적 사실이 아니다. 이 선험적 현사실로서 최종적으로 기능하는 자아는 모든 구성의 모태이다. 이 자아는 사실(Tatsache)과 본질(Eidos)로 구분되기 이전의, 즉 이것들이 구성되기 위해 보다 궁극적으로 주어져 있는 근원 현사실(Urfaktum)이다. **이 자아는 본질 필연성이나 보편성과 대조된 우연적이거나 개별적인 것이 아니라, 모든 기능의 절대적 출발점인 절대적 현사실**(absolute Faktum)**이다.**

이와 같은 사실은 후설이 형상적 변경이 현사실적 자아로부터 이루어진다고 말하는 데서도 드러난다. 그는 1931년 이후에 미발간된 원고들 속에서 "에이도스로서의 선험적 자아는 현사실적 자아로서의 선험적 자아가 없이는 생각할 수 없다."[14]고 쓰고 있다. 이 자아는 자신의 근거를 자신 속에 가지는 필연적 존재이다. 이 필연

---

14) ≪상호 주관성≫, 385면.

성은 개별적 사실과 대조되는 본질 필연성이 아니라 절대적 근거라는 점에서 필연성을 의미한다.[15] 모든 본질 필연성들이 오히려이 현사실의 계기들이다. 이 현사실적(faktisch) 자아는 그 자체 익명적으로 주어져 있을 뿐이다. 모든 인식이 이루어지기 위한 필연적 토대로서 이미 주어져 있다. 그러므로 'Ich bin'은 사실 이전의사실로서 근원적 사실(Urtatsache)이다.[16]

절대적 현사실로서의 자아는 항상적 지금(nunc stans)으로서의 자아보다 더 철저화된 모습이다. 이 절대적 현사실은 자아의 모든 변양이나 이념화 작용에 앞서 그리고 전(全) 시간적인 '항상적 지금'에 앞서 주어져 있는 현(顯, Da)이다. 이 '현'은 수동적으로 이미주어져 있는 근원적 현사실로서 감각인상들이 수동적으로 주어지는 방식과 혼동되어서는 안 된다. 가장 수동적인 흐름으로 주어져있는 현이야말로 모든 자아의 활동에 앞서 있는 절대적 현이다.


## 5. 선험적 자아와 현사실적 자아

우리가 현상학적 반성 이전의 근원적 흐름으로서 미리 주어져있는 것으로 발견한 자아의 정체는 무엇인가? 대상극이 아닌 순수자아극으로서 그리고 익명적이고 선시간적이며 전 시간적인 그리고 또한 현사실적인 최종적인 흐름으로서의 자아는 다름 아닌 일상적으로 살아가는 우리 자신이다. 현상학적 환원은 자연과학적 태

---

15) 같은 책, 같은 곳 참조.

16) ≪논리학≫, 209면 참조.

도 속에서 심리학적으로 일그러지기 이전의 일상성을 지닌 생활세계 속의 인격적이고 사회적인 자아를 회복하기 위한 절차이다. 그는 자연과학적 태도의 변경을 통해 선험적 지평 속에 주어져 있는 일상적인 자아의 모습을 해명함으로써 학적으로 이념화되고 추상화된 자아의 본래성을 회복하려고 한다. 이 본래적인 자아는 현사실적 자아이다.

형이상학적인 실체로 혹은 인상의 복합물로서 심리학적으로 변조되기 이전의 절대적 사실인 선험적 자아는 다름이 아니라 전통적인 형이상학이나 실증주의에 의해 가려졌던 인간의 본래 모습이다. 이 인간의 본래 모습은 생활세계 속에서 일상적인 삶을 살아가는 구체적인 현사실적 자아이다. 후설은 **선험적 자아와 현사실적인 자아가 동일자의 다른 두 얼굴임**을 밝힌다. 이것은 이미 앞에서 후설이 절대적 경험을 항상 선시간적이면서도 시간적인 것으로 그리고 단지 이름을 감추고 있으면서도 반성을 통해 이름을 가져야 할 익명적인 것으로 규정할 때부터 시사되고 있다. 일상적으로 살아가는 자아인 현사실적 자아와 선험적 자아는 동일한 자아를 어떤 관점에서 주제화하는가에 따른 두 얼굴일 뿐이다. 따라서 후설에서는 칸트에서처럼 이 두 얼굴이 서로 타자로 분리되고 선험적 자아는 알 수 없는 신비로 남아 있지 않다. 자아의 지향적 분열을 불가능하게 하는 일종의 영혼과 같은 심리학적으로 변조된 자아는 이 두 얼굴을 서로 다른 두 타자의 얼굴로 분리시킨다. 후설이 심리학주의에 대한 철저한 비판을 통해 자아를 지향적 체험으로 규정할 때, 이것은 **선험적 자아와 현사실적 자아가 하나이면서도 둘이고 둘이면서도 하나**라는 사실을 함축하고 있다. 선험적 자아와 현사실적 자아는 흐르면서도 흐르지 않는 절대적 경험의 두 얼굴이다.

만약 선험적 자아가 현사실적 자아와 무관하게 구성된 것으로 생각한다면, 이 두 자아의 동일성을 말하는 것은 모순일 것이다. 그러나 이 두 자아는 결코 분리될 수 없는 동일한 자아이다. **선험적 자아는 현사실적 자아로부터 생겨난 산물이다.** 선험적 자아로서의 나는 세계 속에서는 인간적 자아와 동일한 것이다. 왜냐하면 선험적 자아는 이미 세계적인 요소를 자신의 상관자로 가지고, 모든 세계적인 것은 자신의 선험적 상관자들을 가지기 때문이다. 현사실적 자아는 선험적인 베일을 벗어버린 구체적인 현사실성을 지닌 자아이다. 그러나 우리는 다음과 같은 사실을 고려해야 한다. 이 선험적 자아와 현사실적 자아는 우리가 선험적 태도로 파악하는가 아니면 일상적인 태도로 파악하는가에 따른 절대적 자아의 두 얼굴일 뿐이다. 그러므로 현사실적 자아를 일종의 심리적 자아나 실질적 자아와 같은 실체와 혼동해서는 안 된다.

후설이 자아를 선험성과 현사실성(Faktizität) 속에서 함께 포착하려고 한 점이 그 이전의 전통으로부터 구분되는 점이다. **그가 이미 일상적인(자연적인) 태도와 선험적 태도를 자연과학적 태도와 구분된 것으로서, 서로 등가적으로 병치할 때** 일상적인 태도 속에서 파악된 자아와 선험적 태도 속에서 파악된 자아는 동일한 자아이며 단지 태도변경에 따라 달리 파악된 두 얼굴일 뿐이다. 이와 같은 사실은 후설이 '선험적'(transzendental)이란 개념과 '초월적'(transzendent)이란 개념을 구분하면서 이 두 개념은 우리가 철학적으로 성찰하는 상황으로부터서만 길어낼 수 있다고 말하는 데서도 잘 나타난다. 말하자면 이 구분은 서로 상관개념으로서 단지 세계구성의 문제를 철학적으로 해명하려고 할 때에 비로소 구분되는 주제적 개념일 뿐이다. 그러므로 세계는 그것이 자아에 내실적으로(reell) 속하지 않는다는 점에서 초월성을 가지며, 반면에 세계를 타당한 의미로 자신 속에 지니고 있고, 세계의 초월성이 전제할 수밖에 없다는 의미에서는 선험적이다.[17] 이처럼 '선험적'이란 개념과 '초월적'이란 개념이 철학적인 문제 영역에서만 주제적으로 구분될 뿐이라면, 선험적 자아와 세계 속에서 구체적으로 살고 있는 생활세계적인 현사실적인 자아 ― 물론 이것은 자아에 내실적으로 포함되어 있는 영혼과 같은 자아는 아니다 ― 는 서로 달리 포착된 두 얼굴(一心二門)일 뿐이다. 소박한 태도에서 선험적 태도로의 변경은 자연과학적 태도에 의해 추상된 자아의 본래 모습을 찾기 위한 방법적 절차이다. 소박한 태도는 전 반성적인 태도이고, 선험적 태도는 반성적 태도이다. 그러므로 후설에 있어서 태도변경의 문제는 다름이 아니라, 의식의 지평으로 주어져 있는 일상적인 생활세계적 자아를 그 현사실성 속에서 파악하려는 절차이다. 따라서 후설의 선험적 자아를 선험성의 요새에 갇혀 있는 칸트의 선험적 통각과 같은 것으로 해석하지 말아야 한다. 소박한 일상적 태도와 선험적 태도는 동일한 자아를 반성 이전의 수동적인 영역 속에서 파악하는가 아니면 능동성의 영역에서 파악하는가에 따른 구분일 뿐이다. 수동적인 관점에서 파악된 자아는 사회문화적 지평 속에서 인격적 자아로서 살아가는 생활세계적인 자아이고 이 자아가 능동적인 태도에 의해 파악된 모습이 선험적 자아일 뿐이다. 그러므로 후설에 있어서 선험성과 일상성은 동일한 자아를 다른 태도로 파악한 모

17) 《성찰》, 65면 참조.

습이다. 후설에 있어서 일상성은 자아의 본래 얼굴을 찾기 위한 출발점이다. 이 일상성은 인격주의적이고 자연과학적인 태도에 의해 굴절되기 이전의 모습을 되찾기 위한 절대적 단초이다. 후설의 선험적 환원은 비일상적인 수정 같은 자아극으로 돌아감으로써만 끝나지 않고 이 수정 같은 극에 지평적으로 주어지는 거친 일상적 자아를 회복하려는 환원이다.[18] 우리는 후설을 칸트나 데카르트와 같은 선험적 은둔자로 한데 묶을 수 없는 근본적인 차이를 간과해서는 안 된다.

이와 같은 사실은 후설의 환원의 의미를 다시 한 번 새겨보면 드러난다. 현상학적 환원은 결코 세계의 의미를 보편적으로 부정하는 환원이 아니라, 오히려 **자아가 이미 세계 속에 일상적으로 살아가고 있음을 반성하고자 하는 환원**이다. 그가 자연적이고 일상적인 태도의 일반적 정립을 괄호 친 것은 그것을 괄호 속에 넣어 여타의 형이상학적 전제로부터 보호하고 다시 그 의미를 확인하려는 인위적 절차이다. 그러므로 환원은 의식이 이미 세지와 관계하고 있음을 반성하기 위해 이 관계에 관여하는 것을 일시적으로 중지하는 절차이며, 이 관계를 있는 그대로 드러내기 위해 그것들을 괄호 쳐

---

18) 이와 같은 후설의 입장은 그가 *Encyclopeadia Brittannica*에 작성한 Phenome - nology란에서 일상적인 태도를 총체적인 현상학적 태도 속에 분류하고 얹는 데서 잘 나타난다.

### Husserls Einstellungen

| naive E.(=vorreflexiv) | nicht - naive E. (=reflexiv)<br>(=totalphänomenologisch) |
|---|---|
| natürliche Einstellung | natürliche<br>phänomenologisch Einstellung<br>transzendentale |

(J. M. Broekman의 *Phänomenologie und Egologie*. 65면에서 인용)

둔다. 이것은 마치 서로 떨어질 수 없이 사랑하는 두 연인이 그들이 떨어질 수 없음을 확인하기 위해 잠시 이별해 있는 경우와 흡사하다. 전통적으로 선험적 자아로 읽혀져 온 자아는 바로 현사실적 자아와 다른 얼굴이 아님을 재확인하는 방법적 절차가 바로 환원의 진정한 의미이다.

후설이 자아를 선험성과 현사실성 속에서 동시에 파악하려고 한 것은, 유럽 실증주의의 출현 이후 자연과학적 태도 속에서 방법적인 정확성을 위해 생활세계적인 자아를 일종의 공리와 같은 추상체로 연역함으로써 초래된 인간성의 위기를 극복하려는 입장으로 해석해야 한다. 자연과학적 방법에 의해 엄폐된 자아의 일상적인 모습을 되찾음으로써 유럽 학문과 인류에 만연된 천박한 실증주의적 병폐를 진정한 실증주의로 치유하려고 한다.

## 6. 근대적 스캔들에 휘말린 후설(?)

### 1) 형이상학적 실재가 아닌가

우리는 지금까지 후설의 현상학적 실증주의는 다름이 아닌 절대적 경험 자체를 철저하게 해명함으로써 선험적으로 정당화하는 것으로 규정해 왔다. 특히 후설은 근대 사유의 형이상학적인 사변성을 벗어나서 경험 자체의 의미를 있는 그대로 드러내고, 기술하는 대로 그의 사유를 일관되게 발전시켜 온 것을 볼 수 있었다. 절대적 경험을 기술함으로써 현상학적 실증성을 확보하려는 그의 사유의 발전과정은 매우 철저하게 진행되고 있으며, 모든 선험적 소박성을 실증적으로 해명하여 철저한 선험적 관념론을 정초하는 데로 진행되어 왔다. 이것은 다름 아닌 근대 형이상학에 대한 철저한 비판으로 시작되었다. 특히 근대 합리주의에서 졸대적 경험 자체가 형이상학적 실체나 아니면 단순히 감각적 복합체로 규정됨으로써 독단주의나 회의주의에 직면하게 된 소박한 입장을 자신의 절대적 경험론을 통해 극복하려 한다. 자아의 절대적 권리 이외의 어떤 형이상학적 실재도 전제하지 말아야 한다는 현상학적 원칙을 철저하게 실현한다.

그런데 후설은 스스로 사태 자체로 되돌아가야 한다는 현상학의 실증주의적 원칙을 포기하고 형이상학으로 이행한 것이 아닌가? 그 자신 버클리와 같은 내재적 실증주의자로서 결국 자아론적 형이상학으로 이행할 수밖에 없지 않는가? 우리가 '형이상학적'이란 말을 매우 일반적인 의미로 사용한다면, 현상학ᵌ 실증주의의 원칙 자체가 형이상학적 성질을 가진 것이라고 말해야 하고 따라서 현상학적 실증주의도 형이상학으로부터 결코 벗어날 수 없을 것이다. 그러므로 우리는 후설이 문제시한 근대 형이상학을 극복했는가 하는 관점에서 이 문제를 다루어야 한다. 후설 자신은 철저하게 반형이상학적이다. 물론 이 경우 '반형이상학적'이란 말은 그가 근대 형이상학에 대한 철저한 비판자이며, 근대적인 의미의 어떤 형이상학도 철저하게 거부한다는 사실을 의미한다. 이와 같은 사실은 다음에서 잘 나타나고 있다.

만약 존재에 관한 궁극적 인식을 형이상학으로 부르는 것이 정당하다면, 우리의 성과는 형이상학적이다. 그러나 여기에서 우리가 문제시하고 있는 것은 전통적인 의미의 형이상학과 별개의 것이다. 왜냐하면 통상적인 의미의 형이상학은 역사적으로 변종되어서 처음에 제일철학으로서 수립되었을 때의 형이상학이란 의미와는 동떨어진 것이기 때문이다. 순수하게 직관적이고 특히 필증적인 현상학의 입증방식은 온갖 사변적 무모함을 배제한다.[19]

여기에서 '온갖 사변적 무모함'이란 구체적으로 절대적 경험의 영역 이외에 형이상학적 원리를 사변적인 방식으로 끌어들이고, 이것에 대한 어떤 선험적 해명도 시도하지 않는 근대 합리주의적 형이상학의 사변성을 의미한다. 아리스토텔레스적인 의미에서 '형이상학'(metaphysika)이 존재의 궁극적 근거를 해명하는 것이라면, 후설에게는 인식의 선험적 근거를 해명하는 것이 '제일철학'(prote philosophia, Erste Philosophie)이며 이것이 형이상학이다. 그러므로 후설에 있어서 절대적 경험 자체는 인식의 최종적 근거일 뿐 형이상학적 근거는 아니다. 후설은 데카르트나 칸트에 있어서처럼 인식론적으로 해명되지 않는 형이상학적인 가상을 사변적인 방식으로 끌어들이지 않는다. 후설에 있어서는 선험적 인식론이 형이상학을 가능하게 하는 선행 조건이다. 그에 있어서는 형이상학이 제일철학은 아니며, 선험적 인식론이 제일철학이다. 그러므로 제일철학의 이념이 형이상학이란 명칭하에서 퇴색된 것을 후설은 지적한다. 특히 근대 형이상학은 아리스토텔레스의 '제일철학'의 이념을 실현시키지 못하고 일종의 사변적 형이상학으로 변종되었다. 순수한 합리적 방식으로 정초된 형이상학 속에서는 세계의 존재인식과 의미가 문제가 된다고 하더라도 순수한 선험적 존재론으로 될 뿐이며, 모든 특수한 존재론들을 합리적으로 추상해버리는 독단적 형이상학

---

19) ≪성찰≫, 166면.

으로 남는다. 후설에 있어서 '진정한 형이상학'이란 모든 존재인식을 가능하게 하는 선험적 인식론이다. 정확하게 말하면 사변적 형이상학으로부터 해방되어 최종적인 존재인식이 어떻게 가능한가를 해명하는 선험적 인식론이 바로 현상학적 의미의 형이상학이다. 물론 후설이 자신의 인식론을 형이상학으로부터 구분한 것은 합리주의적 형이상학일 뿐이며, 그 자신에 있어서 인식론은 바로 본래적인 의미의 제일철학으로서의 형이상학 그 자체이다.

그러므로 우리는 후설의 선험적 절대자로서의 절대적 경험을 형이상학적 실재로 규정하여 자아론적 형이상학으로 해석해야 할 어떤 통로도 찾기를 기대해서는 안 된다. 데리다가 '현전의 형이상학'(Metaphysik der Präsenz)으로 그리고 하르트만이 '억지 형이상학'(spitzfindige Metaphysik)[20]으로 고발한 것은 후설의 절대적 경험이 보다 철저화되는 가운데 비추어질 수 있는 철저한 선험론의 다른 모습에 지나지 않는 것이다. 후설은 생생한 현전을 데카르트적인 실체로서의 자아와 구분된 기능적 자아(Ich fungiere)로 규정함으로써 데카르트적인 형이상학적 실재로 성격 지우기를 거부한다. 그러나 이 생생한 현전이 보다 절대적인 것으로 철저화되어 모든 시간에 앞서고 동시에 전 시간적이며 익명적이고 나아가서는 절대적 현사실로 성격 지어짐으로써 일종의 형이상학적 원리와 같은 것으로 변조되어 간다는 점을 지적할 수 있다. 말하자면 후설에 있어서 절대적 자아는 반성 이전의 선시간적이고 비대상적인 익명적 사실로 규정되어 인식론적 반성 이전의 형이상학적 전제로 미리 주어져 있는 것이 아닌가 하는 문제를 제기할 수 있다. 현상학적 환원

---

20) 강대석 지음, 《현대철학의 이해》, 한길사, 1991, 110면 참조.

이 보다 철저하게 수행되는 가운데 이미 인식론적 반성을 넘어 형이상학적 요구를 함축하고 있다는 지적이 가능하다.

우리는 이러한 형이상학적 해석에 대해 다음과 같이 반론을 제기해야 한다. 우리가 후설의 입장을 현상학적 실증주의로 규정할 때, 절대적 경험 이외의 어떤 다른 형이상학적 원리도 사변적으로, 즉 인식론적으로 해명되지 않은 채 끌어들이지 않는다는 사실에 근거해서이다. 후설이 비록 절대적 경험 자체를 선시간적인 익명적·절대적 현사실로 규정한다 하더라도, 이것은 단순히 **위로부터** 끌어들인 비현상학적 실재가 아니라 절대적 경험 자체를 철저히 해명하는 가운데 **아래로부터** 드러난 근원적 현사실이다. 절대적 자아는 그 자체 반성의 대상이 될 수 없으면서도 동시에 사후적으로 반성되어야 하는 수수께끼의 영역이라는 사실을 표현한 것이 익명성이다. 그러므로 익명성은 초경험적인 칸트의 물자체(Ding an sich)와 같은 것으로 남겨 두어야 할 신비가 아니다. 그리고 비트겐슈타인의 경우처럼 말할 수 없는 신비로운 것이 아니라, 말할 수 있고 해명될 수 있는 수수께끼이다. 후설에게는 익명성이 수수께끼일 뿐 풀릴 수 없는 신비는 아니다. 후설의 절대적 현사실로서의 자아는 연역적이고 소급적인 방식으로 전제된 절대적 사실이 아니다. 그러므로 우리는 후설의 입장을 설사 '형이상학적'이라 말한다고 하더라도, 이것은 '아래로부터의 형이상학'(Metaphysik von unten)으로 불러야 할 것이다.

## 2) 현상적 흐름이 아닌가

후설은 절대적 자아를 데카르트적인 실체가 아닌 일종의 기능활동으로 규정하여 비실체적인 흐름으로 생각하였다. 그런데 모든 자아적인 활동이 일어나기 이전의 절대적 현사실로 규정함으로써 자아 자체가 사물화되어 결국은 인상의 다발로 규정되는 것이 아닌가? 그러나 우리가 후설의 실증주의를 흄적인 실증주의로부터 구분해야 한다면, 후설의 익명적 흐름으로서의 자아를 단순히 인상의 다발인 현상적 흐름으로 규정해서는 안 된다. 후설이 절대적 경험을 자아의 활동 이전의 수동적인 흐름으로 규정한다고 할 때, 우리는 다음의 사실을 고려해야 한다. 아무리 수동적(passiv) 흐름이라 하더라도, 자아의 활동을 촉발한다는 의미에서 이미 가장 낮은 단계의 능동성의 활동이다. 이 수동적인 흐름은 임의적이고 무질서한 흐름이 아니라 일정한 목적으로의 흐름이며, 합목적인 흐름이다. 이것은 단순한 수동적인 흐름이 아니라, 지향적인 흐름이고 아무리 수동적인 충동적·본능적 흐름이라고 하더라도 어디까지나 충동지향성이고 본능지향성이다. 단순한 임의적인 흐름이 아니라 목적으로 향해 가려는 애씀(Streben)이요 관심(Interesse)이며, 합목적적인 경향성이다. 아무리 수동적인 흐름일지라도 이미 지향적 흐름이다. 이 흐름은 일종의 형식적 통일성을 가진다. 후설에 있어서 수동성과 능동성의 구분은 상대적인 구분에 지나지 않는다.[21]

흄은 연상적 습관 이외의 어떠한 다른 능동적 활동을 인정하지 않음으로써, 자아동일성에 대한 회의에 직면하게 되었다. 후설이 데

---

21) ≪경험과 판단≫, 119면 참조.

카르트적인 실체로부터 벗어나 자아를 흐름의 구조로 이해함에 있어 흄으로부터 받은 영향은 지대하다. 그러나 후설은 이 흐름의 구조 속에 통일성을 부여함으로써 자아를 단순한 '현상적'(phänomenal) 흐름이 아니라 '현상학적'(phänomenologisch) 흐름으로 지칭한다. 이 현상학적 흐름은 작용에서 작용으로 일관되게(durchgängig) 지속하는 자아극(Ich-pol)이다. 이 자아극은 데카르트적인 실체가 아니라 체험의 흐름에 내재하면서 지속하는 순수자아 자체이다. 후설의 절대적 자아는 데카르트의 자아처럼 고정된 실체로서 흐르는 물속에서 흘러가지 않고 가라앉아 있는 조약돌과 같은 것도 아니고, 흄과 같이 물과 함께 흘러가 버리는 것도 아니다. 항상 흐르면서 흐르지 않는(strömend-stehendes) 자아이다. 바닷물의 용(用)이 파랑이요 파랑의 체(體)가 바닷물인 것과 같다. 우리는 현상학적 자아론의 특징을 흐름과 흐르지 않음의 통일성 속에서 발견해야 한다.

## 맺음말

우리는 지금까지 후설의 선험적 자아는 단순히 칸트적인 선험적 자아와는 달리 현사실성을 지닌 구체적인 현사실적 자아임을 밝혔다. 그러나 후설에 대해 제기되지 않을 수 없는 문제는 선험적 자아가 도대체 현사실성을 어떻게 지닐 수 있는가 하는 것이다. 현사실성이 선험적 요새에 갇혀 있는 한, 결코 선험적 자아는 세계적인 구체적 경험을 자신 속에 지닐 수 없는 것이 아닌가? 그러므로 후설의 선험적 자아는 현사실적 자아로부터 결국 분리될 수밖에 없지 않는가? 선험적 자아가 현사실적 자아로부터 분리된 절대적인 순수 영역이라면, 결국 '선험적 현사실성'이란 것은 마치 '나무로 된 쇠'와 같이 선험적인 것도 아니고 사실적인 것도 아닌 것이 아닌가? 후설이 단순한 개별적 사실과 구분하고 있는 현사실성은 이것이 비록 본질필연성으로부터 파생된 것은 아닐지라도 일종의 보편 개념으로서 개별적 사실에는 어떤 영향도 미치지 않는 하나의 본질로 마법화된 것이 아닌가?[22] 그러므로 후설이 선험적 현사실성을 아무리 강조하더라도 이것은 본질주의자로서의 그의 고루한 외투를 벗어던지지 못하고 있지는 않는가?

아마 이 문제는 근대철학의 영원한 스캔들일지도 모른다. 그러나 후설은 이 스캔들에 휘말려들지 않으려는 철저한 싸움을 진행해왔다. 후설에게는 이 문제가 전혀 스캔들이 아니다. 아마 우리가 후설 자아론이 가지는 특징을 염두에 두지 않는다면, 그 역시 근대철학의 스캔들에 희생당한 자로 규정될 것이다. 그러나 후설 자신에게는 더 이상 스캔들이 있을 수 없다. 있다면 우리가 조작한 것일지 모른다.

후설의 '선험적 현사실성'은 '나무로 된 쇠'와 같은 형용 모순의 개념으로서가 아니라, 논리적 틀을 벗어나 이해되어야 할 성질의 것이다. 후설의 '선험적 현사실성'은 선험적이면서도 동시에 사실적인 것으로 통일적이고 변증법적으로 이해되어야 한다. 선험적 자아는 세계와 무관한 연장적 실체(res cogitans)나 선험적 통각이 아니라, 세계의 구체적 지평을 자신 속에 함축하고 있는 습득성(Habitualität)의 기체로서 그리고 다른 자아들과 함께 인격적 존재

---

22) Th. W. Adorno, *Zur Metakritik der Erkenntnistheorie*, 198면 참조.

로서 사회 속에서 살아가는 구체적 자아이다. 후설에 있어서는 환원을 통해 선험적 자아로 도달하는 것이 아니라, 어떠한 전제로부터도 구속당하지 않고 자유롭게 살아가는 생활세계적인 자아를 회복하는 것이 보다 중요하다.

이 '되돌아감'은 자아가 이미 세계와 아프리오리하게 얽혀 있음을 풀어 밝히려는 데 목적을 둔다. 그리고 칸트의 경우처럼 인식 일반이 가능하기 위한 — 사실의 문제(quid facti)를 젖혀 두고 — 권리의 문제(quid juris)만을 다루기 위해 선험적 조건에로 연역해 들어간다는 의미도 아니다. 후설에 있어서 선험적 환원은 의식 자체를 파악하고 이론적으로 인식하며 더 나아가 의식을 그것의 충만한 구체성 속에서 인식하는 것을 겨냥한다. 그러기에 되돌아감은 바로 되가져옴이다. 데카르트나 흄 그리고 칸트 모두는 이런 선험적 철저성을 결여한다. 단지 의식으로 되돌아갔을 뿐, 의식의 섬으로부터 되돌아 나올 어떤 지향적 통로도 마련하지 못했다. 그러므로 후설의 절대적 경험은 모든 세계적 경험을 자신 속에 지향적 지평으로 함축하고 있는 구체적인 경험이다.

후설에 있어서 절대적 자아는 단순히 데카르트적인 무세계적인 자아가 아니라, 이미 세계에 지향적으로 연루되어 있고 세계적인 것을 지향적 상관자로서 함축하고 있음을 반성하기 위해 일시적으로 세계를 빠져 나오는 탈(脫)세계적 자아이다. 그러므로 후설의 자아는 데카르트에서처럼 공허한 극도 아니고 칸트나 비트겐슈타인처럼 인식 불가능한 신비로서 남아 있는 것도 아니다. 비트겐슈타인의 자아처럼 세계에 속하지 않는 세계의 한계로서만 남아 있는 반성 이전의 형이상학적 주관이 아니다. 그러므로 말 그대로 주 —

객의 상대적 대립을 단절한 절대적 자아는 의식이나 세계의 흐름과 무관하게 남아 있는 고정된 자아가 아니라 항상 의식의 흐름 속에 발판을 두고 있고 세계에 지향적으로 구속되어 있는 자아이다. 이 절대적 자아는 항상 세계적인 것으로 분열되지 않을 수 없다. 그러나 이것은 자아가 두 부분으로 나누어진다는 의미가 아니라 동일한 자아가 반성 이전의 것으로 규정되는가 아니면 반성의 대상으로 주제화되는가 하는 관점의 구분일 뿐이다. 이 선험적 자아와 현사실적 자아의 분열은 자아의 지향적 본질구조에 따른 양상적 분열일 뿐이다. 이러한 사실이 간과될 때, 데카르트나 칸트적인 이원론은 극복될 수 없다. 이 주-객의 분열은 자아가 세계를 지향적 상관자로서 충분히 해명해야 할 절대적 경험의 근본구조를 대상적으로 인식하려고 할 때 은유적으로 표현한 말일 뿐 절대적 자아는 근본적으로 주-객의 분열 이전의 절대영역이다. 그러므로 절대적 자아는 비일비이(非一非二)이며 불일불이'(不一不二)이다. 절대적 자아는 객관(現識)에 대립한 주관(轉識)으로 분열된 자아와는 동일하면서도 상이한, 즉 물과 물결과 같다. 식(識)과 식랑(識浪)처럼 동일하면서도 동일하지 않는 관계이다. 마치 진흙덩이와 진흙면지처럼 동일하면서도 동일하지 않는 근원적 절대자이다.

후설에 있어서 자아의 분열(Ich-Spaltung)은 자아분리(Ich-Trennung)나 분할(Ich-Teilung)이 아니다. 그러므로 이 자아의 분열은 데카르트 이후 헤겔에 이르기까지 그렇게도 극복하려고 했던 자아의 분할을 의미하는 것은 아니다. 절대적 자아의 선시간성은 이 자아의 분열을 통해 시간적 양상으로 반성될 수 있다. 이 자아의 분열은 자아의 지평으로 익명적으로 주어져 있는 구조가 드러나는 과정이다. 후설은 이 자아의 분열을 자신의 철학의 초석으로 삼는다. 즉 자아의 분열을 통해 비로소 자아의 본질구조에 대한 연구가 성공적일 수 있다. 자아의 분열을 허용하지 않고 익명적 구조를 자아의 어두운 지평으로 남겨 두는 한, 선험철학의 문턱에서 좌절하고 만다. 이 자아의 분열은 데카르트 이후 비지향적 일원론적 구조로 묶여 있는 자아와 세계의 해체를 의미한다. 이 해체는 근대적 스캔들로부터의 해방을 위한 카타르시스이다. 이것이 바로 후설의 지향적 체험으로서의 절대적 경험이 갖는 특징이고 이 점을 자아의 본질구조로 드러낸 것은 진여(眞如)와 생멸(生滅)의 구조 속에서 일심진여(一心眞如)의 자기동일성을 해명하려 한 원효의 탁월성에 가히 비견할 만한 점이다. 후설에 있어서 자아의 절대성은 동일률과 모순율이란 논리적 틀이 무너지는 바로 그 지점에서 흐르면서 흐르지 않는 기능 활동 그 자체로 존재한다. 후설의 절대적 경험은 단순한 감각적 흐름도 아니고 형이상학적으로 전제된 경험도 아닌 것으로서 선험적 현장에서 실증적으로 그리고 현사실적으로 포착된 흐르면서 흐르지 않고 흐르지 않으면서 흐르는 활동 그 자체이다.

# VIII.
# 현상학적 자아론의
# 유식적(唯識的) 함의

## 1. 초월의 초월

포스트－후설(post－Husserl)에 의해 근대성의 얼굴로 (기형적으로) 성형된 후설 자아론의 본래 모습을 다시 읽자. 후설의 현상학적 자아론을 근대적 자아－철학(Ich－Philosophie)으로 잘못 읽은 성실하지 못한 독자들에게＋는 그의 자아론에 녹아 있는 사상－철학적(sach－philosophische) 전략이 읽히지 않는다. 흐설의 자아론적 전략 속에는 정작 안/밖의 이원론적 도식이 어디에서도 발견되지 않는다. 현상학적 시야가 가진 탈근대적 관점을 충분히 읽어 내지 못한 독자에게는 후설 자아론이 데카르트적 선험주의로 드러나겠지만 후설의 현상학적 자아론은 시종일관 안/밖의 경계허물기, 아니 안/밖이 따로 없기에 허물 경계조차도 없음을 우리에게 끊임없이 알려 준다. 자아와 관련하여 나타남(Erscheinung)과 본질이 따로 없기에 알맹이도 껍질도 따로 없다. 그러므로 현상(Phänomen)으로서의 자아는 안/밖의 경계가 허물어지는 바로 그 속에서 단적으로 읽힐 수 있을 뿐이다.

체험존재인 내재와 실질존재인 초월을 근본적으로 구획 지우는 경계는 단지 내재와 초월이 그것이 의식에 주어지는 소여방식의 차이, 즉 내재적 체험은 자체 소여되는 반면에, 초월적 대상은 항상 그늘진 방식으로 나타난다는 소여방식의 차이점에 의해 원칙상으로 분리된다는 점에서 성립한다. 즉 존재방식의 원칙상의 차이일 뿐이다.[1] 그러나 이 현상학적 의미의 내재/초월은 단지 그 소여방식에 있어서는 원칙상으로 분리될 수 있을지라도, 이 두 영역은 실질적으로, 전적으로 다른 두 얼굴이 아니다. 이 '원칙상 분리 가능성'(prinzipielle Ablösbarkeit)이란 동일한 자아가 어떤 관점에서 읽히는가에 따라 그것이 주어지는 방식에 있어서 차이가 날 뿐임을 강조하기 때문에, 결코 존재론적 분리 가능성을 의미하지는 않는다.[2] 지향적 얼개로 얽혀지지 않는 데카르트적 내재 - 초월 사이에는 적대적 틈이 실질적으로 존재하겠지만, 지향성의 고리로 연결된 내재/초월은 다만 관점 혹은 태도의 차이에서 달리 읽힌 동일한 얼굴일 뿐이다. 후설의 지향적 초월은 순수 내재를 떠나 있기에 초월이요, 지향적 내재는 순수 내재를 완전히 떠나 있는 것이 아니기에 또한 내재이다. 내재/초월은 단지 의식과 대상의 측면에서 달리 읽힌 동일한 얼굴일 뿐이다. 그러므로 이 두 영역은 절대적 자아를 진여(眞如)와 생멸(生滅)의 관점에서 읽은 두 얼굴일 뿐이다. 현상

---

1) E. Husserl, ≪이념들 Ⅰ≫, 87면 참조.

2) 후설은 의식과 실재 간의 현상학적 차이점에 대해 설명하는 ≪이념들 Ⅰ≫의 제42절 이하에서 그것들의 소여방식의 원칙적 차이점을 강조하면서, 특히 '원칙적'(prinzipiell)이란 단어를 반복적으로 사용한다. 특히 각주로 처리하여 따로 언급할 정도로 이 단어를 강조한다(87면 각주 1). 그는 여기에서 '원칙적'이란 단어를 최고의 내지는 철저한 본질 일반성 내지는 본질 필연성이란 단어와 관련하여 엄격한 의미로 사용한다고 말한다. 즉 실재는 의식에 비해 그 소여방식이 본질적 보편성이나 필연성을 갖지 못한다는 점에서 의식의 소여방식과는 원칙적으로 차이가 있음을 강조하는 단어임을 말하려고 한다.

적 의미의 절대적 자아는 결국 내재/초월의 양상을 간직하면서 동시에 초월한다는 의미에서 '포월적'(包越的) 자아라고 불러도 좋을 것이다. 이런 사실은 후설에 있어서 내재에로의 환원이 이미 환원 이전의 지평인 초재영역 위에서 가능할 뿐이라는 역설적 상황을 말한다. 말하자면 현상학적 환원을 수행하는 자는 이미 선(先)현상학적 지평 위에 서 있다. 그러므로 내재로의 환원은 단지 일상적 세계와 의식영역이 **원칙적으로** 분리될 수 있을 뿐이라는 전제하에서 수행되었다. 그러나 후설은 후기로 이르면서 이 원칙적으로 '분리될 수 있음'이라는 근본적 가설로부터 벗어나려고 한다. 왜냐하면 이것은 내재와 초재를 두 영역으로 분리한다는 비판에 직면하기 때문이다. 환원은 이미 의식의 반성이기에 이 의식에 대립하는 세계를 자신의 대립물로 설정해야 하기 때문이다. 따라서 후설은 초기 ≪이념들 Ⅰ≫에서 수행한 내재로의 환원이 「현상학적 기본고찰」[3]이기 때문에 보충되어야 할 것을 시사하고 있다.

세계 속에 살아가는 현사실적(faktisch) 자아와 의식적 삶을 살아가는 영적 자아를 서로 다른 두 얼굴로 읽은 근대적 자아론은 어차피 자아론적 스캔들을 떨쳐버리지 못한다. 근대의 스캔들은 이 두 자아를 표층/심층의 적대관계(Antagonismus)[4]로 잘못 읽은 데서 시작된다. 비자아를 부정하고 남은 자투리인 자아는 내재/초월의 근원적 대립을 단절하지 못한다. 내재 존재든 초월 존재든 현상학적 절대자의 두 얼굴일 뿐임을 직관하는 현상학적 자아론은 내재/초월

---

3) ≪이념들 Ⅰ≫의 〈제2절〉 전체 제목이 "현상학적 기본고찰"(Die Phänomenologische Fundamentalbetrachtung)로 되어 있다.
4) ≪위기≫, 166면 참조.

의 타자성은 단지 철저하지 못한 소박한 주관주의의 산물임을 지적한다. 나와 너, 안과 밖의 모든 구별은 절대적 자아 속에서 비로소 '구성된다'(sich konstituieren)는 점이 데카르트와 같은 근대적 자아론에서는 은폐된 채로 남아 있다.[5] 이 재귀적으로 표현된 '구성된다'는 술어는 안이 밖을 구성한다는 근대적 도식을 허물고 난 후 아무런 제약 없이 들여다본 자아의 실상을 표현한다. 이제 더 이상 안/밖의 경계에 의해 조건 지어지지 않고서 자생자화(自生自化)하는, 즉 내재와 초월의 경계조차 초월하는 진정한 자아의 실상을 일컫는 표현이다. 모든 상대적 대립을 단절한 절대적 자아는 주관적 존재로 읽히면 자아요, 객관적 존재로 읽히면 비자아이다. 그러므로 현상학적 절대자는 객관적인 측면에서는 선세계적 근거로서 근원사실(Ur‒faktum)이고, 주관적 측면에서는 선자아적 근거인 근원자아(Ur‒Ich)이다. 그러므로 Eidos로서의 선험적 자아나 사실(Tatsache)로서의 심리적 및 사실적 자아는 이 근원적 사실의 변양태로서 구성된 이외의 다른 것이 아니다. 이 근원적 자아는 절대적 자아이면서도 동시에 절대적 사실이다. 따라서 '현사실적 자아' 혹은 '선험적 자아'라는 명칭은 한갓 현상학적 절대자를 환원 이전/이후의 관점에서 읽은 동일자의 다른 얼굴일 뿐이다. 내재에 대립된 초월 자체를 초월하는 현상학자의 시선에는 내재/초월의 분리는 한갓 근대적 사유의 유산에 지나지 않는다. 선험적 자아와 일상적인 경험적 자아를 전적으로 다른 두 얼굴로 인식하려는 심리학적 의식론은 이 두 자아 사이의 지향적 상관성을 놓쳐 버린다. 예컨대 흄의 자아론적 회의에 충격을 받은 칸트의 소급적 수행 절차는 자

---

5) 같은 책, 119면 참조.

아에 대한 신비적 개념형성으로 빠져들게 된다. 칸트의 소급적 절차인 선험적 연역에 의해 짜 맞추어진 선험적 자아는 이미 선 소여되어 있는 생활세계적 자아인 영혼적 자아와 구분된 얼굴로 등장한다. 이와 같이 칸트의 소급적 방법에 의해 영혼적 자아와 분리된 또 다른 선험적 자아를 구성해 내는 일은 우리를 신화 속으로 몰아넣는다.[6] 선험적 자아와 영적 자아는 서로 분리되어야 할 두 얼굴이 아니라, 현상(Phänomen)과 나타남(Erscheinung)의 지향적 상관관계 속에서 이해되어야 할 동일한 얼굴의 두 모습일 뿐이기 때문이다. 왜냐하면 이 나타남은 바로 현상의 나타남이고 이 나타남을 통해 현상으로서의 자아가 비로소 직관적으로 해명될 수 있을 뿐이기 때문이다. 어떤 명칭의 자아이든 태도 변경에 따라 그때그때 읽힌 익명적 자아의 얼굴들일 뿐임을 강조하는 후설의 자아론은 진속별체(眞俗別體)의 이데올로기를 일심이문(一心二門)의 전략으로 해체한 원효의 패러다임을 간직하고 있다.

## 2. 환원의 수행적 성격

후설의 사유가 외부 세계를 선험적 주관성에 호소하여 증명하려는 데카르트적 혹은 칸트적인 선험주의적 스캔들을 그대로 답습하고 있다는 인상을 주기에는 충분한 이유가 있다. 왜냐하면 후설 역시 그의 초기 정태적 현상학기에서는 데카르트적 환원의 이념을 간직하고 있었기 때문이다. 말하자면 주관과 객관을 서로 타자로

---

6) 같은 책, 164면 참조.

분리해 놓고서 주관으로 다시 되돌아가서 객관의 의미를 새삼스럽게 길어내려는 근대철학의 달갑지 않은 유산인 천박한 주관주의라는 원죄에 대해 후설 역시 면죄부를 갖고 있지 못하기 때문이다.

후설의 환원이 우선은 데카르트적 길을 따르고 있다는 점을 부정할 수는 없다. 후설의 환원 역시 선험적 주관성의 영역을 체계적으로 해명하기 위한 절차이다. 소박하게 말하면 후설의 환원 역시 데카르트의 회의와 마찬가지로 모든 세계경험을 선험적 주관성의 구조로 환원하여 세계경험의 가능성의 근거를 그 구조 속에서 재구축하려는 절차이다. 이런 점에서는 후설 역시 데카르트적 길을 선택한 것은 분명하다. 그런데 후설 환원의 보편적 의미, 즉 진정한 철학적 의미는 여기에서 드러나지 않는다. 그 역시 세계에 대한 모든 선입견들을 전적으로 전복하고 선험적 주관성을 자기 철학의 절대적 단초로 마련하는 길을 걸어 왔지만, 이 길은 이 단초를 둘러싸고 있는 지향적 함축물들, 예컨대 자연적 경험이나 이전의 모든 역사적 – 문화적 경험의 지평들을 단적으로 드러내기 위한 방편이었다. 그러므로 환원의 진정한 철학적 의미는 모든 세계경험을 일거에 보편적으로 부정해 버리는 천박한 주관주의와는 달리 '날카로운 근본주의'(kühne Radikalismus)[7]로 이해해야 한다. 왜냐하면 세계의 의미에 대한 천박한 과학주의적 관심을 철저하게 단절하고 전복하는 과정은 바로 그 과학주의적으로 탈색되기 이전에 이미 나에게 타당한 것으로 주어져 있는 보편적 세계의미를 적극적으로 (실증적으로) 읽어내기 위한 철저한 자기비판이고 자기통제 혹은 자기증득의 과정이기 때문이다.

---

7) ≪제일철학 Ⅱ≫, 166면 참조.

우리가 후설의 환원을 마치 객관에서 주관으로 단적으로 몰입해 들어가는 몰세계적인 데카르트적인 여정으로 생각하는 한에서는 후설 역시 데카르트적 스캔들에 빠진 사람으로 이해하게 된다. 후설의 환원은 결코 '객관에서 주관에로의 몰입'(Eindringen)이라는 근대 주관주의의 길을 따르지 않는다. 설령 주관에로의 몰입이라 하더라도, 그것은 의식의 지평으로 이미 주어져 있는 진정한 현실을 전면으로 끄집어내기 위한 의식 자체의 태도변경이다. 선험적 주관성에로의 환원은 근대 이후 망각된 선험적 주관성을 다시(re) 이끌어 내어(ducere) 되가져오는 것을 의미할 뿐, 선험적 주관성에로 이끌어 내리는(de – ducere) 연역의 절차는 아니다. '객관에서 주관에로의 되돌아감'이라는 표현이 오해를 불러일으킨다. 마치 객관과 분리된 주관으로 되돌아간다는 의미로 이해될 경우, 근대적 환원이다. '주관에로 되돌아감'이란 객관에 의미를 부여하는 주관의 태도변경, 즉 지금까지 객관을 주관의 임의적 구성물로 생각해 온 근대적 이데올로기를 극복하기 위해, 객관을 보는 주관 자신의 태도를 총체적으로 변경시켜야 한다는 요구가 담겨 있다.[8]

---

8) 현상학적 환원은 주관도 객관도 이미 근원적 자아의 두 얼굴임을 재확인하려는 절차이다. 즉 비 – 자아에 대립하는 자아로서의 주관이 아니라 모든 대립을 단절하고 초월하는 말 그대로의 절대적인 사상적(sachlich) 자아의 회복을 겨냥한다. 그러므로 환원은 단순히 '코페르니쿠스적 전회의 전도'만을 의미하지는 않는다. 이것은 마치 주관에 대립된 객관에로 되돌아가는 것으로 오해할 수 있기 때문이다. 주관과 대립된 객관이 아니라 주관적 존재와 객관적 존재가 비로소 그것으로부터 구성되는 진정한 현실에로의 되돌아감이다. 후설적 의미의 환원은 결코 소박한 객관주의와 타협하지 않는다. 후설에게는 이미 걸어 왔던 길을 거꾸로 새롭게 나아가야 할 길이 따로 없기 때문이다. 데카르트적 길이든 비데카르트적 길이든 동일한 자아를 진여와 생멸의 관점에서 읽으려는 방편에 지나지 않는다. 그러므로 후설의 사상발전을 데카르트/비데카르트적 길로 짝 지우는 것조차도 불가능할지 모른다. 굳이 말하자면 데카르트/탈데카르트적 길로 대비시키면 좋을 것 같다. 왜냐하면 후설 자신은 스스로가 고백하듯, '20세기 데카르트주의' 혹은 '신데카르트주의'를 표방하는 자로서 한 번도 비데카르트적 길을 걷지는 않았기 때문이다.

이 태도의 총체적 변경은 현상학적 봄, 즉 직관을 방해하는 선입견의 철저한 부정을 의미한다. 이 태도의 변경은 현상학적으로 환원하는 자 역시 이미 보편적 세계의 구성원으로서 역사적으로 살아온 자임을 고백하기 위한 여정이고, 나아가서는 이 보편적 삶의 지반을 인격적으로 회복할 것을 주장하는 실천적 정진(精進)의 여정이다. 이 철저한 부정이 없이는 진정한 현실과 최종적인 삶의 토대를 직관할 수 없다. 물론 이 부-정(不-定, ent-sagen)은 세계의 현실 자체의 무효화(Nichtung)가 아니라 세계에 대한 그릇된 입장정립(Setzung)에 대한 거부이며, 세계에 대한 그릇된 이론이나 가설들로 짜 맞추어진 배설물을 토해 내는 생산적 자기정화의 과정이다. **이 철저한 부정은 진리 자체를 잃는 것이 아니라, 단지 보다 높은 의미에서 모든 것을 얻기 위한 절차이다.**

만약 후설의 환원이 구체적 세계경험을 보편적으로 부정하고 절대적 단초로 되돌아가는 데카르트적 연역으로부터 벗어나기 위한 절차라고 한다면, 결국 환원은 후설의 말대로 모든 것을 단념하기(preisgeben) 위한 절차가 아니라 모든 것을 다 얻기(gewinnen) 위한 절차이다. 모든 것을 다 비웠다는 생각에 집착하는 것만큼 어리석은 것도 없다. 비워야겠다는 생각 자체가 나를 지배하는 이데올로기이기 때문이다. 비움(空)에의 집착(空執)은 색(色)의 세계를 전적으로 무화함으로써 투명한 의식이 얻어질 것이라는 근대 환원주의로 머물게 한다. 有와 無, 眞과 俗, 眞如와 生滅의 이분법적 도식을 절대 妙有의 진리로 파악한 나가르주나(龍樹)의 해법이 근대인들에게는 사장되어 있었다. 철저한 세계부정(Weltentsagen)은 세계에 대한 세속적 언설(Sagen)인 천박한 세계관들을 철저하게 무력화시키고 세계경험의 고유한 의미를 얻기 위한 필연적 절차이다. 그러므로 이 절차는 데카르트적인 공집의 신화로부터 벗어나 나와 우리 모두의 삶의 지평인 생활세계를 다시 회복하려는 진정한 해탈의 과정일지도 모른다.

비웠다는 생각이 중요한 것이 아니라 우리 모두를 아우르는 보편적 세계경험으로 돌아가는(下化衆生) 길이 더 중요하다. 근대 환원주의자들은 모든 것을 다 잃은(verlieren) 자들이다. 세계경험의 가능성을 근원적으로 소생하려는 후설의 환원은 모든 것을 단념한(preisgeben) 자만이 모든 것을 다 얻을 수 있다는 텅 빈 충만의 진리를 일깨운다. 후설의 환원은 결국 잃을 것도 다시 더 얻을 것도 없다는 깨달음의 진리를 증득하기 위한 전(全) 인격적 수행의 과정일지도 모른다. 모든 것을 다 버리는 배설의 과정은 즐거울지 모르나, 모든 것을 단념하는 과정은 구토만큼 괴로울지 모른다. 배설에 탐닉한 근대 환원주의자들에게는 세계의 진정한 의미를 회복하려는 구토의 고통은 차단되어 있다. 왜냐하면 단념은 그 자체가 고통스러운 자기혁명의 과정이기 때문이다. 지금까지 자명한 것으로 여겨왔던 모든 타당성들을 일시 정지시키고 새로운 의미를 얻으려는 현상학적 환원은 어쩌면 전 인격적으로 수행해야 할 정진의 과정일지도 모른다. 모든 것을 단념함은 모든 것을 얻음을 뜻한다[9]는 후설의 고백은 환원의 수행적 성격을 함의한다. 환원은 판단중지를 통해 세계를 잃어버리는 것이 아니라, 보편적 자기성찰에서 세계를 다시 얻기 위한 절차이다.[10] 환원은 단지 추상적인 일반적 의지만

---

[9] ≪제일철학 Ⅱ≫, 166면 참조.
[10] ≪성찰≫, 39, 183면 참조.

으로는[11] 가능하지 않고 총체적이고 온전한 인격적 변화와 인류에 부과된 가장 위대한 실존의 변화를 함의한다.[12]

그러므로 우리는 근대 환원주의자들이 모든 것을 보편적으로 다 부정하고 수정 같은 맑음을 방법적으로 확보하고 나서 거기에서부터 연역적으로 세계경험을 보편적으로 다시 구성해야겠다는 공집의 이데올로기에 묶여 있었다는 사실을 지적해야 한다.[13] 왜냐하면

---

11) ≪위기≫, 166면 참조.

12) 같은 책, 187면 참조.

13) 이 空執의 이데올로기를 데리다(J. Derrida)는 백색신화로 읽었다. '이성중심주의'와 '현전의 형이상학'으로 통칭되는 근대 환원주의는 백색신화의 이데올로기에 빠져 있다는 것이 그의 고발이다. 그런데 후설의 환원까지도 근대적 의미로 해석한 데리다는 현상학적 환원의 탈근대적 색깔을 깐깐히 읽지 못했을지도 모른다. 후설은 의식의 투명성을 확보할 목적으로 의식초월적 세계를 까맣게 색칠하지 않는다. 후설의 환원은 모든 것을 다 잃어버린 백색공간이 아니다. 후설의 주관성은 굳이 색깔로 말하자면, 무색이고 명칭으로 말하자면 무명의 공간(?)이다. 흑도 백도, 色도 空도 이 공간으로부터 분화된 양상일 뿐이다. 후설에 의해 열려진 새로운 주관성의 지평인 생활세계적 공간은 안/밖, 내/외, 내재/초월이 이미 그 생성의 젖줄을 대고 있는 절대공간이며 밝음의 공간이다. 하이데거의 개념틀로 후설의 현상학까지도 하얗게 탈색시킨 데리다의 후설읽기는 데카르트적 패러다임으로 후설을 굴절시킨 대표적인 경우이다. 로티(R. Rorty)에 의해 정초주의자로 읽힌 후설 역시 데카르트적으로 굴절된 후설이다. 근대의 실체론적 정초주의와 현상학적 지향적 정초주의는 동일한 얼굴이 아니다. 의식의 절대적 명증성과 필증성을 아르키메데스적 기점으로 확보하기 위한 연역의 과정에서 세계의 모든 의미를 보편적으로 부정하고 하얀(공허한) 공간으로서의 의식을 요청한 근대적 정초주의는 후설의 정초주의와 다르다. 후설은 결코 의식의 자명성이 기하학적 방법에 의해 확보될 수 있다고 생각하지 않는다. 의식은 그 자체가 미리 주어진(vor‒geben) 것이 아니라, 이미 역사적 전승 속에서 습득성의 기체로서 혹은 모나드적 자아로서 성숙되어 온 의식이다. 그렇다고 해서 의식은 감각의 다발로서 사후에 주어진(nach‒geben) 것도 아니다. 따라서 후설의 자아론을 근대적 정초주의와 구분해야 할 이유가 바로 여기에 있다. 즉 의식은 이미 역사적·문화적·사회적·언어적 맥락 속에서 형성되어 온 의식이기 때문에, 결코 하얀 의식일 수도 또한 하얗게 탈색시킬 수도 없다. 그런데 왜 후설은 의식에로의 환원을 요청하는가? 결국 모든 타당성들의 종국적 원천은 의식일 수밖에 없다. 이 말은 의식이 모든 타당성의 공리가 되어야 한다는 근대적 의미가 아니라, 그 타당성의 발생을 문제 삼기 위해서는 의식의 명증성을 단초로서 설정해야만 한다는 의미이다. 의식활동은 모든 것이 사라지고 해체되어도 계속되기 때문에, 타당성 검증의 일차적 원리일 수밖에 없다. 그러나 이 단초로서 요청된 의식은 의식이 결코 타 의식이나 세계와는 단절될 수 없는 지향적 의식임을 드러내기 위한 방편일 뿐이다. 후설의 환원은 결코 의식에 대한 근대적 신화가 아니다. 오히려 그 신화를 허무는 탈신화의 과정이다. 즉 의식은 결코 그 스스로 명증성을 미리 가지는 것이 아니라 의식의 지평을 통해 비로소 명증적이게 된다는 발생적 정초주의를 통해 후설은 근대적 신화를 허물고 있다(≪위기≫, 164면 참조). 뒤늦게 해체주의자들에 의해 읽힌 탈신화는 후설의 정초주의를 통해 이미 시작되었다.

세계경험은 결코 방법적 가설에 의해 부정될 수 없게끔 의식과 얽혀 있기 때문이다. 우리가 의식의 자명성 이전어 세계의 확실성이 선구조(Vor – Struktur)로서 이미 주어져 있다는 현상학적 고백을 할 수 있을 때, 색집/공집의 분별지에서 해방될 수 있을 것이다.


## 3. 현상학적 자아론의 전략: 一心二門

현상(Phänomen)은 '그 자체 주어짐'(Selbstgegebenheit)을 의미한다. 즉 사태(事態) 자체가 있는 그대로 주어짐, 즉 자기 제시(Sich – Zeigen)를 뜻한다. 그러므로 '현상'으로서의 자아는 나타남(Erscheinung)과 본질의 상관관계 속에서 읽힌 자아이다. 아무런 선입견과 가설을 설정하지 않고서 사태 자체로 돌아가려는 현상학적 사유는 자아에 대한 반성 역시 무전제의 출발이기를 원한다. 그러므로 실체론적 선입견에 붙들려 자아를 고정된 실체, 즉 아트만(ātman)이나 다르마(dharma)로 보는 상견(常見)과 자아를 단순한 감각의 복합물로 생각하는 현상론의 단견(斷見)은 자아 자체의 주어짐을 가능하게 하는 통로를 방법적으로 차단해 버린다. 자아 자체의 실상을 있는 그대로 기술하려는(deskribieren) 현상학적 자아론은 자아에 대한 지나친 아집이나 공집을 초월하여 사태에 적합하게(sachlich) 자아의 실상을 읽으려 한다. 자아를 사태에 적합하게 읽는다는 것은 자아의 실상을 끊임없이 흐르는 것으로 파악하는 것을 의미한다. '자아'라는 이름을 갖기 이전부터 자아는 거친 폭류처럼 흐른다. '자아'란 명칭은 한갓 표현의 방편에 지나지 않는다. 이와 같은 실체론적

- 현상론적 전제를 걷어치우고 들여다본 자아의 얼굴은 끊임없이 흘러가는 모습이다.

식을 마치 폭류같이 흘러가는 것(恒轉如瀑流)으로 파악한 유가 행철학(世親과 같은)이나 생생한(lebendige) 흐름으로 규정한 후설의 입장은 공통성을 갖는다.[14] 또한 이 두 입장은 흐름의 구조 속에서 동일성의 얼굴을 찾으려는 견해를 같이 갖는다. 자아는 고정된 국면에 구속당하지 않고 폭류같이 흘러가기 때문에, 지속(Dauer)의 얼굴을 갖는다. 항상 흐르기 때문에, 순간적 흐름국면으로 끝나지 않고 지속적 항상성을 가진다. 왜냐하면 의식은 이미 지나간 것의 타자화에 저항하면서 끊임없이 과거로 뻗어 가기 때문이다. 후설은 의식의 이런 흐름을 심리적 여건으로 생각하지 않고 지향적 흐름으로 규정한다. 말하자면 의식은 끊임없이 흘러가지만 항상 자기동일성을 가지면서 지향적 얼개 속에서 흘러간다. 이 흐름은 항상 흘러간다는 지속성으로서의 항상성(Ständigkeit)을 갖기 때문에, 항전(恒轉)은 하지만 상주하는 동일성의 실체는 아니다. 흐름/지속의 두 얼굴을 근원 - 자아의 실상으로 읽은 후설과 유식론은 이런 점에서 유적 공통성을 가진다. 이와 같은 전략은 생멸/진여의 얼굴을 함께 가진 근원 - 자아로서의 흐름을 어느 한쪽의 얼굴만을 집착하는 상

---

14) 오이겐 핑크(O. Fink)에 의하면, 후설의 유언 중 하나는 "나는 철학자로서 살아왔고, 철학자로서 죽기를 원한다."는 말이다. 그럼에도 후설의 종교에 대한 관심은 다양하다. 특히 우리가 후설의 자아론을 유가행철학적으로 읽기를 시도하는 것은 스피겔버그가 전해 주는 다음과 같은 사실 때문일 것이다: 후설은 1917년 한 편지에서 그가 독일 중세 신비주의자들에게 관심을 가지고 있었고, 1920년대에는 Karl Neumann의 불경번역서에 감탄하면서(admiringly) 관심을 보였다(H. Spiegelberg, *The phenomenological movement*, 1982, 80면 참조). 우리는 스피겔버그가 알려 주는 이와 같은 전거를 토대로, 환원의 이념과 시간체험에 대한 분석 등의 생각이 무르익기 시작할 때, 후설은 이미 신비주의자들의 입장이나 불교적 수행에 깊은 관심을 가졌다고 추측할 수 있다.

견과 단견으로부터 해방되려는 것을 겨냥한다. 이것은 ≪반야경≫에서 형성된 유·무의 대립을 넘어서는 나가르주나(Nāgārjuna, 龍樹)의 입장을 연상케 한다. 또한 현상을 실재로 간주하는 상견(常見)과 공무(空無)만이 참다운 실재라고 간주하는 단견을 극복하고 긍정과 부정, 유와 무 자체를 초월하려는 중도(中道)의 지혜와 연결된다.[15] 공(空)을 허무(虛無)가 아닌 묘유(妙有)로 파악하고 모든 현상과 실재를 진정으로 있게 해 주는 절대적 현(顯, Da)으로 증득한 나가르주나의 견해를 후설에게서도 찾을 수 있다. 왜냐하면 후설에 있어서 이 근원적 흐름인 절대적 자아는 모든 긍정과 부정, 존재와 비존재(무)를 자신 속에 함축하며 동시에 초월하는 절대묘유의 자아이기 때문이다.

식은 그 생멸의 구조에서 보면 거친 파도와 같고, 그 진여의 구조에서 보면, 마치 평온한 바다와 같다. 단지 어느 얼굴로 들여다본 것인가에 따른 차이일 뿐 이 두 얼굴은 동일한(ein und derselbe) 자아(一心)의 두 얼굴(二門)이다. 이와 같이 지속/흐름의 이중적 구조 속에서 들여다본 자아의 얼굴이야말로 자아가 있는 그대로 기술된, 즉 그러그러(如如)하게 드러낸 실상(眞如)이다. 근원 - 자아로서의 흐름은 본질과 현상을 자신 속에 함축하면서 동시에 초월하는 절대자이다. 그러므로 이 근원 - 자아는— 물론 이 명칭조차도 갖기를 거부하는— 본질/현상, 진여/생멸의 두 얼굴을 자신 속에 포괄하는 절대적 사실이며, 근원 현사실(Ur - faktum)이다. 이것은

---

15) 용수는 그의 저서인 ≪中論≫에서, 자아의 불변적 존재를 긍정하는 상견과 자아의 존재를 단순히 오온의 복합물로 생각하는 단견의 편향된 견해를 중도적 입장에서 지양적으로 종합한다. 즉 그는 자아의 존재에 대한 유·무의 그릇된 견해를 緣起에 근거한 空論으로 극복하려고 한다. 즉 자아는 有도 아니고 無도 아닌 空이라는 중도적 견해이다.

본질(Wesen)과 사실(Tatsache)을 자신 속에 포괄하면서 동시에 초월하는 절대적 자아이다. 그러므로 선험적 자아와 심리적 자아를 두 개의 독립된 실체로 규정하는 근대적 사유는 아집과 법집의 이데올로기에 묶이지 않을 수 없다. 유식론과 현상학적 자아론이 가지는 공통점은 바로 자아의 여러 얼굴들을 근원 – 자아인 생생한 현전(lebendige Gegenwart) 혹은 알라야식의 전변상(轉變相) 혹은 지향적 변양태(Modifikate)로 규정하여 상견과 단견을 넘어서려는 태도에 있다. 이 전변 혹은 변양의 기체와 전변상 혹은 변양태 사이에는 지향적 정초관계 혹은 지시관계가 있기 때문에 항상 체/용의 관계를 가진다. 따라서 식의 전변을 통해 식이 거칠어진 양상으로 성숙된다고 하더라도 알라야식의 자기동일성은 유지된다.

이처럼 유가행과 후설은 식을 어떤 규정된 무엇이 아니라 그러 그러한 것으로 드러내려 한다. 즉 제임스의 말처럼, "비록 얼마 안 있어 모든 종류의 무엇으로 될 것이기는 하지만, 아직은 어떤 규정된 무엇(what)이 아닌 그저 그런 것(that)이다."[16] 이런 관점에서 후설과 유가행은 근원적 흐름이 반성 이전/이후의 관점에서 파악됨에 따라 여러 가지의 명칭들로 나타날 뿐이지, 결코 이 명칭들에 상응하는 자성(Ichheit)을 갖지 않음을 강조한다. 여러 명칭들로 전변된 자아들은 단지 식의 변양태로서 무자성이며, 이는 연기의 관점에서 파악된 자아들의 얼굴들에 지나지 않는다. 유식론에서 8개의 식과 후설에서 다양한 명칭들로 표현되는 자아들은 통일적인 자아론적 구조를 지향적으로 구성하고 있는 부분들에 지나지 않는다. 그러므

---

16) 에드워드 콘즈 외 지음, 김종욱 편역, ≪불교사상과 서양철학≫, 깨달음 총서 31, 민족사, 1994, 198면.

로 다양한 명칭들의 자아들, 예컨대 순수자아, 선험적 자아, 지향적 체험, 지향적 흐름, 경험 – 심리적 자아, 인격적 자아, 인간적 자아, 신체적 자아, 생활세계적 자아 등등은 단지 근원적 흐름으로서의 절대적 자아의 지향적 색인들에 지나지 않는다. 이 다양한 자아들은 크게는 환원 이전/이후의 두 얼굴로 구분 혹은 분화된다. 즉 순수 혹은 선험적 자아와 경험 – 심리적 혹은 사실적 자아는 단지 동일한 흐름이 환원 이전/이후 혹은 진여/생멸, 동체(同體)/이체(異體)의 관점에서 읽힌 두 얼굴일 뿐이다. 즉 식의 동일성/차별성에 따라 읽힌 동일한(ein und derselbe) 자아의 두 얼굴이다. 선험적 자아든 심리적 자아든 선험성과 현사실성(Faktizität)을 함께 가진 생활세계적 자아의 두 얼굴에 지나지 않음을 증득하게 된다. 그러므로 절대적 흐름으로서의 자아는 무자성(無自性)의 흐름 자체이며, 맑음과 거침을 함께 가진 얼굴이다. 수정 같은 얼음을 마찰 없이 걸을 수 없듯이 선험적 자아도 이미 현사실적 자아라는 거친 모습을 이면에 지닌다. 맑음과 거침을 포괄하면서 초월하는 자아야말로 맑으면서도 거친 모습을 가진 자아로서 자성청정심(自性淸淨心)과 염심(染心)을 갈라놓은 이데올로기에서 진정으로 해방된 자아일 것이다. 이것은 마치 바다가 거친 파도로 전변되어도 역시 바다요, 흙덩이가 아무리 분산되어 티끌이 되어도 역시 흙덩이인 것과 같다. 즉 식이 아무리 전변되어 거칠어져도 역시 식의 흐름인 것과 같다. 진여의 자성이 없음은 그것이 이미 무명에 훈습되어 있기 때문이요, 무명은 이미 진여가 변기된 것이기 때문이다. 그러므로 유식과 후설의 자아론은 일체의 자아가 스스로 자성을 갖지 않은 채 단지 연기의 고리 혹은 지향적 지시관계(intentionale Verweisung)나 정초관계

(Fundierungsverhältnis)에 묶여 있음을 강조한다. "연기이므로 자성이 없고, 자성이 없으므로 공이다."는 ≪반야경≫의 가르침이 후설의 자아론 속에 그대로 녹아 있다. 따라서 선험적이든 심리적이든, 즉 어떤 명칭을 가지든 그 이름을 갖기 이전의 근원—자아인 생활세계적 자아를 회복함으로써 무분별지와 후득지(後得智)를 얻어 진정한 자유를 획득하는 것이 목적이다. 우리가 집착하는 자아는 의타기성(依他起性)의 무분별한 작용에 의해 망념 지어진 허깨비에 지나지 않는다는 것을 증득함으로써 참된 자유를 얻어야 한다. 일상적 세계를 떠날 수는 없지만 그 세계의 자명성(Selbstständlichkeit)에 매혹되어 허망한 경계를 짓지 말고 참된 생활세계적 주체를 회복해야 할 과제를 현상학은 떠맡고 있다.

현상학적 환원은 결국 모든 의식활동이 일어나기 이전의 근원적 현상으로서 주어져 있는 절대적 현을 드러내려는 환원이다. 모든 의식활동을 가능하게 하는 절대적이고 최종적인 경험을 있는 그대로 드러내기 위한 방편이 환원이다. 그런데 이 최종적이고 절대적인 자아는 그 스스로 어떠한 구체적 내용도 다 토해 내어 버린 공허한 고정되어 있는 점과 같은, 마치 일체 생멸의 얼굴들을 다 베어내어 버린 공성에 지나치게 집착하여(惡取空) 드러낸 자아가 아니다. 철저한 환원에 의해 개시된 절대적 자아는 모든 의식흐름을 가능하게 하는 근원적 흐름이면서 동시에 그 흐름 속에 항상적인 동일한 자아로서 남아 있는 자아이다. 모든 생멸과 유를 떠나 있으면서도 동시에 생멸의 흐름 속에 동일한 자아로 남아 있고 생멸의 흐름을 떠나 그 생멸의 체로 남아 있으면서도 동시에 생멸의 흐름에 따라 흘러가는 구체적 자아이다. 후설은 이와 같은 의미에서 현상학적 의미의 절대적 자아를 흐르면서도 흐르지 않은 이중성의 얼굴로 파악한다. 이것을 후설은 생생한 현전(lebendige Gegenwart)으로 표현한다. 이 현전은 단순히 과거와 미래와 같은 시간적 국면인 현재를 의미하는 것이 아니면서도 동시에 시간적 양상으로만 파악될 수 있을 뿐이기 때문에 생생한 현전이다. 이 생생함은 자아가 고정된 채 머물러 있지 않고 스스로 기능하면서 흐름의 국면 속으로 활동하는 용(用)의 관점에서 파악된 자아의 얼굴이다. 그러므로 자아의 '생생함'은 일정하게 머물러 '자기'를 자신의 고향으로 삼으려는 근대적 자아론을 극복하려는 자아의 특성이다. 자아는 어느 곳에도 일정한 거처를 마련할 수 있는 고향이 따로 없다. 진정한 자아에게는 어느 곳이나 고향이고 궁전이다.[17]

후설이 자아의 얼굴을 흐름과 흐르지 않음, 즉 생멸과 진여의 두 얼굴(一心二門)로 파악하는 것은 다음과 같은 사실에서 비롯된다. 이 절대적 자아는 그 스스로 파악할 수 없다. 마치 칼이 스스로를 베지 못하고, 손가락이 스스로를 가리키지 못하듯이 마음이 스스로를 보지 못한다.[18] 만약 마음을 스스로 보지 못한다면 이 절대적 자아는 단지 반성의 대상일 뿐이다. 자아는 흐름의 양상을 가짐으로써, 즉 시간적으로 대상화됨으로써 비로소 반성의 대상이 될 수 있다. 반성의 대상이 된 자아는 시간적 대상으로 흘러가는 자아이다. 이 자아는 스스로 생멸의 문에 들어서 있지만 진여의 체를 자신 속에 감추고 있는 자아이기 때문에 진여의 얼굴을 들여다보기 위한 유일한 방편이고 통로이다. 원효의 탁월성은 진여를 생멸문

---

17) 김만겸, ≪장자철학의 자아관≫, 영남대 철학과 박사학위 논문, 1998, 109면 참조.
18) 은정희 역주, 위의 책, 228면 참조.

중의 불생불멸하는 체로서 이해하려 한 점이다. 마음은 마음을 스스로 들여다볼 수 없는 불가사의한 것이기 때문에, 거칠어진 모습으로 변양된 마음의 양상 속에서 불생불멸의 자성을 해석하려는 점에서 그의 탁월성이 돋보인다. 원효는 바다와 바다의 물결이 동일한 것임을 알라야식 개념을 통해 탁월하게 해석한다. 후설에 있어서도 절대적 현으로서 주어져 있는 현상학적 자아는 이제 흐름의 양상 속에서 동일한 자아로 반성되어야 한다. 이 자아는 반복되는 반성의 과정 속에서도 동일한, 즉 흐름 속의 동일한(Stehen - im Wandel) 자아로서, 즉 항상적 현전(nunc stans)으로 확인된다. 현상학적 절대자는 필증성(Apodiktizität)과 동시에 충전성(Adäqua-theit)을 함께 가져야 한다. 자아의 필증성은 동일성에서 확보되고 충전성은 자아의 대상적 소여를 통해서 확보되어야 한다. 그러므로 자아의 필증성은 흐름 속의 동일성으로 충전성은 흐름의 양상 속에서 확보되어야 한다. 이 두 가지의 명증성의 양상을 후설은 자아의 흐름과 흐르지 않음이란 이중성으로 표현하여 나타낸다. 이 필증성과 충전성은 다른 두 명증성의 단계가 아니라 진여와 생멸의 문에서 파악한 일심(一心)의 두 얼굴(二門)일 뿐이다. 자아가 마냥 공허한 극으로서 남아 있는 한에서는 절대적 자아가 되지 못한다. 모든 자아의 활동을 가능하게 하면서도 동시에 이 자아의 활동 속에서 시간적 대상으로 파악될 수 있을 때 진정한 의미에서의 절대적 자아이다. 왜냐하면 후설의 절대적 자아는 데카르트의 실체도 아니며 칸트의 그 자체 비활동적인 선험적 조건도 아니며, 스스로 기능하는 능력의 자아(Ich fungiere)이기 때문이다. 그러므로 후설에 있어서 절대적 자아는 모든 의식의 활동(노에시스)과 의식대상(노에마)의 관계 이전에 주어져 있는 절대적 현사실로서 이것을 반성 이전의 양상으로 파악하는가 아니면 반성의 대상으로 파악하는가에 따라 이분화가 일어날 뿐 결코 근대의 이원론적 대립이 가능하지 않다. 후설은 이와 같이 반성 이전/이후의 관점에서 일어나는 분화현상을 '자아분열'(Ich – Spaltung)로 여긴다.[19] 이 절대적 자아는 근원자아로서 단지 반성하는 자아에 의해 증시될 수 있을 뿐 스스로는 객관화될 수 없다. 즉 어떤 시간적 양상도 갖지 않는 비시간적 흐름일 뿐이다. 모든 시간형식의 선구조로서 존재할 뿐이다. 그러면서 반성하는 자아에 의해 증시되면서 이분화(Entzweiung)가 일어난다. 그런데 이 반성하는 자아는 다름이 아니라 반성적으로 확인된 자아와 동일한 것이다. 왜냐하면 동일한 자아가 단지 반성에 의해 확인된 것으로 증시될 뿐이기 때문이다.[20]

이것은 여래장이 제7식에 의해 전변되어 샌멸상으로 다양하게 흐르면서(用) 이 흐름의 體(Substrat) — 我(Substanz)로서가 아닌 — 로서 확인되는 것과 마찬가지다. 능견(能見)과 소견(所見)은 여래장이 제7식과 더불어 전 변상을 가질 때 비로소 분화되는 동일한 자아의 두 얼굴일 뿐이다. 자성청정심은 이미 무명에 물들어 있고, 비록 염심이라 하더라도 항상 변해버리는 것이 아니라 진여의 체를 간직하고 있기 때문에,[21] 이 두 얼굴은 근대의 실체론자들이 확인한 전혀 다른 두 얼굴일 수 없다. 그러므로 **모든 대상적 관계를 환원한 이후에 잔여로서 남는 선험적 자아와 이 선험적 자아가 대**

---

19) ≪제일철학 Ⅰ≫, 262면 참조.

20) K. Held, *Lebendige Gegenwart*, Martinus Nijhoff, 1966, 80면 참조.

21) 은정희 역주, ≪원효의 대승기신론 소·별기≫, 일지사, 1995(제5판), 240면 참조.

상적으로 주제화되어 나타난 경험적 자아는 그것이 반성에 의해 주제화되는가 되지 않는가에 따른 그 주제적 구분일 뿐 동일한 자아의 두 얼굴이다. 이것은 一卽二요 二卽一이고, 同卽異요 異卽同이며 不一不二라 할 수 있겠다.[22] 따라서 모든 본질(Wesen)과 사실(Tatsache) 이전에 근원적 현사실(Urfaktum)로서 주어져 있는 절대적 자아는 그 자체 근원적 흐름으로서 항상 흐름의 국면으로 지향적으로 뻗혀 있다. 이것은 마치 흐르는 폭류와 같이 유전하는 알라야식의 전변과 같다.


## 4. 습득성의 자아와 이숙식(異熟識)

자아는 스스로 기능하며(Ich fungiere) 흘러가면서도 항상 다시 반성적으로 그 동일한 자아를 확인할 수 있는 선험적 능력을 가진 자아(Ich kann)이다. 이 반복된 반성의 연관(Konnex) 속에서 사후적으로 동일극으로서의 자아가 확인될 수 있다. 이 반성적으로 증시하는 것이 바로 현상학적 의미의 구성이다. 그러므로 자아는 스스로 구성하는 자아이면서 동시에 구성된 자아로 이분화될 수 있고, 이 두 얼굴은 동일한 자아이다. 이 절대적 자아는 의식작용에 의해 다양하게 시화되는 가운데, 노에시스적 흐름 속에서 다양하게 함께 흘러가면서 함께 시화되는(mitzeitigende) 가운데 이 작용의 기능중심극으로서 구성된다. 후설은 이런 자아의 특성을 초시간성과 전(全) 시간성으로 표현한다. 자아는 시간적 흐름을 초월하면서도 동

---

22) 신오현, 위의 논문, 34쪽 참조.

시에 시간적으로 흐름 속에서 함께 시화되면서 항상성을 가진다. 리쾨르는 초시간적 자아의 동일성을 idem – identity로, 그리고 전 시간적 자아의 동일성을 ipse – identity로 구분한다.[23] 노에시스적 흐름 속에서 동일극으로서 구성된다는 것은 오랜 시간을 통해 습득된 불변적 성격을 가진다는 것이다. 항상 흐르면서도 흐르지 않는다는 자아의 근본 특성을 표현하기 위해, 후설은 자아를 습득성(Habitualität)의 기체로 지칭한다. 후설이 자아를 공허한 동일극으로서 규정하지 않고 흐름 속에서 구성되는 구체적 동일성으로 규정하는 것은 일심이문(一心二門)의 탁월한 통찰력을 보여준다. 무명이 진여를 훈습하고 진여가 무명을 훈습한다는 원효의 견해는 생멸/진여의 통일성 속에서 일심을 파악하려 한 탁월한 통찰력이다. 오랜 동안의 진여에 의한 훈습의 결과로 모든 경계를 떠나 근본지를 가질 수 있음을 강조한 원효의 견해는 후설의 습득성 이론에서 찾을 수 있다. 후설은 자아가 모든 세속적인 관심을 떠나 자기동일적인 판단을 하고 결정을 내릴 수 있음은 오랫동안 습득된 선험적 자아의 불변적인 성격(bleibender Charakter)을 가지기 때문이라고 한다. 후설이 자아가 스스로 세속적인 자아로서 살아가면서도 항상 자기동일성을 가지기 때문에 전적인 인격적 변화가 가능하다고 생각한 것과 같이, 원효 역시 무명은 진여에 훈습되어 있기 때문에 스스로 무명에 훈습되어 있으면서도 동시에 진여문에로 자유롭게 들어설 수 있는 인격적 전회가 가능하다고 가르친다.[24]

---

23) C. O. Schrag, *The Self After Postmodernity*, Yale Univ. Press, 1997, 35〜36쪽에서 재인용.

24) 은정희 역주, 위의 책, 285쪽 참조.

그러므로 무시(無始) 이래로 폭류 같은 흐름 속에서 동일성이 구성되는 것은 이 흐름이 특정한 시간국면에 구속되지 않고 초시간적이며 전(全) 시간적인 성격을 갖기 때문이다. 말하자면 無始이래 반복적으로 혹은 상속적으로 타당한 것으로 지탱되어 오는 여습(餘習, Noch‒Geltung)을 종자로서 잠재하고 있기 때문이다. 따라서 세친(世親)은 제8식을 업에 의한 결과로 이루어진 것이라는 뜻에서 이숙식(異熟識)이라 부른다. 이 종자를 지속적인 상속식(相續識)으로 간직하는 흐름이기 때문에 흐름의 항상성(Ständigkeit)이 구성된다. 이 항상성에 집착하여 제7식이 상주 불변하는 아(我)를 구성할 경우 자기동일성이 비로소 구성된다. **후설은 이 흐름 속에서 형성된 자아를 체험 흐름의 동일극으로서, 그리고 습득성의 기체로서 설명하면서 자아의 구체적 동일성으로 규정한다.** 이 습득성은 자아의 다양한 변양과정 속에서도 여전히 지속되어 온 선험적 소유물이다. 이 자아는 사실(Tatsache)과 구분된 형상 혹은 본질로서의 자아의 동일성과는 구분되면서 이 동일성의 극으로서 혹은 그 동일성을 가능하게 하는 근원‒현사실성(Urfaktizität)으로서 기능하는 자아의 항상성이다. 이것은 일상적 세계 속에 살아오면서 습득된 생활세계적 자아의 구체적 동일성이다. 후설은 이처럼 순수자아의 자성청정심은 이미 현사실적 자아의 염심의 습기가 배어 있고, 현사실적 자아는 순수자아를 생멸의 얼굴로 파악한 자아임을 시사하고 있다. 그러므로 순수자아와 현사실적 자아는 동체(同體)이면서 또한 이체(異體)이다. 그러므로 생생한 현전은 모든 현전화의 가능성을 함축하고 있으면서 스스로는 아무것도 하지 않으면서 또한 하지 않음이 없는 여래장(如來藏)이다.

우리가 후설의 자아론을 유식론적 관점에서 이해할 수 있는 것은 자아가 스스로는 시간적으로 구성되면서도 동시에 선시간적이다는 수수께끼를 풀어가는 전략이 유식론과 양상블을 이룬다는 사실 때문이다. 말하자면 생생한 현전으로서의 자아는 스스로 시간적 양상으로 구성되면서도 한편으로는 선시간성을 가진다는 역설이 그에게는 어떻게 해결되는가? 최종적으로 기능하는 자아는 스스로 흘러가면서도 그 흐름 속에서 자기동일성이 구성될 수 있는 동일성과 차별성을 함축하고 있는 자아이다. 이 자아는 근원적인 흐름으로서 선시간적이면서도 동시에 시간적 양상을 가진다. 왜냐하면 이 근원적 흐름은 단순히 수동적인 흐름이 아니라, 모든 자아의 활동을 가능하게 하는 체로서 기능하기 때문이다. 그러므로 후설이 후기 발생적 현상학에서 수동성 – 능동성의 차이를 지향적 정초관계(Fundierungsverhältnis)로 규정할 때, 체용불이(體用不二)의 구조를 끌어들이고 있다. 말하자면 근원적 흐름과 자아의 활동은 두 종류의 지향성이 아니라,[25] 전변되기 이전의 식(알라야)과 전변된 식(마나)의 차별성이다. 그러므로 지향성을 자아의 측면에만 부여하려는 초기의 노에시스론(Noetik)은 의미 없는 것이 된다. 의식의 흐름(Storm), 즉 마나식은 이 최종적으로 기능하는 자아의 근원적 흐름작용(Urströmen)에 의해 시화(전변)된 것이다. 이 흐름활동은 모든 식의 전변을 가능하게 하는 원수동적 흐름활동(urpassives Strömen)으로서 폭류 같은 알라야식이다. 이 흐름활동 자체는 시화되지 않지만, 이것은 죽어 있는 생기(生起, Geschehen)가 아니라, 자아의 성취작용(Leistung)에 의해 훈습되어 시화된다. 그러므로 이 흐름활동

---

25) K. Held, 위의 책, 100쪽 참조.

은 이 흐름활동 속에서 구성된 흐름과는 구분되어야 한다. 최종적으로 기능하는 근원적 흐름활동은 스스로는 비시간적이고(unzeitlich) 시간적 지속(Dauer)을 갖지는 않지만 모든 시간적 흐름양상을 가능하게 하는 선-시간(Vor-Zeit) 혹은 선-존재(Vor-Sein)이다. 이 흐름작용은 자아의 습기(종자, Motor)에 의해 훈습되어 전변될 수 있는 씨앗을 자신 속에 감추고 있는 익명적인 여래장이다. 이 최종적으로 기능하는 자아는 언설상(言說相)과 명자상(名字相)을 떠난 선구성의 활동이기 때문에, 시화의 과정, 즉 생멸의 상을 통해 단지 반성적으로 그것도 사후적으로 증시할 수 있을 뿐이다.


## 5. 자아의 시화와 식의 전변

절대적 자아의 시화(時化, Zeitigen) 혹은 시숙(時熟)은 대상화를 의미하고 이것은 식의 전변에 의한 일체 경계의 상을 구성하는 과정이다. 이 숙식으로서의 알라야식이 성숙되는 과정이다. 알라야식이 무명풍에 의해 일차적 전변이 일어나는 것은 제7식과 함께이다. 최종적으로 기능하는 현상학적 자아가 내재적 시간을 구성하면서 1차적 초월로서 형성된다. 이것은 본각 내에서의 일차적 전략으로서 근원적 흐름이 견분과 상분으로 시화되는 과정이다. 순수한 자아로서의 내재는 내재 속의 초월로서 그 스스로는 증시될 수 없기 때문에 항상 사후적인 반성에 의해 드러날 수 있을 뿐이다. 그러므로 이 내재 속의 초월이 반성에 의해, 즉 그 자체가 자신의 대상(相分)을 가지면서 스스로 시화된다. 이것은 반성하는 의식(轉識)에 의해 반성된 의식(現識)이 시간적 대상으로 구성되는 것을 의미한다. 물론 이 구성은 사후적인 반성에 의해 단지 익명적으로 기능하던 절대적 자아가 반성 속에서 주제적으로 드러난다는 의미일 뿐이기 때문에, 칸트적인 구성은 아니다. 이것은 단지 반성하는 의식에 의해 나타나는 자기분화의 과정에 지나지 않는다. 이 1차적 전락(轉落)인 시화의 과정을 통해 대상세계가 순수초재인 '2차적 초월'(zweite Trans – zendenz)로서 구성된다.[26)]

이것은 마치 제8식 내의 자기분화는 제8식의 자증분(自證分)을 견분(見分)과 상분(相分)으로 변기(變起)하게 하고, 이 제8식을 상분으로 하여 제7식의 견분이 변기되는 것과 마찬가지다. 말하자면 7랑(浪), 즉 7식이 제8식의 견분에 집착하여 '내재 속의 초월'로서의 자아가 제7식의 상분으로 변기되는 과정과 같다. 마치 제7식이 제8식의 견분을 사량(思量)하여 노끈을 뱀으로 판단 착오하듯이, 상주불변하는 아(我)로 규정하는 것과 같다. 제7식인 자기의식은 알라야식의 흐름을 자아로 사량(思量)하는 사유(das rechnende Denken)에 의해 변기된 것이다. 즉 무한한 과거로부터 반복적으로 형성되어 온 여습(餘習, Noch – Geltung)이 알라야식 중에 종자로서 소장되어 있는 것이 성숙된 것이다. 그러므로 자아의 동일성은 결국 흐름을 동일성의 극으로서 고집하려는 의식의 집착에 의해 형성된다. 이 제7식이 제6식을 전변케 하여 대상의식을 변기시킨다. 그러므로 제7식은 제8식에 관계하기 때문에 진여문 중에 있고, 동시에 제6식과 관계하기 때문에 생멸문에 들어서 있다. 이 제7식은 자기의식과 대상의식을 동시에 자신 속에 두고 있다. 제8식은 제7식에 의해 훈

---

26) K. Held, 위의 책, 89쪽 참조.

습된 종자를 자신 속에 함장하고 있어 항상 이숙(異熟)할 수 있는 가능성을 가지고 있기 때문에 세친은 알라야식을 이숙식(異熟識)으로 불렀다. 이 종자는 결코 소멸되지 않은 채 제8식 내에 함장되어 있다. 그러므로 이 8식은 무몰식(無沒識)이라고도 한다.[27] 제8식과 제7식의 관계에 대해 원효는 탁월한 해석을 한다. 내재적 초월로 시화되는 과정에서의 식의 전변을 원효는 본식(本識) 내의 전식(轉識)으로 규정한다. 지각세계의 경계가 능견을 이루어서 일어나는 전변을 7식 중의 전식이라 한다. 제8식과 의식초월적 세계를 상대하고 있는 제7식 사이에 일어나는 식의 전변과정을 이와 같이 역동적으로 해석한 원효의 견해는 탁월하게 돋보인다.[28] 이 제8식에서 제7식으로의 식의 전변에 의해 대상세계에 관계한다. 이 경우 대상세계에 관계하는 식은 제6식이다. 이 식은 한편 자기 자신과 관계를 가지는 제7식이기도 한다. 그러므로 제7식은 제6식의 의근(意根)이다.

후설은 이 자기 자신과 관계를 가지면서 동시에 대상세계에 관계하는 식의 분열과정, 즉 주-객의 분열과정을 다음과 같이 설명한다. 이 자아의 분열은 단지 반성하는 자아인가 아니면 반성된 자아인가에 따라 분화되는 과정이다. 이 두 자아는 사실은 동일한(ein und dasselbe) 자아이다. 마치 거울을 통해 비춰진 자아나 거울을 보는 자아가 동일한 것과 같다. 반성하는 의식(見分)과 반성된 의식(相分)은 동일한 자아이다. 단지 자기반성에 의한 이분화의 결과일 뿐이다. 말하자면 반성 속에서 자아는 그 자체가 대상(對象,

---

27) 方倫 지음, 김철수 옮김, 《유식학 강의》, 불광출판사(보리수총서 11), 1993, 142쪽 참조.
28) 신오현, 위의 논문, 58쪽 참조.

Gegenüber)이다. 반성하는 의식(자기의식)에 의해 반성된 대상의식이 ― 물론 이 대상의식은 대상에 관한 의식은 아니다 ― 분화된다. 자아는 대상과 같이 현존하지는 않지만 내부적인 자기분화를 일으키며, 이에 상응하여 대상에 대한 의식으로의 전변이 일어나게 된다.[29] 이 두 자아, 즉 반성된 자아(Mich, Me)와 반성하는 자아(Ich, I)는 하나이면서 하나가 아니고 둘이며, 또한 둘로 되지 않고 바로 이 유일성은 하나로 남아 있다(das eins nicht als eins, sondern als zwei ist, und doch nicht zwei wird, sondern gerade dieses Einzigartge eins bleibt).[30] 그리고 후설은 이 두 자아의 관계를 전체와 부분의 관계로 은유적으로 표현한다. 즉 동일한(ein und derselbe) 자아의 두 부분으로 표현한다.[31]

이 후설의 자아분열 이론에 대해 결국 자아분리를 의미하며 단지 은유적이고 애매한 표현으로 그렇지 않은 것처럼 위장되어 있다는 비판이 제기된다. 특히 야스퍼스는 후설의 자아분열(Ich – Spaltung)은 자아분리(Ich – Trennung)로서 영혼의 변증법 내로 침투하여 작용하는 독침과 같다고 비판한다.[32] 후설에 있어서 자아가 다른 자아에 의해 ― 비록 특수한 방식이라고 하더라도 ― 대상적으로 정립될 수 있거나 파악될 수 있다고 주장하는 한, 자아의 분리를 극복하지 못한다고 지적한다. 이 특수한 방식에 대한 철저한 해명이 뒤따르지 않는 한 그렇다. 그러나 후설에 있어서 자아가 대상적으로

---

29) Jan M. Broekman, *Phänomenologie und Egologie*, (Phaenomenologica 12), 119쪽 참조.
30) 같은 책, 120쪽.
31) 같은 책, 123쪽 참조.
32) 같은 책, 122쪽 참조.

정립될 수 있다고 할 경우 이 '대상적'이란 의미는 단지 반성에 의해 확인될 뿐이라는 사후 확인의 의미를 가진다. 그러므로 이 자아가 자아에 의해 정립될 수 있다는 의미와 사물이 대상적으로 정립될 수 있다는 것은 구분되어야 한다. 그러나 이 대상적으로 정립될 수 있다는 것을 사후 반성에 의해 확인될 수 있음으로 해석한다고 하더라도, 여전히 반성과 자기의식의 관계는 문제시되어야 한다는 지적이 제기될 수 있다. 하지만 우리는 후설에 있어서 반성과 자기의식의 관계를 단순히 논리적 선후관계로 해석해서는 안 된다. 후설이 "자아는 완전히 공허한 익명성 속에 살고 있고, 자아는 단지 사태(Sache)만을 가질 뿐 아무 주관적인 것을 갖지 않고……자아는 반성을 통해서 비로소 주관적인 것으로서의 자아, 즉 자기의식을 얻는다."[33]고 했을 때, 반성과 자기의식의 관계를 논리적인 선후관계나 혹은 순환관계로 해석하기보다는 오히려 해석학적 순환으로 이해하는 것이 더 적절하다. 후설의 자아론의 핵심은 이 반성과 자기의식을 이중적 관계로 보고 이를 의식의 이중적 분화, 즉 본식 내의 자기분열 과정으로 읽어내는 데 있다는 것을 간과해서는 안 된다. 자기의식(제7식)은 절대적 흐름의 항상성을 견분으로 집착하는 데서 비롯되고, 이 흐름의 항상성은 제7식에 의해 훈습되어 형성된다는 해석학적 순환의 관계로 이해하는 것이 더 적절할 것이다. 후설은 반성하는 자아와 반성된 자아 사이에 필연적으로 생기는 거리(Abstand)가 시간 속에서 일어나는 시화의 과정을 통해 메워진다고 해석한다. 자아가 서로 상이한 것으로 분리되지 않고 단지 동일한 자아의 분열에 지나지 않음을 후설은 내적 시간의식에 의해 설

---

33) ≪제일철학 Ⅰ≫, 263쪽 참조.

명한다.

　이런 점에서 후설의 자아론적 해석은 원효의 해석과 맥을 같이 하고 있음이 고려되어야 한다. 왜냐하면 절대적 자아를 풀 수 없이 뒤엉클어져 있는 신비의 것으로 남겨 두지 않고 시화된 자아의 얼굴, 즉 무명에 훈습된 자아의 얼굴 속에서 진여의 동일성을 확인하려는 철저한 성찰의 과정이 중요하게 등장하기 때문이다. 이와 같이 자아의 동일성이 유지되는 것은 항상 최종적인 자아의 체를 자신 속에 지니고 있기 때문이다. 진여에 의하여 훈습되어 있기 때문에 무명 역시 자기동일성을 유지하는 것이다. 그런데 이런 과정을 통해 마치 또 다른 자아가 구성되는 것으로 생각하게 되고 자신의 구성된 환경세계를 가지게 되는 것이다. 자아는 스스로 자신과 대립되어 존재하면서 자신의 환경세계를 단순한 객관으로서 구성한다.[34] 본식 내의 이분화는 더욱 거칠어진 모습으로 주－객의 자기 분열로 변기된다. 이 단순한 객관은 단지 주관에 대해 구성된 것으로만 존재할 뿐이다. 말하자면 반성에 의해 반성된 자아 역시 동일한 자아인데, 이것을 마치 독립된 실체와 같은 대상으로 생각하고 집착하여 이에 상응하는 환경세계(Umwelt)를 자신의 고유한 세계로 가려고 집착한다. 이로써 아집과 법집의 자기분열이 심화되어 간다. 모든 것이 식의 전변에 의한 현상이라는 사실을 망각한 채 집착함으로써 이차적 전락이 일어나게 된다. 식과 경계는 단지 식의 반성하는 주의력에 의해 생긴 자기분화의 상들인데, 이것을 실재하는 대상으로 망념을 짓는 것은 증득을 가로막은 무명업상(無明業相)의 양상이다. 의식의 주의력에 의해 자아극(Ichpol)이 형성되

---

34) K. Held, 위의 책, 110쪽 참조.

고 이 극에 상응하는 대상극(Gegenstandspol)이 구성될 뿐인데 이것을 고정된(verharrende) 실체(我)로 생각할 때 아집(我執)과 법집(法執)의 분열이 일어난다. 이제 우리에게 남는 문제는 각각의 환경세계에 집착하여 살아가고 있으면서 망각한 생활세계(Lebenswelt)를 회복하는 일이다.


## 6. 생활세계적 환원

우리가 현상학과 유식이론을 대비시킬 때 항상 부딪히게 되는 문제는 유식론은 아집으로부터의 해방인 반면에, 현상학은 의식을 세계구성의 절대적 단초로 우위에 두는 일종의 아집의 이데올로기라는 사실이다. 유식론은 식의 전변에 의해 일그러지기 이전의 진여의 얼굴을 회복하려는 자기해탈을 목적으로 삼는 데 반해, 현상학은 선험적 자아에 의한 세계구성이라는 표제하에서 선험적 자아의 절대성을 강조함으로써 이 자아 역시 묘유(妙有)에 지나지 않음을 파악하지 못하는 자기집착의 길을 간다.

그런데 이와 같은 해석은 '생활세계의 구성'이라는 현상학의 근본 착상을 근대 주관주의의 산물로 오독한 데서 비롯된 것이다. 후설에 있어서 '구성'은 주관에 의한 대상산출이라는 칸트적 구성이 아니다. 현상학적 구성은 잠재되어 있는 지평에 혼을 불어넣거나 혹은 현재적인 것으로 드러내어 회복한다는 의미이다. 그러므로 생활세계의 구성은 근대적 사유 속에서 망각된 생활세계의 회복을 겨냥한다. 식의 전변에 의해 망각된 생활세계를 회복하고 혼을 불어넣어 환기시키려는 자아는 생활세계적 자아이다. 생활세계의 망각에 의해 초래된 위기(Krisis)는 다름 아닌 삶의 위기요 이것은 바로 고(苦)이다. 아집과 법집에 의한 고로부터 해방되어 진정한 의사소통적 공생관계를 회복하려는 자아는 진정한 의미에서 고로부터 자유로운 자아이며, 자기해탈을 겨냥하는 실천적 수행자이다. 이 생활세계를 회복한 자아는 다름이 아닌 공집과 아집을 떠나 일심이문의 진리를 증득한 절대자유의 자아일 것이다. 물(物)과 더불어 변화하면서도 그 종(宗)을 지키는 자아이며, 일체의 물을 초월하면서도 만물과 일체를 이루는 참다운 자아일 것이다. 그러므로 생활세계를 회복하는 자아는 동일성/비동일성을 초월하는 진정한 자유를 획득한 참된 자아이다. 그러므로 후설의 환원은 순수자아의 자기독백을 위한 방편이 아니라, 나-너의 인격적 의사소통이 가능한 공공권(public sphere)의 지평을 열어가려는 실천이다.

이 생활세계의 구성은 모든 경계상을 떠난 자유로운 자아인 선험적 자아에 의해 이루어진다. 식의 전변에 의해 생긴 견분과 상분을 떠나고 모든 언설상과 명자상을 떠나 무분별지를 증득한 자아에 의해 비로소 생활세계는 회복된다. 특수한 관심과 이해관계 속에서 형성된 환경세계에 구속되지 않고, 자유로운 변경(freie Variation)을 통해 특수한 관점하에서 지각된 세계(생멸문) 속에 체로서 이미 주어져 있는 생활세계를 회복하는 자아이다. 아집에 의해 구성된 특수한 세계로서의 환경세계를 넘어 그 세계들의 동일한 구조로서 주어져 있는 생활세계를 읽어 내는 것은 선험적 자아의 자유로운 구성에 의해서이다. 그러나 이 환경세계와 생활세계는 두 개의 다른 세계가 아니라, 단지 소박한 태도로 세계를 경험하는가, 선험적 태도로 경험하는가에 따른 생멸과 진여의 관점에서 본 두 얼굴에 지나지 않는다.

식외무경(識外無境)을 강조하는 유식은 결국 외계가 단지 식의 전변에 의한 표상일 뿐이기 때문에, 이 표상을 초월하여(止) 대상세계의 생멸을 그 모습대로 통찰하는(觀) 지혜를 증득하기 위한 유가행의 실천을 지향한다. 이와 마찬가지로 후설의 현상학적 성찰 역시 세속적인 관심하에 묶여 있는 환경세계는 단지 생활세계를 특수한 관점에 붙들려(執) 특수화해 버린 세계일 뿐이기 때문에, 이 특수한 세계에 의해 망각된 생활세계를 회복하려는 것을 겨냥한다. 그러므로 후설이 순수자아에로의 환원을 통해 대상세계는 단지 의식의 노에마적 상관자인 현상(Phänomen)으로서 존재할 뿐임을 강조한 것은 유식의 무경계설과 다름이 아니다. 노에시스적 작용에 의해 구성되지 않은 노에마적 대상은 존재하지 않는다는 현상학의 근본 원칙은 모든 대상은 항상 내재적 대상일 뿐임을 강조한다. 이 현상으로서의 세계는 단지 표상된 세계일 뿐이다. 그러나 후설이 세계를 의식에 의해 표상된 세계로 지향적으로 규정하는 것은 아집과 법집에 지나치게 의존하는 것을 초월하여 의식적 삶과 세계가 근원적인 공생관계를 가지고 있음을 증득하기 위한 통로이다. 말하자면 유식이론이 모든 것은 식의 변전일 뿐 어떤 독립적 경계상도 갖지 않음을 강조한 것이 결국 아집과 법집으로부터의 자기해방이라고 한다면, 모든 거칠어진 경계상으로부터 순수자아의 명징한 얼굴에로 돌아간 후설의 환원 역시 순수자아의 창을 통해 보이는 순수 세계에로, 즉 세속적 관심에 의해 일그러지기 이전의 거대한 존재의 사슬에로 귀를 기울이려는 자기초월의 유가행(瑜伽行)

일 것이다. 일체가 식의 전변임을 깨닫는 것은 일체의 유정·무정이 식의 변양태이며, 식이 특수한 양식으로 현세화된 것일 뿐임을 증득하는 것이다. 따라서 식외무경을 단견과 상견으로부터의 해방으로 읽을 수 있을 때, 우리는 순수자아에로의 데카르트적 무세계적 환원과 전적으로 다른 후설적인 탈세계적 환원의 진정한 의미를 찾을 수 있을 것이다. 우리는 유가행과 후설의 현상학적 성찰이 그 근본에 있어서는 일체의 유정·무정이 수습할 수 없이 거대한 사슬로 얽혀져 있음을 파악한 화엄의 진리를 공유하고 있음을 발견할 수 있을 것이다.

그러므로 환원은 그 자체가 절대자유를 증득하기 위한 방편도일 뿐이다. 이 환원은 절대적 자아를 회복하기 위한 일련의 방법적 절차이며 사유 실험이고 동시에 온전한 인격적 – 실존적 변화를 수행하는 길이다. 그러므로 환원은 증득을 위한 정진의 길이며, 단지 이론적 태도 변경을 의미하지 않는다. 이것은 소박한 태도와 특수한 관심과 세속적 관심하에서 취해진 자연주의적 – 인격주의적 태도로부터 무분별지와 무간도(無間道)를 증득하기 위한 선험적 태도에로의 혁명적 — 마치 종교적 개심(改心)과 같은 — 태도변경을 의미한다. 그러므로 이 환원의 절차는 크게 두 가지의 길로 상호 보완적인 관점에서 이루어진다. 하나는 지문(止門)의 길이요, 다른 하나는 관문(觀門)의 길이다. 이 길은 해탈에로 이르는 두 문이다. 현상학적 환원 역시 생활세계를 회복한 절대자유를 증득하기 위한 두 길을 걷는다. 하나는 초기 정적 현상학의 데카르트적 환원이고, 다른 하나는 후기 발생적 현상학의 탈데카르트적 환원이다. 전자는 일체의 경계상(徧計所執相)을 괄호 치고(止) 자성청정심(自性淸淨

心)에로 이르는 순수자아로의 환원이다. 후자는 이를 통해 단견과 상견을 초월하여 획득한 무분별지(無分別智)를 가지고 인연생멸계(因緣生滅界)를 옳게 파악할 수 있는 후득지(後得智)를 증득하기 위한 길이다. 그러므로 순수자아로의 데카르트적 환원은 이 순수자아의 상관자로 주어져 있는 생활세계적 자아를 회복하기 위한 환원과 다름이 없다. 왜냐하면 순수자아의 명증성을 확보하는 것은 바로 익명적으로 주어져 있는 생활세계적 자아를 이 명징한 거울 속에서 다시 들여다보기 위함이기 때문이다. 그런데 거울이 자신을 거울로 들여다볼 수 없듯이 이 순수자아 자신을 스스로 들여다볼 수 없기 때문에, 이 순수자아가 대상적으로 나타나는 과정 속에서 단지 반성적으로 증시할 수 있을 뿐이다. 그러므로 환원의 궁극적 목표는 선험적 자아와 현사실적 자아가 동일한 얼굴임을 확인하기 위한 것이다. 말하자면 진여는 무명에 훈습되어 있고 무명은 진여에 의해 훈습되어 있음을 증득함으로써 절대자유를 획득하기 위한 인격적, 실존적 수행이다. 마음을 철저하게 비우고 순수함을 얻음은 결국 마음을 끝없이 사물에로 내어 주고 그 사물이 있는 그대로 드러나게 하기 위한 방편도이다. 우리의 의식에 의해 반영되기 이전의 사물의 실상을 회복하고 마음은 이미 사물과 교섭하고 일체를 이루고 있음을 증득하기 위한 환원이다.

　그러므로 후기 생활세계적 환원은 초기 내재로의 환원과는 다른 길이다. 앞에서 언급했듯이, 초기의 내재로의 환원은 어떻든 내재와 초월이 원칙상으로 분리 가능하다는 전제하에서 이루어졌다. 그러나 내재와 초월은 결코 두 존재영역이 아니라 단지 의식내재적 존재인 현상(Phänomen)을 구성하기 위해 취해진 방편일 뿐이다. 그러므로 이 두 영역은 단지 의식 속에 주어지는 방식의 양상에 따라 구분된 것에 지나지 않는다. 후설은 이와 같이 내재와 초월을 인위적으로 분리하여 내재로의 환원을 일차적으로 수행한 것을 '현상학적 기본 고찰'이라 불렀다. 기본 고찰이기에 이제 보다 심층적인 환원의 길이 요구되지 않을 수 없다. 내재와 초월이 존재적으로 분리가능하지 않음에도 원칙상으로 인위적으로 분리한 것은 내재로의 환원을 통해 순수의식을 개시하고 이 의식 속에 이미 지평으로 주어져 있는 생활세계를 드러내는 데 목적이 있었다. 그런데 내재로의 환원을 수행하는 자 역시 환원 이전의 초월적 지평 위에 서 있고, 이 지평 위에서 비로소 그 환원조차 가능할 수 있을 뿐이다. 그러므로 후설은 초기에 인위적으로 설정했던 내재/초월의 원칙상 분리 가능성에서 벗어난다. 왜냐하면 내재와 초월의 분리하에서 내재로의 환원을 수행하는 길은 결국 데카르트가 걸었던 바로 그 길이기 때문이다. 이것은 결국 주관과 객관을 분리하고서 주관에로 환원해 들어가서 거기에서부터 객관을 연역하려고 했던 데카르트적 길이다. 후설은 이제 이 길을 포기할 수밖어 없다. 이와 같은 데카르트적 길은 결국 인식론적 반성의 길이며, 인식론적 반성은 주-객 분리하에서나 가능한 반성이다. 그러므로 이제 후기 생활세계적 환원은 내재/초월이라는 전통적 도식을 넘어서야 한다. 그 어떤 형태로든지 내재의 순수성이 강조되는 한, 그에 상응하여 초월이 대립되기 때문에, 이 내재와 초월이 인식론적 차원에서 자기분열이 일어나기 이전의 가장 근원적인 존재론적 기반에로 단적으로 돌아가는 길이 개시되어야 한다. 이처럼 후설은 초기 노에시스-노에마라는 인식론적 도식을 더 이상 끌어들이지 않는다. 왜냐하면 존재론적 관점에서는 이 도식 자체가 의미 없기 때문이다. 물론 내재로의 환원은 결국 내재와 초월이 지향적으로 얽혀 있음을 확인하기 위한 절차였지만, 그럼에도 내재와 초월 사이에는 인식론적 단절이 여전히 남아 있음을 후설은 스스로 인지하고 있다. 그러므로 이제 인식론적 반성 이전의 지평으로 단적으로 돌아감으로써 초기 내재로의 환원에 묻어 있는 근대적 유산에서 벗어나려고 한다.

그러므로 생활세계적 환원은 내재로의 환원을 통한 우회적 절차를 거치지 않고서 이루어져야 한다. 내재든 초월이든 그것이 존재론적으로 분리될 수 없다면, 내재로의 환원조차 가능하지 않다. 그렇다면 의식이 아니라 일상적 경험 속에서 출발해야 한다. 이 일상적 경험을 떠나지 않고 이 경험 속에서 출발해야 한다. 이 일상적 경험을 떠나지 않고 이 경험 속에 역사적으로 전승되어 순수하게 존립해 온 것을 회복하는 길이다. 이 길은 소위 탈데카르트적 길이다. 이 순수하게 존립해 온 것은 인식론적 반성에 의해 대상적으로 확인될 수 없다. 이것은 환원 이전에 이미 주어져 있는 근원적 흐름으로서 노에시스적 작용 이전의 근원적인 질료층이다. 이 층은 내실적 내재, 즉 의식의 구체적 흐름 속에 노에시스적 작용이 일어나기 이전에 이미 근원 질료로서 주어져 있다. 따라서 이제 인식론적 단계로 하나하나 판단중지를 수행하는 방법으로 이 근원 질료로 주어져 있는 지평인 생활세계를 드러낼 수 없다. 왜냐하면 이 지평은 환원 이전에 이미 주어져 있기에 경험세계를 통해 전승되어 온 생활세계를 회복하는 단적인 판단중지를 수행하지 않으면 안 되기 때문이다. 후설은 이 생활세계적 판단중지가 인격적이고 실존적인 종교적 개심과 같은 것임을 ≪위기≫에서 밝히고 있는 데,[35] 이것은 바로 불가적 수행과 궤를 같이하고 있다.[36] 이 생활세계의 지평은 그것이 지닌 지평적 성격 때문어 우리에게 인식론적으로 반성될 수 없다. 이 지평은 인식론적 반성의 대상이 아니라 실천적으로 회복해야 할 이념이고 목적일 것이다. 이 지평에로 이르는 길은 데카르트적 길과 다르다. 초기 데카르트적 길이 모든 번뇌를 끊고 열반을 구하는 길이라면, 이 새로운 길은 '번뇌를 끊지 않고 열반을 얻는 길'(不斷煩惱得涅槃)[37]일지도 모른다. 왜냐하면 무명에 휩싸여 있어도 그 안에 진여가 자리 잡고 있고, 아무리 진여의 자성을 간직하고 있어도 그 안에 무명의 업이 자리 잡고 있기 때문이다. 이 생활세계를 회복한 자아는 내재/초재, 진여/생멸의 어느 곳에도 구속되지 않고, 자유롭게 넘나들 수 있는, 즉 본식 내의 분열조차 허용하지 않는 진정한 증득을 수행한 자일 것이다. 말하자면 거친 땅 위에 살면서도 선험적 태도 변경을 통해 수정같이 맑은 자아를 회복한 자일 것이다.

이 환원은 자아극과 대상극을 다 포괄하는 주관성에로의 환원이고, 주관 - 객관의 상관관계 자체를 초월하는 환원이다.[38] 이 초월하는 자아는 명칭상 '자아'라 불릴 뿐이지 근원적 흐름 자체이다. 이 초월하는 자아는 환원 이전의 자아인 공무원으로서, 가장으로서, 시민으로서 철학하는 자아로서 자유롭게 돌아갈 수 있는 자아이다.[39] 즉 선험적 환원을 통해 소박하게 살고 있는 내가 선험적 자

---

35) ≪위기≫, 35절 참조.

36) R. D. Sweeney, "Phenomenology and Hermeneutics", *Analecta Husserliana* Ⅹ Ⅹ Ⅹ Ⅵ(ed.) A-T. Tyieniecta, 1991, 17쪽.

37) ≪임제록≫, 111면(한자경, 〈선과 언어〉, 계명대 목요철학세미나 원고(1997년 5월 22일)에서 재인용.

38) ≪위기≫, 184쪽 참조.

아 이외의 다른 얼굴이 아님을 알고 난 이후, 심리적 자아(생멸문)와 선험적 자아(진여문)를 자유롭게 넘나들 수 있는 자아가 된다.[40]

이런 맥락에서 데카르트적 환원을 점수(漸修)에 비교한다면, 이 후기의 탈데카르트적 환원은 돈오(頓悟, durchbrechende Einsicht)의 성격을 갖는다는 사실을 알 수 있다. 왜냐하면 후설은 먼저 행함이 있고(Am Anfang ist die Tat) 후에 방법적 반성이 필요하다고 말하기 때문이다.[41] 물론 이 절차는 데카르트적 환원의 단계적(stufenweise) 절차보다는 간단할지 모르지만, 수행상의 어려움은 더 클 것이다. 이 환원은 생활세계적 환원이며, 생활세계를 회복하려는 인격적 – 실존적 환원이다. 초기 내재로의 데카르트적 환원은 방법상의 철저함을 요구했다면, 후기 생활세계로의 환원은 인격적 – 실존적 차원에서 요구된다. 물론 이 두 길 중 어느 것이 먼저이고, 뒤인가를 밝히는 것이 가능하지는 않겠지만, 후설이 초기의 점수적(단계적) 환원에서 후기의 돈오적 환원에로 이르면서 자신의 보편적 현상학의 이념을 실현하려 했다는 사실이 강조되어야 한다. 그러므로 초기 ≪이념들 I≫에서 수행한 환원은 일상적 세계로부터 눈에 띄지 않게

---

39) 같은 책, 214쪽 참조.

40) 하이데거는 아마 후설의 초월하는 자아조차도 주 – 객의 분리를 초월하지 못하는 표상적 사유로 생각할 것이다. 후설에 있어서 지평은 주 – 객 초월의 근거를 제시해 주기는 하지만, 이 지평은 아직 심리학적 형태 개념이나 場 개념에 묶여 있다고 지적한다. 따라서 하이데거는 이 지평을 존재하게 하는 보다 근원적인 영역을 광역(Gegend)으로 칭한다. 말하자면 이 광역은 모든 자아와 대상을 존재하게 해 주는 근원적 터이다. 이 광역 속에서 자아가 자아화되어 自性을 갖고 대상이 대상화되어 法性을 갖는다. 이 광역은 모든 자아와 대상이 붙들려 있는 영역이다. 그런데 후설 역시 주 – 객 초월의 사유를 수행한다. 그에게 있어서도 지평을 존재하게 하는 근원지평이 문제이다. 우리에게 자명한 것으로 둘러싸여 있는 환경 – 지평으로부터 근원 – 지평인 생활세계에로의 내맡김의 길이 이미 열려져 있다. 하이데거에 있어서 광역이란 다름 아닌 후설의 생활세계이다. 이 생활세계는 단순히 심리학자들이 말하는 형태(Gestalt)나 장(field)과는 근본적으로 다르다.

41) 같은 책, 158쪽 참조.

(unmerklich) 단계적으로 점차 상승하는 방법으로(auf aufsteigendem Wege) 선험적 지평에로 이르는 방편이었다. 이에 반해 후기 탈데카르트적 환원은 즉각적이고(sofort) 단번에(mit einem Schlage) 그리고 철저한 방법으로 수행되어야 한다.[42] 두 환원의 길은 상호 보완적인 길이다. 그리고 후설의 환원이 데카르트적인 유아론적 환원이 아니라면, 순수자아는 사적인(private) 자아가 아니라, 상호 주관적 (intersubjektive) 자아이다. 즉 주관 - 객관의 상관관계 자체를 초월하는 환원은 결국 '우리'의 지평을 열어가는 환원일 것이다. 이 상호 주관성의 지평에로 돌아가는 것이 환원의 궁극적 목표일 것이다. 우리가 여기에서 후설의 상호 주관성 문제를 다 언급할 수는 없지만, 그에게 중요한 것은 순수자아에 집착하는 데카르트적 - 소승적 증득(Selbsterhellung)이 아니라, 상호주관적 - 대승적 실천이었음을 확인할 수 있을 것이다.

## 맺음말

스스로 세속적인 자아이면서 동시에 그 자아가 세계를 어떻게 구성하는가? 식은 스스로 진여의 청정심을 가져야 하면서도 어떻게 무명의 종자에 훈습되어 있어야 하는가? 선험적 자아이면서 동시에 경험적 자아일 수 있는가? 즉 식은 하나이면서 어떻게 세속적인 자아들로 기능할 수 있는가?

이 문제는 유가행철학과 현상학이 공통적으로 해결해야 할 불가

---

42) R. Boehm, *Vom Gesichtspunkt der Phänomenologie(Phaenomenologica 26)*, 172쪽 참조.

사의한 수수께끼이다. 이 수수께끼를 풀어가는 두 입장의 공통적인 전략은 제8식과 제7식, 즉 절대적 흐름인 생생한 현전과 다양한 자아들의 관계를 식의 전변 혹은 의식의 변양(Modifikation)으로 설명한다. 절대적 흐름과 이것이 시화된, 즉 성숙된 자아들을 변양태들로 해석하는 현상학적 자아론이 유식이론과 모습을 같이하고 있음을 살펴보았다. 특히 제8식과 제7식의 관계를 잠재적 식과 현세적 식의 상관관계로 설명하는 유식이론은 후설이 절대적 흐름과 다양한 자아들의 상관관계를 一卽多 多卽一의 관계로 혹은 지향적 얽힘의 구조로 해석하는 것과 같이한다. 이들은 잠재적(potentielle) 의식과 현실적(aktuelle) 의식의 상관관계를 훈습이론 혹은 습득성 이론으로 설명한다. 그러므로 제8식과 제7식의 관계를 일즉다의 해석학적 상황으로 충분히 설명하지 못한다면, 논리적 악순환에 빠지게 될 위험에 노출되어 있다. 즉 종자를 함장하고 있는 이숙식인 알라야식과 이 종자를 훈습하게 하는 제7식과 동시에 이 종자를 상주하는 자아로 잘못 읽는 제7식의 상관관계를 無着처럼 단지 "다르지도 않고 동일하지도 않다"는 식으로 설명한다면, 현상학적 자아론과 유식론 사이의 유적 동일성과 종차를 건져 올리는 데 어려움이 있을 것이다. 그러므로 우리가 현상학적 자아론을 유식적으로 이해함에 있어서 잘못 읽힐 수 있는 사실을 밝히는 것이 중요하며, 더 나아가 유식론이 갖지 못하는 이론적 패러다임을 현상학으로부터 공급받아야 할 것을 강조하지 않을 수 없다.

덜 읽거나 잘못 읽어도 여백이 남기는 마찬가지다. 근대적 사유 속에 잉태되어 있는 이원론적 패러다임을 탁월한 방식으로 극복한 후설의 통찰력을 간과할 때, 현상학적 자아론을 부파불교처럼 제6

식에 머물러 있는 낮은 단계로 규정하려는 조급함에 빠지게 된다. 아니면 기껏해야 데카르트-칸트적 자아론에 머무는 것으로 해석하기 쉽다. 말하자면 후설의 자아론을 실체론과 현상론을 극복한 것으로 평가하기보다는 데카르트적 단계에 머물러 있는 것으로 평가 절하하기 쉽다. 우리는 마치 현상학적 '구성'(Konstitution) 개념을 자아에 의한 세계구성이라는 칸트적 구성(Konstruktion)과 혼동함으로써 현상학을 아집의 이데올로기에 희생당하고 있는 것으로 오판해서는 안 된다. 왜냐하면 후설에 있어서 '구성'이란 이미 주어져 있는 것에 혼을 불어넣는 작업이며, 잠재적으로 기능하는 것을 현세적으로 회복하는 의식의 과정이기 때문이다. 오히려 후설의 자아론은 데카르트적 상견과 흄적인 단견을 칸트적인 또 하나의 상견으로 넘어서려는 어설픈 모습을 보여주지 않고 철저한 환원을 통해 주관-객관의 관계조차 초월하는 모습을 보여준다. 후설에 있어서 순수자아는 구성하는 자아와 구성된 자아를 초월하면서 동시에 이 두 영역에로 자유롭게 흘러 들어가고(einströmen) 나올(entströmen) 수 있는 진정한 해탈자이다.

그리고 후설은 제8식과 제7식의 관계를 그의 ≪시간의식≫과 ≪성찰≫에서 매우 상세하게 다룬다. 그의 ≪시간의식≫은 식의 전변을 그의 특유한 변양법칙에 의해 설명한다. 현재 속에 함께 주어지는 원인상의 흐름이 시간에 따라 기계적으로 흘러가는 것이 아니라, 새로운 인상들과 연합하면서 계속 여습(餘習)으로 지속되는 과정으로 설명한다. 단순히 기계적-물리적으로 그 원인상이 변화되어 버리지 않고 새로운 인상들의 기체로서, 즉 변양의 토대로서 그 항상성을 유지한다. 지각 속에 원본적으로 주어지는 원인상들을 근원 양상으로 하여 자유로운 변경을 통해 새로운 경험으로 변양되지만 항상 그 변양의 기체는 지속적이다. 이 변양은 식의 전변과 마찬가지로 단순한 변화가 아니다. 변양은 항상 지속적으로 전승되어 온 것을 토대로 한 변양이기 때문에, 흐름의 항상성이 구성된다. 예컨대 앞에 있는 컴퓨터를 토대로 한 자유로운 변경이 일어나더라도 그 자유로움은 동시에 그 토대에 구속되어 있다. 컴퓨터를 화두로 자유롭게 변양하지만 이것을 경주 석굴암의 석가상으로 변양할 수는 없는 것이다. 지금 들려오는 그리그(Grieg)의 'Morning'을 감상하면서 그 음조를 색깔로 변양할 수는 없는 것과 같다. 바로 이 변양이 임의적이면서도 구속성을 가진다는 사실이 새로운 경험으로 확장되면서 동시에 이전의 종자를 자신 속에 여습으로 간직할 수 있다. 그러므로 과거지향 – 현전 – 미래지향으로 연결되는 지향적 변양의 과정을 통해 자아는 흐름의 동일극으로서 그리고 습득성의 기체로서 또한 모나드적 자아로서 구성된다.[43] 또한 이 식의 전변을 찰나멸(刹那滅)로 보더라도 그 속에는 항상적 흐름의 동일성이 유지됨을 부정할 수 없다. 그러므로 절대적 흐름의 자기시화 과정에 대한 후설의 분석은 유식이론이 자칫 빠지기 쉬운 一卽多 多卽一의 논리적 악순환을 해석학적 순환으로 극복하기 위한 탄력성 있는 메커니즘을 보여준다고 말할 수 있을 것이다.

우리는 현상학적 자아론이 가진 이와 같은 특성을 고려하면서도 우리에게 남아 있는 문제는 과연 유식론과 현상학적 자아론을 비교하는 것이 가능한가 하는 것이다. 양자 사이의 불가공약성을 간

---

43) 식의 '전변'에 관해 상키야 학설에서도 질료적 요인을 간직하면서 이루어지는 **轉變**을 마치 "분유를 만들고자 하는 사람이 우유를 사용하지 물에서 분유를 만들려고 하지 않는 것과 같다."고 비유한다(핫도리 마사아키 외, 이만 옮김, ≪인식과 초월≫, 깨달음 총서 23, 1993, 103쪽).

과하는 것은 아닌가 하는 문제가 남는다. 현상학적 자아론이 유식론과 유사한 틀을 지닌다 하더라도, 현상학적 사유는 유가행의 수행론을 결여하는 것이 아닌가 하는 문제가 남는다. 현상학적 자아론이 아무리 생활세계적 자아의 회복을 강조한다고 하더라도, 근대의 표상적 사유에 머물고 있는 것이 아닌가?

이 문제에 대해 다음과 같이 말할 수 있을 것이다. 이미 살펴본 것처럼, 후설은 초기의 인식론적 지평에서 후기 존재론적 지평으로 전회를 이룬다. 우리는 초기의 순수자아의 필증성에서부터 후기 생활세계적 명증성에로의 전회를 확인할 수 있었다. 심리학주의와의 필사적 논쟁을 벌였던 초기에 후설은 순수자아의 명증성을 학적으로 정초하는 것이 중요한 것이었다. 그러나 후기 후설은 현상학을 포함한 모든 학문들이 되돌아가야 할 근원지평을 회복한다. 이것은 모든 학적 명증성들이 돌아가야 할 근원지평이다. 현상학이든 심리학이든 그 고향은 생활세계이다. 왜냐하면 현상학적 자아든 심리학적 자아든 동일한 생활세계적 자아의 두 얼굴이기 때문이다. "학으로서의 철학, 즉 진지하고 엄밀하고 필증적인 학으로서의 철학이란 꿈은 깨어졌다."[44]는 후설의 고백은 철학의 아이덴티티를 생활세계의 회복을 위한 끊임없는 정진으로 규정하고 있는지도 모른다. 후설의 사유는 이미 근대적 주체를 떠나 생활세계에로 돌아갈 것(Gelassenheit zur Lebenswelt)을 요구한다.

이제 그의 지향성을 다시 읽자. 지향성을 '무엇에 관한 의식'으로 읽기보다는 '무엇으로부터 (비로소 의식이) 의식적이게 됨(Bewußtwerden)'으로 읽을 때 그 본래적 의미가 드러난다. 우리는

---

44) ≪위기≫, 507쪽.

이제 마음대로 처분할 수 없는 생활세계적 생기(生起, Ereignis)로 자신을 열어 가야 한다. 따라서 사량적(思量的) 혹은 표상적 사유로부터 — 하이데거적 의미의 — 회상적(回想的, andenkende) 사유, 즉 무집착(Nicht – Hauften)에로의 이행을[45] 후설의 사유 속에서 읽어야 한다. 사량심(思量心)과 분별심(分別心)에 의한 학적 사유로부터 해방되어 근원지평에로의 내맡김을 강조하는 후설의 사유 속에서 아집(我執)으로부터 탈아적(脫我的) 엑스타시를 겨냥하는 초월적 수행을 읽어야 한다. 그가 중세 독일의 신비주의자들, 예컨대 에크하르트(M. Eckhart, 1260~1327)나 뵈메(J. Böhme, 1575~1624) 등에게 호감을 가졌었다는 스피겔버그(H. Spiegelberg)의 말을 그냥 스쳐 지나가 버릴 수 없는 것도 이런 점에서일 것이다. 생활세계의 회복을 일깨워 주는 후설의 사유 속에서 우리는 일종의 선적 수행을 읽을 수 있으며, 학으로서 철학의 꿈이 깨어졌다는 그의 고백은 마치 손가락을 달로 보는 중생들에게 던지는 선사(禪師)의 공안(公案)처럼 들린다.[46]

---

45) 한스 페터 헴펠 지음, 위의 책, 273면 참조.

46) 다음의 말을 덧붙이지 않을 수 없다 : 과연 후설의 자아론을 유식론과 비교한다는 것이 도대체 가능할까? 이것은 마치 이 두 입장을 억지로 비교하기 위해 여기저기 이음대를 가로질러 붙이는 꼴이 아닌가? 후설이 불경에 관심을 가졌었다는 전거를 빌미로 후설의 사유를 불가적으로 색칠하는 것은 서투른 작업이 아닌가? 이것은 마치 하이데거가 자신이 평생 노력해 왔던 것을 선이 말해 줄 수 있다고 말한 것을 토대로 하이데거의 존재사유와 선의 근본물음을 동일시하는 오류를 범해도 좋은가 하는 문제와 같은 맥락에서 이해할 수 있을 것이다(헴펠, 위의 책, 280쪽). 그러나 우리가 이 서양의 사유와 극동의 사유를 섣불리 동일시하여 메타바시스를 범하는 것이 오만한 일일지는 모르지만, 이 두 사유의 대화의 가능성 자체를 차단하는 것은 또한 태만한 짓일지도 모른다. 우리가 하이데거의 존재사유를 선적 경험과 유사한 구조로 읽는 것이 가능하듯이, 후설의 자아론을 유식적 혹은 불가적으로 해석하는 것 역시 충분한 설득력을 가진다. 왜냐하면 존재 – 비존재의 이원론적인 서양 사유의 구성틀을 해체하여 생활세계적 자아의 두 얼굴로 읽으려 한 후설의 탁월한 통찰력은 하이데거에게 남겨 준 최고의 선물임을 확인할 수 있기 때문이다. 후설에게서도 표상적 사유가 더 이상 사유할 수 없는 근원적 지평에 대한 회상적(回想的) 사유, 즉 보고 만지려는 계량적(思量的) 사유가 아닌, 부름에 귀 기울이는 사유가 발견되기 때문이다.

# 참고문헌

강건기, 『목우자 지눌연구』, 부처님세상 2001.

거드문센 크리스, 윤홍철 옮김, 『비트겐슈타인과 불교』(다르마 총서 24), 고려원, 1991.

고령군 대가야박물관·경북대학교 퇴계연구소 편, 『고령문화사대계 2 사상편』, 2008.

고목, 『조주록 탐구』, 삼양 1997.

고형곤, 『선의 세계 I - 서양철학과 禪』, 운주사 1995.

길희성, 『知訥의 禪思想』, 소나무 2001.

김남국, 「심의 다문화주의: 문화적 권리와 문화적 생존」, 『한국정치학보』, 제39집, 2005. 3.

김남국, 「한국에서 다문화주의 논의의 전개와 수용」, 『경제와 사회』, 통권 제80호, 2008. 12.

김동식 엮음, 『로티와 사회와 문화』, 철학과현실사, 1997.

김동식 엮음, 『로티와 철학과 과학』, 철학과현실사, 1997.

김동식, 『로티의 신실용주의』, 철학과현실사, 1994.

김두진, 「義相 華嚴思想의 社會的 性格」, 『韓國學論叢』(國民大學校 韓國學硏究所), 1994, 1 - 29쪽.

김영필, 『유럽학문의 위기와 선험적 현상학』, 울산대학교출판부 1999.

김영필, 『현상학의 이해』, 울산대학교출판부 1998.

김형효 외, 『知訥의 사상과 그 현대적 의미』, 한국정신문화연구원 1996.

김형효, 『원효에서 다산까지』, 청계, 2000.

리처드 로티, 김동식 옮김, 『실용주의의 결과』, 민음사, 1996.

리처드 로티, 김동식·이유선 옮김, 『우연성 아이러니 연대성』, 민음사, 1996.

리처드 로티, 박지수 옮김, 『철학 그리고 자연의 거울』, 까치, 1998.

木田 元, 이수정 옮김, 『현상학의 흐름』, 이문출판사 1989.

박구용, 「윤리적 다원주의와 도덕적 보편주의」, 『사회와 철학』, 제85집, 2004.

박구용, 「다원주의와 담론윤리학」, 『철학』, 제76집, 2003.

박태원, 「신라 화엄학」, 『자료와 해설: 한국의 철학사상』, 고려대 민족 문화연구원 한국사상연구소 편, 예문서원, 2001. 130－159쪽.

박태원, 「원효와 의상의 통합사상」, 『철학논총』, 제28집, 2002.

峰島旭雄, 김승철 옮김, 『서양철학과 불교(佛教)』, 황금두뇌 2000.

분석철학연구회 편, 『비트겐슈타인의 이해』, 서광사, 1983.

비트겐슈타인 L., 이영철 옮김, 『논리·철학논고』, 천지, 1991.

비트겐슈타인 L., 이영철 옮김, 『철학적 탐구』, 서광사, 1994.

비트겐슈타인 L., 폰 리히트 G. H. 엮음, 이영철 옮김, 『문화와 가치』, 천 지, 1998.

性徹, 『百日法門 上 ·下』, 藏經閣, 불기 2536.

性徹, 『禪門正路』, 평화당인쇄, 1981.

性徹, 『禪門正路評釋』, 藏經閣, 1993.

손봉호, 「고통의 현상학」, 『생활세계의 현상학과 해석학』, 한국현상학 회 편, 서광사, 1992.

수잔 커닝햄, 이종훈 옮김, 『언어와 현상학』, 철학과현실사 1995.

슐쯔 발터 저, 안형관·양우석 역, 『철학의 부정』, 이문출판사, 1988.

스즈끼 다이세쯔, 東峰, 『禪의 진수』, 고려원 1987.

스즈끼 다이세쯔, 서명석·김종구 옮김, 『가르침과 배움의 현상학－禪 問答』, 경서원 1999.

스태프니 존 외, 『서양철학과 禪』(깨달음 총서 42), 민족사, 1993.

스티브 오딘, 안형관 옮김, 『과정형이상학과 화엄불교』, 이문출판사, 1999.

스티브 오딘, 안형관 옮김, 『과정형이상학과 화엄불교』, 이문출판사 1999.

신오현, 「원효의 심리철학: 일심의 자기동일성의 개념을 중심으로」, 『도 와 인간과학』(素巖李東植先生華甲記念論文集), 1981.

신오현, 「원효철학의 현대적 조명」, 『원효의 사상과 그 현대적 의미』, 한국정신문화연구원, 1994.

신오현, 「현대철학의 한계와 원효의 화쟁논리: 선험적 의미론의 관점에서」, 『철학연구』, 제78집, 대한철학회, 2001.

아베 마사오·히사마쯔 신이찌, 변선환 옮김, 『선과 현대철학』, 대원정사 1996.

애드워드 콘즈 외 저, 김종욱 편역, 『불교사상과 서양철학』, 민족사, 1994.

에임즈 S. M., 조성술·노양진 옮김, 『실용주의』, 전남대학교 출판부, 1999.

열암기념사업회, 『박종홍전집, 한국사상상 I 』, 제4권, 1982.

영남대학교 인문과학연구소, 『내셔널리즘에서 글로컬리즘으로: 가능성의 모색』, 2009. 10.

오경석 외 지음, 『한국에서의 다문화주의; 현실과 쟁점』, 한울아카데미, 2007.

오딘 스티브 지음, 안형관 옮김, 『과정형이상학과 화엄불교』, 이문출판사, 1999.

유네스코 아시아·태평양국제이해교육원 엮음, 『다문화사회의 이해』, 동녘, 2008.

윤인진, 「한국적 다문화주의의 전개와 특성: 국가와 시민사회의 관계를 중심으로」, 『한국사회학』, 제42집 2호, 2008.

오딘 스티브 지음, 안형관 옮김, 『과정형이상학과 화엄불교』, 이문출판사, 1999.

義相, 『華嚴一乘法界圖』(동국대학교출판부, 『韓國佛敎全書』, 第2冊), 1979.

은정희 역주, 『대승기신론소·별기』, 일지사, 1995.

은정희, 「원효의 삼세·알라야식설의 창안」, 『원효』 예문서원, 2002.

이건표, 『철학과 마음』, 자유사상사, 1992.

이광세, 「로티와 장자」, 『철학과 현실』, 철학과현실사, 1995(겨울), 257－273쪽.

이기영, 『원효사상연구 II 』, 한국불교연구원, 2001.

이승종, 『비트겐슈타인이 살아있다면: 논리철학적 탐구』, 문학과지성사, 2002.

이재성, 『열림과 소통의 문화생태학』, 계명대학교출판부, 2008.

이평래, 「여래장설과 원효」, 『원효』, 예문서원, 2002.

이희은·유경한·안지현, 「TV광고에 나타난 전략적 다문화주의와 인종주의」, 『한국언론정보학보』, 통권 39호, 2007.8.

전영준, 「신라사회에 유입된 서역 문물과 다문화적 요소의 검토」, 문화콘텐츠기술연구원 다문화콘텐츠연구사업단 엮음, 『다문화의 이해』, 경진, 2009.

전해주, 『義相 華嚴思想史 研究』, 민족사, 1993.

정경희, 「다문화주의 논쟁: 담론과 구도」, 『역사교육』, 제110집, 2009. 6.

정미라, '여성주의와 다문화주의', 『철학연구』, 제107집, 2008. 8.

정병삼, 『의상화엄사상의 연구』, 서울대학교출판부, 1998.

정영근, 「義相 화엄학의 실천적 지향」, 『종교연구』, 제16집, 1998(가을), 167 - 184쪽.

정영근, 「원효의 사상과 실천의 통일적 이해」, 『원효』, 예문서원, 2002.

지눌, 김달진 역주, 『보조국사전서』, 고려원 1987.

철학문화연구소, 「철학과 현실」, 철학과현실사, 1996(겨울).

최경호, 『現象學的 지평에서 규명한 禪』, 경서원 2001.

최유진, 「원효에 있어서 화쟁과 언어문제」 『원효』, 예문서원, 2002.

콘즈 에드워드 외, 김종욱 편역, 『불교사상과 서양철학』, (깨달음총서 31), 민족사, 1990.

판 K. T., 『비트겐슈타인의 철학이란 무엇인가?』, 서광사, 1989.

프란시스 쿡, 문찬주 옮김, 『화엄불교의 세계』, 불교시대사, 1994.

한전숙, 『현상학』, 민음사 1996.

홍승표, "유교사상을 통해 본 다문화사회", 대한철학회, 『철학연구』, 107집, 2008.

황필호, 「장자와 로티의 잘못된 만남」, 『노자에서 데리다까지』, 예문서원, 2001, 408 - 432쪽.

Banks J. A., Educating Citizens in a Multicultural Society(김용신·김형

기 옮김, 『다문화 시민 교육론』), 교육과학사, 2008.

Binkley T., *Wittgenstein's Language*, Martinus Nijhoff The Hague, 1973.

Diemer A., Edmund Husserl, 조주환 · 김영필 옮김, 이문출판사 1990.

Gier N. F., *Wittgenstein and Phenomenology: A Comparative Study of the Later Wittgenstein, Husserl, Heidegger, and Merleau − Ponty*, State University of New York Press, Albany, 1981.

Husseel E., *Erste Philosophie* II, 1959.

Husserl E., *Cartesianische Meditationen und Pariser Vorträge*, 이종훈 옮김, 철학과현실사 1993.

Husserl E., *Die Idee der Phänomenologie.*

Husserl E., *Die Krisis der europäischen Wissenschaften und die transzendentale Phänomenologie.* 1954.

Husserl E., *Die Krisis der europäischen Wissenschaften und transzendentale Phänomenologie*, 이종훈 옮김, 이론과실천 1993.

Husserl E., *Erfahrung und Urteil.*

Husserl E., *Erste Philosophie,* I · II.

Husserl E., *Formale und Transzendentale Logik*, 1974.

Husserl E., *Ideen zu einer reinen Phänomenologie und phänomenologischen Philosophie.*

Husserl E., *Logische Untersuchungen* II/1 · 2, 1984.

Husserl E., *Philosophie als strenge Wissenschaft*, 박만준 옮김, 이문출판사 1987.

James W., *Essay in Radical Empiricism*, Cambridge, 1976.

James W., *The Principle of Psychology Volume* I, York University, Toronto, Ontario, 1980.

James W., *The Varieties of Religious Experience*, Magmillian Publishing Company, 1961.

Koeppen C. F., *RELIGION DES BUDDHA* I/II, Berlin Ferdinand Schnelder, 1857, 1859.

Leider K., *BUDDHA − LEBEN · LEHRE · JÜNGERSCHAR in transzenden −talphilosophischer Beleutung*, Verlag Friedrich Matthies · Hamburg,

1968.

Noda K., *Disclosure of Presuppositions: Husserlian Phenomenology and Dogen's Zen*, 1995(Copyright 1996, UMI com.).

Perry R. B., *The Thought and Character of William James*, Vanderbilt University Press, Nashville and London, 1996.

Seigfried Ch. H., *William James's Radical Reconsrruction of Philosophy*, State University of New York Press, Albany, 1990.

Stevens R., *James and Husserl: The Foundation of Meaning*, 1974.

SungDo, K., *The potential contribution of Korean Buddhism: Updating Pojo Chinul through mutual transformation with Alfled North Whitehead*, 1992(Copyright 1992, UMI com.).

Wood P., Diversity: the invention of a concept(김진석 옮김, 『다양성: 오해와 편견의 역사』, 해바라기, 2005).

# 색인

김영필 ─────────────────────────────────────────────

▌ 약 력

　영남대학교 철학과 졸업
　계명대학교 대학원 철학과 졸업(철학박사)
　현, 대구교육대학교 다문화교육센터 전임연구원

▌ 저서

　『진리의 현상학』(서울: 서광사, 1993)
　『현상학의 이해』(울산: 울산대학교출판부, 1999)
　『논리와 기호』(울산: 울산대학교출판부, 2001)
　『현대철학』(울산: 울산대학교출판부, 2001)
　『우리시대의 철학적 문제들』(개정판, 부산: 세종출판사, 2001)
　『공학윤리』(서울: 교보문고, 공저, 2009)

▌ 역서

　『에드문트 후설』(대구: 이문출판사, 1990)
　『종교철학』(서울: 이론과실천사, 1994)
　『탈근대적 자아를 넘어서』(울산: 울산대학교출판부, 1999)

상호문화적 지평에서 읽은
**한국불교와 서양철학**

초판인쇄 | 2010년 2월 25일
초판발행 | 2010년 2월 25일

지은이 | 김영필
펴낸이 | 채종준
펴낸곳 | 한국학술정보㈜
주　소 | 경기도 파주시 교하읍 문발리 파주출판문화정보산업단지 513-5
전　화 | 031) 908-3181(대표)
팩　스 | 031) 908-3189
홈페이지 | http://www.kstudy.com
E-mail | 출판사업부 publish@kstudy.com

등　록 | 제일산-115호(2000. 6. 19)

ISBN　978-89-268-0822-1 93160 (Paper Book)
　　　978-89-268-0823-8 98160 (e-Book)